天下‧文化
BELIEVE IN READING

科學文化 230

# 21世紀的21堂課

## 21 Lessons for the 21st Century

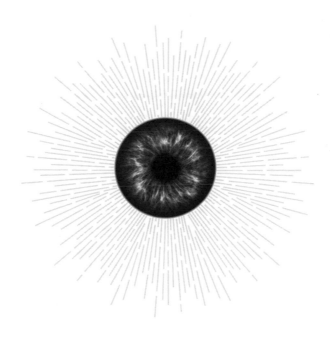

作者——哈拉瑞（Yuval Noah Harari）

譯者——林俊宏

# 21 世紀的 21 堂課 目錄

獻給我的丈夫 Itzik，
感謝他的信任和才華；

獻給我的母親 Pnina，
感謝她的關心和支持；

獻給我的外祖母 Fanny，
感謝她總帶給人無窮又無私的喜悅。

# 清晰的見解就是力量

在一個資訊滿滿卻多半無用的世界上，清楚易懂的見解就成了一種力量。理論而言，人人都能參與這一場以「人類未來」為主題的辯論、發表高見，但想要維持眼界清晰實在並不簡單。我們常常根本沒注意到有這場辯論，或是根本不清楚關鍵問題何在。

有幾十億人並沒有這樣的餘裕，好好研究這件事，手邊總有更緊急的事：上班、照顧孩子、或是照護年邁的雙親。但不幸的是，歷史不會因此就對你更寬容。就算因為你忙著讓孩子吃飽穿暖，對這場人類未來的辯論只能缺席，最後的結果你還是躲不過。這實在太不公平了。但，誰說歷史是公平的？

我只是個歷史學家，沒辦法供人衣服、給人食物，但我希望能提出一些清楚的見解，盡量讓眾人能夠公平參與這場辯論。只要有人——就算是極少數人，因此而加入了關於人類物種未來的辯論，我也就對得起這份工作了。

我在第一本書《人類大歷史》概覽了人類的過去，檢視一種幾乎微不足道的猿類，怎樣成了地球的統治者。

第二本書《人類大命運》則是討論生命的遠期願景，思考人類最後可能會如何成為神，智能和意識又會走向怎樣的最終命運。

到了這本《21 世紀的 21 堂課》，我則希望著眼於此時此地，但不忘記對過去與未來的長期觀點。瞭解了久遠的過去與長久的未來之後，我們會如何看待現下時事、以及人類社會近期的難題？現在正在發生什麼事？今日最大的挑戰和選擇為何？我們該注意什麼？我們該教給孩子們什麼？

## 誰說歷史是公平的？

當然，有七十億人口，就會有七十億種想討論的議題；也正如前面所提，要綜觀全局，其實是一種奢侈的想望。在孟買貧民窟一心養活兩個孩子的單親媽媽，只會想著下一餐何在；在地中海難民船上的難民，只會眼巴巴望著海平面，尋找陸地的跡象；至於在倫敦某間人滿為患的醫院裡，垂死的病人用上所有剩餘的力量，只會想著再吸進下一口氣。對這些人來說，他們手上的議題都要比全球暖化或自由民主危機更為迫切。但他們的問題絕不是任何一本書所能處理，而我對這些處境中的人，也提不出什麼見解，反而可能該向他們學習面對逆境時的韌性。

我在這本書裡，想討論的是全球性的議題。我所看見的是各種重大推力，不僅形塑全世界各個社會，也很可能影響地球整體的未來。對於正在生死關頭的人來說，氣候變遷可能遠不是他們擔心的

議題，但到頭來，這可能會讓孟買的貧民窟完全無法住人，讓地中海掀起巨大的新難民潮，並且讓全球衛生保健陷入危機。

　　現實的組成千絲萬縷，雖然這本書試著討論全球困境的各種面向，但絕對無法一律納進。與《人類大歷史》和《人類大命運》兩書的不同之處，在於本書並非歷史敘事，而是選出一系列如課程的主題。這些課程不會告訴讀者什麼簡單的答案，而是希望激發進一步的思考，協助讀者參與我們這個時代的一些重要對話。

　　這本書其實是在與公眾的談話中寫成的，許多堂課的內容是在回應讀者、記者和同事的提問。某幾堂課的前身，曾以各種形式發表，也讓我有機會聽取意見、琢磨觀點。有些討論的是科技、有些討論政治、有些討論宗教，也有些討論藝術。其中有幾堂課在頌揚人類的智慧，也有幾堂課在強調人類的愚蠢。但不論如何，最主要的大問題都是一樣的：現在的世界正在發生什麼事？各種事件的深層含義又是什麼？

　　川普崛起，意味著什麼？假新聞橫行，我們能怎麼辦？自由民主為何陷入危機？上帝回來了嗎？新的世界大戰即將來臨嗎？哪個文明主宰著世界，是西方、中國、還是伊斯蘭？歐洲應該向移民敞開大門嗎？國族主義能否解決不平等和氣候變遷的問題？我們該如何應付恐怖主義？

　　雖然本書看的是全球，但並未忽視個人層次的問題，而希望強調，在當代各種重大變革與個人的內在生命之間，其實有著重要的連結。舉例來說，恐怖主義既是全球性的政治問題，也是一種內部的心理機制。恐怖主義要發揮效用，靠的是按下我們內心深處的恐懼按鈕、劫持數百萬人的想像力。同樣的，自由民主的危機不僅在

於國會和投票所，同時也在於我們腦袋裡的神經元和突觸之中。要說個人即政治，已經是老掉牙的說法了；但在這個科學家、企業和政府都想駭進人腦的時代，這套老生常談卻遠比以往來得邪惡。因此，這本書雖然觀察個人行為，但也是觀察整體社會。

全球化的世界，給我們的個人行為和道德，帶來前所未有的壓力。每個人都被困在許多無所不包的蜘蛛網中，一方面限制了我們的活動，另一方面卻同時把我們最微小的一舉一動，傳送到遙遠的彼方。每個人的日常生活，可能影響到地球另一邊的民眾和動物；某些個人舉措可能突如其來的，讓整個世界如野火燎原——就像在突尼西亞，蔬果小販布阿濟吉（Mohamed Bouazizi）的自焚事件，引發「阿拉伯之春」（Arab Spring）；幾位女性講出自己遭到性騷擾，便點燃了「#MeToo」運動。

也由於個人生活可能影響全球，我們自然也比以往更需要察覺自己的宗教和政治偏見、種族和性別特權，以及無心之下為虎作倀的制度性壓迫。然而，這種目標真的能達到嗎？如果這個世界就是這樣遠遠超出我的眼界、完全不受人類控制、所有的神祇和意識型態都遭到質疑，我又怎麼可能找到堅定的道德基礎？

# 資訊科技和生物科技攜手之後

本書一開始，將先檢視當前的科技和政治困境。隨著二十世紀進入尾聲，似乎法西斯主義、共產主義和自由主義的這場重大意識型態戰役，最後是由自由主義壓倒性勝出。看起來，注定是由民主政治、人權和自由市場資本主義征服整個世界。但也一如往常，歷

史又發生了意想不到的轉折，繼法西斯主義和共產主義崩潰之後，現在連自由主義也陷入困境。這樣說來，我們究竟在往哪裡前進？

這個問題之所以特別令人憂慮，是因為隨著資訊科技和生物科技的雙重革命，讓人類這個物種遇上有史以來的最大挑戰，因而對自由主義逐漸失去信心。資訊科技和生物科技一旦攜手，可能很快就會讓數十億人失業，並且破壞「自由」和「平等」這兩個概念。大數據演算法可能導致數位獨裁，也就是權力集中在一小群菁英手中，而大多數人不只是被剝削，而是面臨更糟的局面：如草芥般毫無重要性！

我的前一本書《人類大命運》，詳細討論了資訊科技和生物科技的結合，我著眼於長期的展望，講的可能是幾世紀、甚至幾千年的未來；但是本書則著重於已迫在眉睫的社會、經濟和政治危機。在此我想討論的議題比較不在於無機生命的創造，而在於這一切對福利國家和歐盟等制度體系的威脅。

本書並無意涵括新科技的所有影響。雖然科技帶來許多美好的承諾，但我想特別強調的是威脅和危險。帶領著科技革命的企業和企業家，自然傾向高聲謳歌科技創造的美好，但對於社會學家、哲學家和像我這樣的歷史學家，卻會想趕快指出所有可能釀成大錯的地方，儘速拉響警報。

## 生命究竟有什麼意義？

本書第一部〈科技挑戰〉點出我們面臨的挑戰後，第二部〈政治挑戰〉將檢視各種可能的回應：臉書工程師能否使用人工智慧，

來建立起一個維護人類自由與平等的全球社群？或許，應該扭轉全球化的過程，讓民族國家重新掌握權力？又或許，我們需要更進一步，從古老的宗教傳統找尋希望和智慧？

本書的第三部〈絕望和希望〉則會談到，雖然科技挑戰前所未有、政治歧異激烈緊張，但只要我們控制住恐懼的程度、虛心面對自己的想法，必能成功應對。第三部的內容包括：我們可以做些什麼，來面對恐怖主義威脅、全球戰爭風險、以及面對引發這些衝突的偏見和仇恨。

第四部〈真相〉則是檢視「後真相」（post-truth）的概念，想知道我們究竟能對全球發展有多少理解、又是否真能明辨是非。智人真能夠理解自己所創造的世界嗎？現實與虛構之間，又是否還有明確的界線？

而在最後的第五部〈生命意義〉則是整合各項討論，談的是在這個困惑的年代，舊的故事已經崩潰消失，新的故事仍無以為繼，生命的整體樣貌究竟如何？我們是誰？這輩子要做什麼？需要什麼樣的技能？根據我們對科學、上帝、政治和宗教所有已知和未知的成分，我們所知的生命的意義究竟是什麼？

這可能聽起來是個太大的題目，但智人已經無法再等待。不論哲學、宗教或科學，都已經沒有時間可蹉跎了。我們辯論生命的意義已有數千年之久，不可能讓這場辯論無限期延續下去。迫在眉睫的生態危機、日益增加的大規模毀滅性武器威脅、以及新的「破壞式創新」科技崛起，都不允許我們再拖下去。而或許最重要的是，人工智慧和生物科技正讓人類擁有重塑和重新設計生命的能力。很快就會有人必須決定如何使用這股力量，而他做決定的理由，就會

是來自關於生命意義的某些隱喻又或明言的故事。

　　哲學家很有耐心，工程師的耐心少得多，至於投資者則是最沒耐心的一群。就算你還沒想清楚怎樣運用這股設計生命的力量，市場的壓力可不會允許你一千年後再想出答案；市場會用那隻隱形的手，逼你接受它盲目的回應。除非你很樂意把生命的未來交給季度收支報表來決定，否則你就該清楚瞭解到底「生命」有什麼意義。

　　在最後一堂課〈冥想〉，在智人物種的這一幕即將落下、而另一齣全新戲碼即將上演之際，我以一個智人的身分，向其他智人提出了一些個人意見。

## 堅信自由民主的價值

　　在開展這趟智識之旅之前，我想強調一項關鍵：本書有絕大部分談的是自由主義世界觀和民主制度有何缺點，但並不是因為我認為自由民主有本質上的重大瑕疵，我反而認為：面對現代社會的種種挑戰，自由民主是人類迄今最成功、也最靈活的政治模式。雖然不見得適用於每個發展階段的各個社會，但比起所有其他方案，自由民主都曾在更多的社會和更多的情境中，證明了自己的價值。因此，我們面對新挑戰，有必要瞭解自由民主的局限，並討論該如何調整及改善目前的自由民主制度。

　　但不幸的是，在目前的政治氣氛下，任何關於自由主義和民主的批判，可能遭到獨裁者和各種反自由運動的利用；他們只是想詆毀自由民主，而不是為了開放的討論人類未來。雖然他們很樂於討論自由民主有何問題，卻幾乎容不下任何針對他們自身的批判。

　　因此，我身為作者，也得做出艱難的決定。我到底應不應該自我審查？還是要暢所欲言，但冒著被斷章取義用來支持獨裁政權的風險？非自由政權的一項特徵，就在於即使非其統治下的言論自由也會受到影響。而隨著這些政權擴張，要對人類物種的未來進行批判性思考，也就愈來愈危險。

　　幾經思量，我還是決定選擇自由討論，而非自我審查。如果不批評自由主義，我們就不可能修復其缺點、或有所超越。

　　請務必注意，之所以能寫出這本書，正是因為人們還能相對自由的思考自己究竟喜歡什麼、也能一如所願的表達自己的想法。如果您重視這本書，就也該重視言論自由。

# 第一部

# 科技挑戰

近幾十年來，
全球政治一直是由「自由主義」這套故事獨霸，
但就在生物科技與資訊科技結合、
形成人類史上最大挑戰的同時，
人類也對自由主義失去了信心。

第 1 堂課

# 理想幻滅

**歷史之終結，延後來臨**

　　人類思考用的是故事，而不是事實、數據或方程式，而且故事愈簡單愈好。每個人、每個團體、每個國家，都有自己的故事和神話。但在二十世紀，來自紐約、倫敦、柏林和莫斯科的全球菁英，編出了三大故事，號稱能夠解釋人類的過去、預測全球未來，分別就是：法西斯主義故事、共產主義故事、以及自由主義故事。

　　法西斯主義故事認為：歷史是不同國家之間的鬥爭，想像著世界就是要由某個人類團體主導，並以暴力制服其他所有團體。共產主義故事則說：歷史是不同階級之間的鬥爭，想像著世界就是要由某個集中化的社會體制，聯合所有團體，追求平等，就算犧牲自由也在所不惜。自由主義故事則說：歷史是自由與暴政之間的鬥爭，想像著世界就是要讓所有人類自由和平的合作，把集中的管制降到最低，就算產生不平等也在所不惜。

　　這三大故事之間的衝突，在第二次世界大戰達到頂點，最後使法西斯主義故事黯然退場。於是從 1940 年代末期到 1980 年代末，世界成為剩下兩個故事的戰場：共產主義和自由主義。等到共產主義故事崩潰，自由主義故事也就繼續做為人類瞭解過去的主要指南、未來無法取代的使用手冊——至少在全球菁英的眼裡是這樣。

## 自由主義故事的美好與幻滅

　　在自由主義的故事裡，謳歌著自由的力量和價值，說人類幾千年來一直生活在暴虐的政權之下，很少讓人享有政治權利、經濟機會或個人自由，更大大限制了個人、思想和貨品的流動。但是人們為自由而戰，一步一步讓自由站穩了腳步，讓民主政權取代了殘酷

的獨裁統治，自由企業克服了經濟上的限制，人們也學會了自己思考、聽從自己的心，而不是盲目服從偏執的祭司、或死硬的傳統。寬敞的道路、堅實的橋梁、熙攘的機場，已經取代了城牆、護城河和帶刺鐵絲網。

自由主義故事也承認，世界上並非事事完美，仍有許多障礙需要克服：全球大部分地區的統治者殘暴無仁，而且就算在最自由的國家，仍有許多公民苦於壓迫、暴力和貧困。但至少我們已經知道這些問題的解決方法：讓人民有更多的自由。我們必須保護人權、讓每個人有權投票、建立自由市場，並盡可能讓個人、思想與貨品在世界各地輕鬆流動。根據這帖自由主義的萬靈丹（小布希和歐巴馬都接受了這帖藥，只是各自稍有調整），只要繼續讓政治和經濟體系走向自由化、全球化，就能為所有人創造和平與繁榮。[1]

國家只要加入這場勢不可擋的進程，就能更快得到和平與繁榮的獎勵。至於想螳臂擋車的國家，就得承擔苦果，直到他們終於迷途知返、打開邊界，開放其社會、政治和市場。雖然應該得要花點時間，但最後就算是北韓、伊拉克和薩爾瓦多，也能變得就像丹麥或美國的愛荷華州一樣美好。

在 1990 年代和 2000 年代，自由主義故事成了全球朗朗上口的真言，從巴西到印度，許多政府都採用了自由主義這一套，希望能加入歷史洪流的這波無法阻擋的進程。未能加入的政府，在當時看來就像是遠古時代的化石一般。1997 年，美國總統柯林頓信心滿滿的指責中國，認為中國拒絕讓中國政治體制民主自由化，是「站在歷史上錯誤的一邊」。[2]

但從 2008 年全球金融危機以來，全球人民對自由主義這套故

事，愈來愈感到理想幻滅。壁壘與防火牆重返榮耀，反移民、反貿易協定的力道也日益升高。表面上看來是民主體制的政府，卻暗中破壞司法體系的獨立、限制新聞自由，並把所有反對政府的舉措視為叛國。各國的強人（例如在土耳其和俄羅斯）也嘗試各種新政治型態，從非自由的民主體制、到徹底的獨裁政權，不一而足。時至今日，很少人能夠再次信心滿滿、宣稱中國共產黨站在歷史上錯誤的一方。

2016 年，具代表性的大事包括英國脫歐公投過關、美國川普當選，正標誌著這波理想幻滅的浪潮，已經打到了西歐及北美的核心自由主義國家。不過短短幾年前，歐美還試圖解放戰火中的伊拉克和利比亞，但現在去問問美國肯塔基州和英國約克郡的人，很多人會認為這種自由主義理想並不受歡迎、或根本無法實現。有些人發現自己其實喜歡過去那種階級制度的世界，就是不願放棄自己在種族、民族或性別上享有的特權。也有些人認為（無論是對是錯），自由化和全球化就是一場巨大的騙局，犧牲群眾、圖利一小群菁英。

1938 年，人類有三種全球性的故事可供選擇；1968 年只剩下兩種；1998 年，似乎只有一種故事勝出；2018 年，這個數字卻降到了零。也就難怪，那些在近幾十年主宰大部分世界的自由主義菁英，現在陷入了震驚和迷惘。只有一種故事的時候，一切毫無疑義，可說是最令人放心的情形；但是突然連一種故事都沒有，就讓人驚慌失措，一切事物都像是沒了意義。

現在的自由主義者所面臨的局面，有點類似 1980 年代的蘇聯菁英份子：既不知道歷史為什麼沒走上他們認為注定的道路，手中也沒有其他觀點能夠用來詮釋現實。迷失了方向，讓他們覺得似乎

末日將臨，認為既然歷史沒有走上自己預想的美滿結局、顯然就是往世界末日步步逼進。

大腦在無法查核現況的狀況下，就預想著最糟的情形。這就像是有人一頭痛就覺得可能是腦瘤末期一樣，許多自由主義者擔心，英國脫歐、川普崛起，可能代表人類文明即將終結。

## 從殺死蚊子到殺死思想

隨著科技破壞式創新的步調加速，這種迷失方向、末日將至的感覺還會加劇。自由主義的政治體系建立於工業時代，管理由蒸汽機、煉油廠和電視機所構成的世界，但面對現在的資訊科技和生物科技革命，自由主義政治體系就顯得無力招架。

不論是政治人物或選民，光是要瞭解新科技就已經很勉強，更別談要規範新科技的爆炸性潛力了。

自 1990 年代以來，網際網路可能是改變全世界最大的一項因素，但領導網路革命的主要是工程師，而不是什麼政黨。你也沒投過什麼針對網際網路的贊成票吧？民主體系到現在連敵人是誰都還摸不清楚，也很難說真有什麼方法應付下一波像是人工智慧興起或區塊鏈革命之類的衝擊。

光是現在，電腦運算已經讓金融體系變得極為複雜，很少有人能夠真正理解，而隨著人工智慧不斷改進，金融體系可能很快就會成為沒有任何人類能夠理解的領域。這對於政治運作會有怎樣的影響？會不會有哪天，政府得要乖乖等候某個演算法來決定預算是否批准、稅改能否過關？

與此同時，點對點的區塊鏈網路和比特幣等加密貨幣，可能會讓貨幣體系徹底翻新，激進的稅制改革也就難以避免。舉例來說，未來交易時，可能多半無須再使用本國貨幣、甚至是任何貨幣，而只是資訊之間的交換；如此一來，國家如果要再針對金錢所得來收稅，就會變得窒礙難行，甚至是毫無意義。因此，政府可能需要發明全新的收稅方式（可能是徵收某種「資訊稅」；資訊除了是徵稅的標的，甚至也是納稅的方式）。在政治再也無錢可用之前，政治體系來得及應對這項危機嗎？

更重要的是，資訊科技和生物科技的雙重革命，不僅可能改變經濟和社會，更可能改變人類的身體和思想。人類在過去已經學會如何控制外在世界，但對內在世界還是多半無力掌控。我們知道怎樣攔河蓋出大壩，卻不知道怎樣阻止身體老化；我們知道怎麼設計灌溉系統，卻不知道怎麼設計大腦系統。如果有隻蚊子在我們耳邊嗡嗡作響、擾人清夢，殺隻蚊子不會是問題；但如果有個想法迴盪腦海、令人難以成眠，我們大多數人都不知道怎樣才能「殺掉」這個想法。

透過生物科技和資訊科技的革命，我們將會有能力控制自己的內在世界，也能設計和製造生命。我們將能學會如何設計大腦、延長生命，也能選擇要消滅哪些念頭。但沒有人知道後果會如何。

人類發明工具的時候很聰明，但使用工具的時候就沒那麼聰明了。單純要攔截河流興建大壩並不難，但是要預測這對整個生態系的影響實在不容易。同樣的，光是要攔截我們的意念流動、改變流動的方向，也會比預測這對於個人心理或社會體系有何影響，來得輕鬆。

在過去，人類得到了操弄周遭世界、重塑整個地球的力量，但由於人類並不瞭解全球生態的複雜性，過去做的種種改變已經在無意中干擾了整個生態系，讓現在的我們面臨生態崩潰。在接下來的這個世紀，生物科技和資訊科技會讓我們有能力操弄人體內部的世界、重塑自我，但因為我們並不瞭解自己心靈的複雜性，所做的改變也就可能大大擾亂心智系統，甚至造成崩潰。

## 經濟菁英不再剝削人民，因為已不需要人民

目前領導生物科技和資訊科技革命的是工程師、企業家和科學家，但這些人很少體會到手中各種決定會造成怎樣的政治影響，也顯然並不代表任何民意。

要由國會和政黨接手嗎？目前看來並沒有這個跡象。破壞式創新帶來的科技顛覆（technological disruption）根本還算不上政治的主要議題。所以像是在 2016 年美國總統大選期間，最主要與科技顛覆相關的，也只是希拉蕊的電子郵件醜聞；[3] 而且雖然各方大談失業問題，卻沒有候選人討論自動化可能造成的影響。川普警告美國選民的，是說墨西哥人和中國人會搶了他們的工作、應該在墨西哥邊界蓋起一道牆。[4] 但川普從來沒有警告過選民，說演算法會搶了他們的工作，應該在矽谷所在的加州邊界蓋起防火牆。

可能也因此（雖然不是唯一的原因），就連身處於西方自由主義中心地帶的這群選民，也對自由主義的這套故事和民主進程失去信心。一般人可能不懂什麼人工智慧和生物科技，但卻隱隱感覺到自己已經被未來遺棄。

在 1938 年，雖然在蘇聯、德國或美國的一般人生活也很艱苦，但是卻不斷有人告訴他們，他們是世界上最重要的、他們是未來的希望所在（當然，前提是他是個「一般人」，而不是猶太人或非裔美國人）。在宣傳海報上，通常是把煤礦工人、鋼鐵工人和家庭主婦，描繪成一副英雄形象，也讓人覺得「海報畫的是我！我是未來的英雄！」[5]

到了 2018 年，一般人會覺得自己竟然愈來愈無足輕重，如同草芥。不管是在 TED 演講、政府智庫或高科技研討會上，總是熱烈討論著許多神祕詞彙：全球化、區塊鏈、基因工程、人工智慧、機器學習，但對一般人來說，這些好像和自己都沒什麼關係。自由主義的故事，是一套關於一般人的故事。如果未來成了半機械人、網路演算法的世界，自由主義的故事要怎樣才能繼續有意義的說下去？

在二十世紀，群眾反抗剝削，把自己在經濟上的重要作用轉化成在政治上的權力。而到如今，群眾擔心以後自己會無足輕重，也就急著發揮目前仍有的政治力量，以免為時太晚。因此，英國脫歐和川普上臺，可能就展現出與傳統社會主義革命相反的軌跡。

過去推動俄國、中國和古巴革命的，是一群對經濟至關重要但缺乏政治權力的人；而 2016 年支持川普和英國脫歐的，卻是一群雖然還享有政治權力、卻擔心失去經濟價值的人。

也許在二十一世紀，平民主義者（populist，民粹主義者）反抗的將不再是經濟菁英剝削人民，而是經濟菁英不再需要人民。[6] 而且平民主義者很可能會敗下陣來，因為要反抗「無足輕重」要比反抗「剝削」來得困難許多。

# 自由主義不斷浴火重生

　　這不是自由主義故事第一次面臨信心危機。自從這套故事在十九世紀下半葉襲捲全球之後，時不時總會碰上危機。像是第一次世界大戰血流成河，帝國強權政治趁勢阻擋了全球進步的步伐，也讓全球化和自由化的第一個時代告結。

　　斐迪南大公於塞拉耶佛遇刺之後，各個強權對帝國主義的信心遠超過自由主義，不再想用自由與和平的商業活動使世界統一，而是要靠著蠻力在世界搶下更大的領地。然而自由主義活過了斐迪南時期，浴火重生且變得更加強大，矢言第一次世界大戰會是「結束一切戰爭的戰爭」。據稱，經過前所未有的屠殺之後，人類見識到了帝國主義的可怕代價，終於準備好在自由與和平的原則基礎上，建立新的世界秩序。

　　接著來到希特勒時期：在 1930 年代和 1940 年代初期，法西斯主義的力量一度看來銳不可擋。自由主義稍後雖然勝出，但馬上又面臨下一場挑戰：那是 1950 年代到 1970 年代的切‧格瓦拉時期，看來自由主義僅一息尚存，未來將是共產主義的時代。然而，最後崩潰的還是共產主義，證明超市的力量遠大於古拉格勞改營。更重要的是，自由主義這套故事證明自己比其他任何對手都更加柔韌、更加靈活，分別學習了帝國主義、法西斯主義和共產主義某些最優秀的概念，進而勝出。特別值得一提的是，自由主義學習了共產主義，於是擴大了同理的範圍，開始除了重視自由之外、也同時重視平等。

　　一開始，自由主義這套故事只在意歐洲中產階級男性的自由和

特權，而對於工人階級、女性、少數民族和非西方人所面臨的困境似乎是毫無所覺。1918 年，獲勝的英法兩國興奮的高談自由主義，但可沒把英法帝國在全球各地的屬民納入考量。舉例來說，印度要求民族自決，換來的就是英軍在 1919 年的阿姆利則（Amritsar）大屠殺，數百名手無寸鐵的示威者命喪當場。

就算到了第二次世界大戰之後，西方自由主義者還是很少將他們所謂的普世價值，應用到非西方人民的身上。所以，就算荷蘭人遭到納粹殘酷占領五年，他們在 1945 年重新站起來之後，幾乎第一件做的事就是徵集軍隊，遠赴半個地球之外，希望重新占領在印尼的前殖民地。荷蘭人在 1940 年只抵抗四天，就舉手投降、放棄獨立地位，但為了壓制印尼的獨立，他們卻鏖戰長達四年之久。也就難怪，全球許多民族解放運動所寄望的，都是共產主義的莫斯科和北京，而不是自詡為自由主義領導者的西方國家。

但漸漸的，自由主義這套故事向外擴張，開始（至少在理論上來說）將所有人的自由和權利一視同仁，同樣重視。而隨著自由主義的圈圈擴大，自由主義也開始認識到共產主義式福利計畫的重要性。自由主義同樣需要有類似的社會安全網，否則必將難以為繼，於是出現「社會民主福利國家」，既有民主和人權，又結合了由國家出資的教育和醫療保健制度。而且就算是極端資本主義的美國，也意識到如果想保護自由，至少需要提供部分的政府福利服務。如果孩子還餓著肚子，還奢談什麼自由？

到了 1990 年代初，思想家和政治家高談「歷史之終結」，信心滿滿的斷言過去所有重大的政治和經濟問題都已獲得解決，並認為自由主義經過翻新，成為包含民主、人權、自由市場和政府福利服

務的套裝組合，仍然是人民的唯一選擇。看起來，這個套裝組合似乎必將傳遍全世界，克服一切障礙，打破一切國界，讓所有人類變為單一、自由的全球社群。[7]

# 川普時期的虛無主義

然而，歷史並未終結，而且經過了斐迪南時期、希特勒時期和切·格瓦拉時期之後，我們發現自己來到了川普時期。但這一次，自由主義的對手並不是像帝國主義、法西斯主義或共產主義這樣一套完整的意識型態；川普時期所散發的是濃濃的虛無主義。

二十世紀的各項主要運動，都對全人類有著願景，可能是統一世界、發動革命，或是民族解放。但川普並未提供這樣的願景，而且還正相反。他主要告訴大家的就是：美國並不負責制定和推動任何全球願景。

同樣的，英國倡導脫歐的人士對於這個不再聯合的王國，可說根本沒什麼計劃；歐洲和世界的未來，遠遠不在他們的設想範圍之內。大多數投票支持川普和英國脫歐的人，並不是完全反對整個自由主義的套裝組合，主要只是對全球化的部分失去了信心。他們仍然相信民主、自由市場、人權、以及社會責任，但認為這些好點子只要在國內流通就行了。事實上，他們相信為了維護約克郡或肯塔基州的自由與繁榮，最好在邊界蓋起一道高牆，並對外人採取非自由主義的政策。

至於正崛起的超級強權中國，則呈現出幾乎完全相反的景象，對於開放國內政治極其謹慎，但是對世界其他地區則是遠遠更為開

放。川普上任後，如果說到自由貿易和國際合作，看起來習近平才像是歐巴馬的真正接班人。中國把馬克思列寧主義暫且放到一旁，似乎對自由主義的國際秩序頗為滿意。

講到要對抗自由主義國際秩序，比起中國，復興的俄羅斯認為自己遠遠更為夠格。然而，雖然俄羅斯的軍事已經恢復實力，但意識型態卻已然破產。普丁無疑在俄羅斯與全球各個右翼運動中，都是熱門人物，但對於失業的西班牙人、不滿的巴西人、或是滿懷理想的劍橋大學生來說，普丁並沒有什麼能夠吸引人的全球世界觀。

俄羅斯確實提供了自由民主體制以外的另一種模式，但這種模式並不是一套完整的政治意識型態，而是一種政治操作手法：由少數特權階級壟斷國家絕大部分的財富和權力，再靠著對媒體的控制來隱蔽其活動、鞏固其統治。民主的根基之一，在於林肯所提出的原則：「你可以在某些時候欺騙所有人，也可以在所有時候欺騙某些人，但你無法在所有時候欺騙所有人。」如果政府腐敗、未能改善人民生活，到頭來總能有夠多公民看清真相，換上新的政府。然而政府控制媒體後，阻礙了公民看清真相，也就打破了林肯的邏輯。

執政的寡頭特權階級一旦壟斷媒體，便能不斷將自身的失敗歸咎於他人，並將公民的注意力引導到外部的威脅——無論是真有其事、又或僅是空穴來風。在這種寡頭體制下生活的人民，總會看到一些重大的危機，讓人覺得醫療保健和汙染相形之下只是無聊的小事。譬如國家都面臨外敵入侵或惡意顛覆了，誰還有時間擔心醫院病人太多、河川遭到汙染？只要製造出永無止境的危機，腐敗的寡頭政治就能夠享受永無止境的統治。[8]

不過，雖然這種寡頭模式在真實世界歷久不衰，卻完全無法打

動人心。其他的意識型態都能高談闊論自身願景，但寡頭政治雖然
手握權力，卻無法真正以己為榮，而多半會用其他意識型態為自己
包裝。因此，俄羅斯假裝是個民主國家，領導者也號稱自己遵循的
是俄羅斯民族主義和東正教的價值，不是寡頭模式。

　　雖然法國和英國的右翼極端主義份子，很可能有賴俄羅斯的協
助，也對普丁表達敬佩，但就算是右翼極端份子的選民，也不希望
自己所生活的國家仿效俄羅斯模式：貪汙腐敗無所不在、國家服務
功能失靈、政府法治蕩然無存、不平等程度令人震驚。根據調查，
俄羅斯是全世界最不平等的國家之一，87％的財富集中在最富有的
10％人手中。[9] 就算是法國極右派的民族陣線，又會有多少工人階
級的支持者，會想在法國複製這種財富分配模式？

## 自由主義套餐不是自助餐

　　人民會用腳投票。我走訪世界各地途中，遇過許多人希望移民
到美國、德國、加拿大或澳洲，也遇過一些人想要移民到中國或日
本，但從來沒遇過人想移民到俄羅斯。

　　至於「全球伊斯蘭」（global Islam），主要也只對生於斯長於斯的
人有吸引力，雖然也會吸引某些在敘利亞和伊拉克的人、甚至再加
上某些在德國和英國的疏離穆斯林青年，但是很難看到希臘或南非
（加拿大或韓國就更別提了）認為加入穆斯林世界，會有助於解決
自己國家所面對的問題。

　　在這種時候，人民也會用腳投票。每有一個穆斯林青年從德國
前往中東、接受穆斯林神權政治的生活，就可能有一百個中東青年

希望能走上反方向，在自由主義的德國開始新生活。

這可能意味著，目前的信心危機並不及過往來得嚴重。自由主義者如果因為過去這幾年的情勢就感到絕望，應該要回想一下 1918 年、1938 年或 1968 年，當時的局勢可比今日遠遠更為嚴峻。近幾年所見的局面，其實並非徹底放棄了自由主義故事，而是從「套餐模式」轉為「吃到飽心態」。

目前的發展之所以叫人難以理解，部分原因在於自由主義從來不只是單一的概念。自由主義珍視自由，但「自由」在不同的情境有不同的意義。A 可能覺得自由主義就是自由選舉與民主化，但 B 則認為自由主義代表的是貿易協定與全球化，還有個 C 認為自由主義就是要追求同志婚姻與墮胎自由。無論在經濟、政治或個人領域，又或是在國內與國際的層級，一個「自由主義」就能推導出各種不同的行為建議。右頁的表格〈自由主義套餐菜單〉，簡述了自由主義的主要重點。

近幾十年是由自由主義故事主導世界，並認為右頁表格的這六個部分之間，有著強大且必要的連結，缺一不可。原因就在於每個領域的進步都需要其他領域配合，也會進而刺激其他領域進步。舉例來說，必須要有自由選舉，自由市場才可能成功——要是沒有民主，市場很快就會淪為裙帶關係與治理腐敗下的犧牲品。

同樣的，要有性別平等，才能有國際和平——因為推動戰爭的通常正是父權價值觀、以及抱持大男人主義的政客。

同時，全球經濟整合則與消費者的個人自由相輔相成——如果我能有 100 個全球品牌可選、而不只是 3 個國家品牌，自然有著更高的個人自由。

## 自由主義套餐菜單

|  | 國內層級 | 國際層級 |
|---|---|---|
| 經濟領域 | 自由市場、私有化、低稅收 | 自由貿易、全球整合、低關稅 |
| 政治領域 | 自由選舉、法治、少數族群權利 | 和平關係、多邊合作、國際法與組織 |
| 個人領域 | 自由選擇、個人主義、多樣性、性別平等 | 個人出入境與移民的便利 |

　　道理以此類推。因此，如果哪個國家想要大啖這自由主義套餐的任一道菜（例如自由市場），幾乎別無選擇，只能整套全吃。

　　目前在全世界，無論平民主義或民族主義運動，都有一個共通點：雖然說自己「反對自由主義」，但卻不是全盤反對，只是不想點套餐，而是想來一頓自由隨性的自助餐，只挑自己愛吃的，吃到飽、吃到撐。於是，川普雖然大力讚揚自由市場與私有化，卻覺得可以同時揚棄多邊合作、甚至是自由貿易。中國支持自由貿易，所提出的「一帶一路」可說是史上構想最龐大的全球化計畫，但是中國對自由選舉的熱情就遠遠低了許多。英國脫歐派崇尚民主、支持

個人主義，然而他們不愛多邊合作，也不想給國際組織太多權力。又譬如匈牙利總理奧班（Viktor Orban）定義自己的政權是「非自由的民主」，認為匈牙利可以既擁有自由選舉，又無須承諾保障少數族群權利、多樣性與個人主義等等。

至少在理論上，這份套餐有一道菜幾乎人人都想要：和平的國際關係。這就像是自助餐裡的巧克力蛋糕。相較之下，又有一道菜是幾乎人人都嫌棄：移民。這就像是全球的芹菜。就算是那些最堅定支持民主、個人主義與多邊合作的人，對於接受太多移民，也顯然興致不高。

但這份套餐究竟能不能採用自助餐的吃法，目前還有待觀察。而且這裡的比喻也可能造成誤解，畢竟餐廳裡的套餐只是把不同餐點任意組合，但自由主義故事始終認為整個自由主義體系就是一個生物，各個器官需要互相依賴。雖然湯和甜點可以輕鬆單點，但心臟與肺臟可不能只選其一：川普真的能在全球破壞自由貿易、又在美國促進自由市場嗎？中國共產黨真的能繼續享有經濟自由化的成果、又抗拒走向政治自由化嗎？匈牙利的民主真的無須個人自由？奧班總理的「非自由的民主」會不會只是把「獨裁」換了個好聽的說法？隨著邊境牆愈築愈高、貿易戰愈演愈烈，國際和平還能不能繼續存在？想採用自助餐的吃法，很可能導致的是自由體系在國內層級與國際層級都徹底崩潰。

如果真的走到這一步，還有什麼其他選擇，能夠替代自由主義這套故事？一種選擇或許就是徹底放棄追求全球性的故事，轉而向地方性的國族主義和宗教故事尋求庇護。在二十世紀，民族主義運動風起雲湧，有非常重要的政治意義，但這些運動除了能將全球劃

分為許多各自獨立的民族國家之外，並沒有展現出對世界未來的一致願景。因此，印尼民族主義者反抗荷蘭統治，越南民族主義者追求自由越南；但是不論在印尼或越南，都沒有關於全人類的故事主張。所以只要一討論到印尼、越南和所有其他自由國家彼此有何關聯，或是人類該怎樣應對核戰威脅等全球問題，民族主義者總是又訴諸自由主義或共產主義思想。

## 緬懷往昔的虛幻榮光

然而，如果自由主義和共產主義都已不足信，或許人類也該放棄追求共同的全球性故事？畢竟，所有的全球性故事（甚至包括共產主義），不都是西方帝國主義的產物？馬克思的故鄉在德國特里爾（Trier），推動自由貿易的則是在英國曼徹斯特的實業家；如果你是越南的農村村民，為什麼要相信這些人說的故事？或許每個國家都該根據自己的古老傳統，走出獨特的一條路？也或許，西方人也該休息一下，別再想著要推動世界，而是先把自己的事管好？

這可說是已經在全球各地發生的事：自由主義幻滅後形成思想空缺，而由地方的懷舊幻想來填補，緬懷著往日的榮光。川普呼籲美國應採取孤立主義，搭配的就是承諾要「讓美國再次偉大」，講得好像 1980 年代、甚至 1950 年代真是完美，美國應該在二十一世紀重現這種社會。

至於英國脫歐份了，則是夢想讓英國成為一個獨立的強權，彷彿還活在維多利亞女王的時代，也彷彿以為就算到了這個網際網路和全球暖化的時代，「光榮孤立」政策還能繼續施行。

　　至於在中國的菁英，則是重新找出了固有的帝王和儒家遺緒，用以補充（甚至替代）從西方進口的可疑馬克思主義意識型態。

　　再到俄羅斯，普丁的官方願景可不是要建立腐敗的寡頭政治，而是要復興沙皇時代的帝國。在「十月革命」一個世紀後，普丁率領著俄羅斯民族和東正教信徒推動的專制政府，承諾要重返古代沙皇的榮耀，影響力從波羅的海一路延伸到高加索地區。

　　至於在印度、波蘭、土耳其和其他許多國家，同樣也是靠著結合民族的依戀與宗教的傳統，形成政權的基礎。這些幻想最極端的例子出現在中東地區，伊斯蘭主義者希望重現先知穆罕默德一千四百年前在麥地那（Medina）的情景，而以色列的猶太教基本教義派甚至有過之而無不及，希望回溯到兩千五百年前的《聖經》時代。以色列目前執政的聯合政府成員，也公開表示，希望讓現代以色列的國土更為擴張，好更接近《聖經》中的以色列幅員，並希望恢復《聖經》上的法律，甚至要在耶路撒冷重建古老的雅威聖殿，取代阿克薩清真寺。[10]

## 真正的考驗在於生態崩潰和科技顛覆

　　自由主義菁英對這些發展十分驚恐，希望人類能及時回到自由主義的道路上，以免災難降臨。歐巴馬在 2016 年 9 月最後一次聯合國演說中，就提醒聽眾別讓世界再次「依循著古老的民族、部落、種族和宗教界線，嚴重分裂，最終導致衝突。」他也認為「開放市場、問責治理、民主、人權、國際法等原則……仍然是這個世紀人類進步最堅實的基礎。」[11]

　　歐巴馬點出一項事實：雖然自由主義套裝組合存在諸多缺陷，但在歷史上的表現還是遠優於其他任何方案。在自由主義秩序的庇護之下，二十一世紀初的多數人類，正享受著前所未有的和平及繁榮。史上第一次，多數人是老死而非傳染病死、胖死而非餓死、意外身故而非暴力身亡。

　　然而，我們現在面臨的最大問題，在於生態崩潰和科技顛覆，而自由主義對此並沒有清楚的答案。傳統上，自由主義需要搭配經濟成長，才能很神奇的平息社會矛盾和政治衝突。自由主義能夠讓無產階級與資產階級、信徒與無神論者、原住民與移民、歐洲人與亞洲人之間，都和睦相處，靠的就是保證每個人都能拿到更大的一塊餅。只不過，這前提是餅必須不斷變大。然而經濟成長非但無法拯救全球生態系，更恰恰是生態危機的成因。經濟成長也無法解決科技顛覆的問題，因為成長正是以愈來愈多的破壞式創新為基礎。

　　自由主義和自由市場資本主義，都鼓勵人民有高遠的期許。在二十世紀後半葉，無論在休士頓、上海、伊斯坦堡或聖保羅，世世代代都享有了更高的教育水準、更優良的醫療保健、更高的收入。但是在接下來的幾十年間，由於科技顛覆加上生態崩潰，年輕一代就算只是維持現狀，都已經算是幸運。

　　因此，我們總是需要為世界創造出更新的故事。正如工業革命的動盪，激發出二十世紀的創新思想；接下來的生物科技和資訊科技革命，也可能需要新的願景。這個世界未來幾十年間的特色，可能就在於強烈的自我反省，以及建立新的社會和政治模式。自由主義能不能再次像是 1930 年代和 1960 年代的危機之後，那樣重塑自己，變得比以往更加璀璨？傳統的宗教和民族主義，又能否提供自

由主義無法回答的答案，運用古老的智慧來形塑最新的世界觀？又或者，我們應該和過去徹底分手，打造一套全新的故事，非但不再只談舊神祇和舊民族，甚至還要超越像是自由與平等這類現代核心價值觀？

## 要先瞭解科技帶來什麼挑戰

目前，人類距離要在這些問題上達成共識，還非常遙遠。我們現在還處於一種幻滅和憤怒的虛無主義時期，人民已經對舊的故事失去信心，但也還沒能接受什麼新的故事。

所以，接下來該做些什麼？第一步是緩和對末日預言的反應，從恐慌轉為困惑。恐慌其實是一種傲慢，是自以為完全知道世界正往哪走：走向毀滅的方向。困惑則是比較謙遜的態度，也就能看得比較清楚。如果你現在覺得想跑上街、大喊「世界末日來了！」，要告訴自己：「不，不是這樣。我其實只是不知道世界究竟發生了什麼事而已。」

在以下各堂課，我都會試著澄清某些令人困惑的新可能性，也談談該怎麼再往下走。然而，在探索人類困境有何可能的解決方案之前，需要先更明確的瞭解科技帶來什麼挑戰。資訊科技和生物科技的革命還正在起步，而且它們究竟對目前的自由主義危機該負多少責任，也還有待商榷。對於人工智慧本身以及它對生活可能造成的影響，伯明罕、伊斯坦堡、聖彼得堡和孟買的大多數民眾，大概都只是隱隱有個感覺。但毫無疑問，科技革命在未來幾十年間的力度會持續增強，將給人類帶來前所未有的艱難考驗。

　　任何故事如果想要得到人類的青睞，最重要的一個條件，就在於能否處理資訊科技和生物科技這樣的雙重革命。如果自由主義、民族主義、伊斯蘭教、或是什麼新的信仰，希望自己能夠塑造 2050 年的世界，除了得瞭解人工智慧、大數據演算法和生物工程，還得把這一切融入一套全新而有道理的敘事之中。

　　想瞭解科技挑戰的本質，或許就業市場是一個最好的起點。從 2015 年以來，我造訪了世界各地，和政府官員、商人、社運人士和學童，談到人類的困境。每當人工智慧、大數據演算法和生物工程這些話題，讓他們顯得厭倦或不耐煩，通常只要用一個神奇詞彙，就能讓他們精神抖擻起來：工作。

　　科技革命可能很快就會讓數十億人失業，並創造出一種人數眾多的新無用階級，帶來現有意識型態無法處理的社會矛盾和政治動盪。討論科技、討論意識型態，可能聽起來十分抽象、與自己距離遙遠，但講到大規模失業這種再真實不過的前景，人人都無法再冷漠下去。

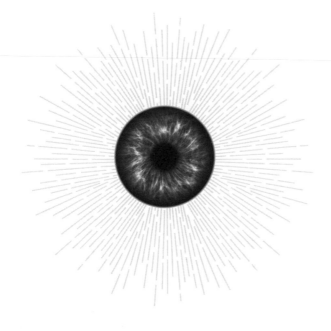

第 2 堂課

# 工作

## 等你長大，可能沒有工作

　　我們完全無從得知，2050 年的就業市場會是什麼樣子。一般同意，機器學習和機器人將會改變幾乎所有工作，從製作優格到教導瑜伽都無法倖免。但談到這項改變的本質及急迫性，各家觀點也就眾說紛紜。有些人認為，只要十年到二十年，就會有幾十億人成為經濟上多餘的存在。但也有人認為，長遠看來，自動化的影響也會是為所有人創造新的就業機會，帶來更大的繁榮。

　　所以，我們究竟是真的處於危險動盪的邊緣，又或者這再次只是盧德份子歇斯底里的妄言？這很難說。早從十九世紀，就開始有人擔憂自動化會造成大量失業，但至今從未出現這種景況。自工業革命揭開序幕以來，機器每搶走一項舊工作，也會至少創造一項新工作，而且平均生活水準大幅提高。[12] 但我們有充分的理由相信這次情況不同，機器學習將會真正讓整個情勢徹底改變。

## 人類還有什麼能力勝過 AI ？

　　人類有兩種能力：身體能力和認知能力。過去，機器主要是在原始的身體能力得以與人類競爭，而人類則是在認知能力仍享有巨大優勢。因此，隨著農業和工業的工作邁向自動化，就出現了新的服務業工作。這些新工作需要人類獨有的認知技能：學習、分析、溝通，特別是必須理解人類的種種情緒。然而，人工智慧（以下簡稱 AI）已經在愈來愈多認知技能項目上超越人類，包括理解人類的情緒。[13] 而且，除了身體能力和認知能力之外，我們並不知道還有什麼第三種領域，讓人類能夠永遠勝過機器。

　　必須體認到的一項關鍵在於：AI 革命不只是讓電腦運算更快、

更聰明，AI 更搭配了在生命科學和社會科學方面的種種突破。我們愈瞭解是哪些生化機制在支撐人類的情感、欲望和選擇，也就愈能分析人類行為、預測人類決策，最終取代人類的司機、銀行經理和律師。

　　過去幾十年，由於在神經科學和行為經濟學等領域的研究，讓科學家能夠「駭進」人類，更清楚瞭解人類究竟是如何做出各種決定。事實證明，我們從選擇食物到選擇伴侶，都不是出於什麼神祕難解的自由意志，而是數十億神經元在瞬間計算各種可能性的結果。過去大受讚譽的「人類直覺」，其實只是「辨識模式」罷了。[14]優秀的司機、銀行經理和律師，對路況、投資或談判交涉並沒有什麼神奇的直覺，只不過是辨識出了某些一再出現的模式，於是能夠閃過漫不經心的行人、拒絕無力償債的借款人、戳破心懷不軌的騙子。而且，那些領域的研究同時也證明，人腦的生化演算法距離完美還有很長一段路。人腦會想走捷徑、想根據不完整的資訊快速找出解答，而人腦的迴路也顯得過時，整套機制適合的是過去的非洲大草原，不是現在的都市叢林。也就難怪，就算是優秀的司機、銀行經理和律師，也會犯下愚蠢的錯誤。

　　這代表著，就算是那些本來認為是靠直覺的工作，AI 也能表現得比人類更好。如果是說 AI 能比人類更有那種難以言喻的第六感，這種事大概不會發生；但如果講的是 AI 能比人類更懂得計算機率、辨識模式，聽起來可能性就高了許多。

　　特別是如果某些工作需要「關於別人」的直覺，AI 的表現就能優於人類。許多工作（例如在人潮滿滿的街上開車，把錢借給陌生人，商業上的談判交易等等）都需要準確評估別人的情緒和願望。

那個孩子是不是會突然跑到馬路中間？這個穿著西裝的人，是不是打算從我這裡一借到錢就消失？那位律師的言語威脅是認真的嗎？還是只想嚇嚇我？只要我們覺得這些情緒和欲望是來自某種非實體的心靈，顯然電腦就永遠無法取代人類的司機、銀行經理和律師。原因就在於：電腦怎麼可能去理解「心靈」這種神聖的創造物呢？然而，如果這些情緒和欲望實際上也只不過是某些生化演算法，電腦就沒理由無法解譯，而且解譯的成績一定比任何智人都來得好。

不管是司機預測行人想往哪走，銀行經理判斷借款人的信用好壞，又或是律師衡量談判桌上所瀰漫的情緒，凡此種種所依賴的都不是巫術，而是在他們無所覺的情況下，大腦就會透過分析臉部表情、聲調、手部動作、甚至體味，來判讀生化模式。AI 只要搭配適當的感測器，絕對可以把這些工作做得比人類更精確、更可靠。

因此，失業的威脅不只是因為資訊科技的興起，而是因為資訊科技與生物科技的融合。要從功能性磁振造影（fMRI）掃描機，走到勞動市場，這條路肯定是漫長而曲折的，但花個幾十年總是能走完。腦科學家今天對杏仁體（主司情緒與恐懼反應）和小腦（主司感官資訊的整合與微調運動技能）的研究，就有可能讓電腦在 2050 年比人類更適合擔任精神科醫師和保鏢。

# AI 擁有兩種非人類能力：可連結、可更新

AI 不單單能夠「駭進」人類、並在以往認為專屬於人類的技能表現上打敗人類，更擁有獨特的非人類能力，而使得 AI 和人類工作者之間的差異不僅是程度高低，而是完完全全的兩回事。AI 特別

40

重要的兩種非人類能力，就在於「連結性」和「可更新性」。

　　人類都是個體，很難將所有人彼此連結，以確保每個人都得到最新資訊。相反的，電腦並不是彼此相異的獨立個體，因此很容易把電腦集合成單一、靈活的網路。所以這樣說來，並不是即將有幾百萬部電腦和機器人取代幾百萬個工人，而是所有的個別工人會被一套整合的網路所取代。因此，討論自動化的時候，不該把「一位司機」的能力拿來和「一輛自動駕駛車」比較，也不是把「一位醫師」拿來和「一位 AI 醫師」做比較，而是該把「一群人」的能力，拿來和「一套整合網路」進行比較。

　　舉例來說，交通規則時有修改，但許多司機並不全然熟悉，於是常常違規。也因為每輛車都是個別運作的實體，所以兩輛車到了同一個十字路口的時候，司機可能會誤讀彼此的意圖，以致發生事故。相反的，自動駕駛車是連結成一個整體，所以兩輛自動駕駛車來到十字路口時並非個別運作，而是屬於同一套演算法的一部分。這樣一來，溝通不良而發生事故的機會也就大幅減少。此外，如果交通部決定修改某些交通規則，所有的自動駕駛車都能很快在同一時間更新；除非程式出錯，否則大家都會遵守新的規則。[15]

　　同樣的，如果世界衛生組織確認出現了某種新疾病，或是某實驗室生產出某種新藥，目前幾乎不可能讓全世界所有人類醫師都得知最新發展的消息。相較之下，就算全球有一百億臺 AI 醫師、各自照顧著一個人的健康狀況，仍然可以在瞬間全部更新，而且所有 AI 醫師都能互相分享對新病或新藥的反應。

　　連結性和可更新性可能帶來的優勢極為龐大，至少對某些工作來說，就算某些單獨個人的工作效率可能仍然高於機器，但合理的

做法將會是用電腦取代所有人類員工。

有人可能會反駁說,把個別的個人轉換為電腦運算網路之後,就會失去個別性所帶來的優勢。舉例來說,如果某位人類醫師做出錯誤判斷,並不會因此讓世界上所有的病人都喪命,也不會阻礙所有新藥的發展。相反的,如果所有醫師其實都屬於某一套同樣的系統,該系統一旦出錯,結果可能就極其嚴重。

但事實上,整合的電腦系統可以在不失去個別性的優勢下,把連結性的優點發揮到極致。譬如在同一個網路上提供許多演算法,以供選擇。於是位於偏遠叢林小村裡的病人只要透過智慧型手機,能找到的不只是某一位醫學權威,而是上百位不同演算法的 AI 醫師,而且這些 AI 醫師的表現會一直受到互相評比。你不喜歡那位 IBM 醫師的診斷嗎?沒問題。就算你現在困在吉力馬扎羅山上,也能輕鬆找到百度醫師,尋求第二意見。

這對人類社會很可能帶來巨大的好處。AI 醫師能為幾十億人帶來更好、更便宜的醫療保健服務,特別是那些目前根本沒有醫療保健資源可用的人。靠著機器學習演算法和生物統計感測器,就算是某個未開發國家的貧困村民,也可能會透過智慧型手機,得到良好的醫療保健,比起目前最富有的人在最先進的城市醫院所獲得的水準,有過之而無不及。[16]

同樣的,自動駕駛車能讓交通服務品質大幅提升,特別是能夠降低車禍死亡率。在今日,每年有將近一百二十五萬人因車禍而死亡,足足是戰爭、犯罪和恐怖攻擊死亡人數的兩倍。[17] 在這些事故中,超過 90% 是由於人為錯誤造成的:有人酒駕、有人邊開車邊發簡訊、有人開車開到睡著、有人開車的時候只顧著發呆。根據

美國國家公路交通安全管理局在 2012 年的估計，全美死亡車禍有 31 ％出於酒精濫用、30 ％出於超速、21 ％出於駕駛分心。[18] 而這些錯誤，自動駕駛車永遠不會犯。雖然自動駕駛車仍有不少問題和局限，也免不了會有些事故，但根據預測，如果把所有駕駛工作完全交由電腦處理，將能夠減少大約 90 ％的道路傷亡。[19] 換句話說，只要全面改採自動駕駛車，可能每年就能拯救一百萬人的性命。

因此，如果只是為了保障工作，就想阻擋在交通和醫療保健等領域的自動化，絕對是不智之舉。畢竟，我們真正該保護的是人類而不是工作。如果這讓司機和醫師變得無用武之地，就讓他們找點別的事來做吧。

## 醫師比護理師更容易被 AI 取代

至少在短期內，AI 和機器人還不太可能完全取代整個產業。有些工作，做的是專精在小範圍、日復一日相同動作的事，這種工作就會被自動化取代。然而，如果是每日有所變化、需要同時運用廣泛技能組合的工作，又或是需要應付難以預見的情境，這些工作就比較難用機器來取代人類。

以醫療保健業為例。很多醫師的主要工作都在於處理資訊：吸收醫療資訊、分析資料、再提出診斷。相對之下，護理師還需要有良好的運動能力和情緒智力，才能幫病人打針、換繃帶，或是壓制住激動的病人。因此，出現智慧型手機 AI 醫師的時間，很有可能會遠遠早於可靠的護理機器人。[20] 人類照護產業（也就是照顧病人及老弱）大概在很長一段時間內，仍然會是人類的工作。事實上，

隨著人類壽命延長和少子化，老年照護很可能會成為人類勞力市場成長最快的部門。

除了照護產業，創意產業也是自動化特別難以突破的領域。現在，我們可以直接從 iTunes 商店下載音樂，不再需要由真人店員來銷售，但作曲家、音樂家、歌手和 DJ 都還是活生生的人。我們需要這些人的創意，除了是要製作全新的音樂，也是要在多到讓人頭昏腦脹的諸多可能當中，進行選擇。

儘管如此，終究所有工作都有可能走向自動化，就連藝術家也得小心。現代社會一般認為，藝術與人類的情緒緊緊相連，藝術家引導著人類的心理力量，藝術的目的是讓我們和自身的情緒有所聯繫，又或是激發出新的感受。因此，要評斷藝術的時候，通常就是看它對觀眾的情緒起了多大的作用。但如果真以這個標準來定義藝術，等到外部的演算法比莎士比亞、墨西哥女畫家卡蘿、或歌手碧昂絲，更能瞭解和操縱人類的情緒，又會發生什麼事？

畢竟，情緒也不是什麼神祕現象，只是生化反應過程的結果。估計在不久之後，只要用機器學習演算法，就能分析身體內外各種感測器所傳來的生物統計資料，判斷人的性格類型和心情變化，或是計算某首歌（甚至是某個音高）對你情緒上的影響。[21]

## AI 為你搭配樂曲

在所有藝術形式中，最容易受到大數據分析衝擊的，可能就是音樂。音樂的輸入和輸出都適合用精確的數學來描述，輸入時是聲波的數學模式，輸出時則是神經風暴的電化學反應模式。在幾十年

內，演算法只要經過幾百萬次的音樂體驗，就可能學會如何預測某種輸入如何產生某種輸出。[22]

假設你剛和男友大吵一架，負責音響系統的演算法就會立刻發現你內心的情緒波動，並根據它對你個人、以及對整體人類心理的瞭解，自動播放適合你的歌曲，回應你的憂鬱、反應你的悲傷。它放的這些歌可能不適合其他人，但完全符合你的性格類型。演算法先把你帶到悲傷的底層之後，再放出全世界最可能讓你振作起來的那首歌；原因可能是這首歌在你的潛意識裡，與某個快樂的童年記憶緊緊相連，而且甚至你本身根本毫無所覺。任何一位人類 DJ，都不可能與這樣的 AI 相匹敵。

你可能會提出異議，認為這樣一來，AI 不就是扼殺了所有的偶然，把我們束縛在一個狹隘的音樂「繭」裡——這個繭是由我們自己的喜惡一絲一絲所織成？那麼，你如何能探索新的音樂品味和風格呢？

那有什麼問題？要調整演算法再輕鬆不過，你可以要它隨機挑選 5％的內容，讓你忽然可以聽到像是印尼的甘美朗（Gamelan）合奏、義大利羅西尼的歌劇、又或是最新的韓國流行歌曲。透過監測你的生心理反應，AI 甚至還能判斷出對你來說最理想的隨機度，讓你既能探索新音樂、又不會覺得厭煩，可能是上調至 8％、也可能是下調到 3％。

另一種可能的異議，則是認為演算法不見得知道，該讓情緒把我們帶去哪裡。剛和男友大吵一架之後，演算法究竟是該讓你高興還是難過？它對於「好」情緒和「壞」情緒的判斷，會不會太過武斷？或許有時候，覺得傷心也不見得是件壞事？當然，這些問題就

算是人類音樂家和 DJ 也得面對。但放到演算法的領域，這個難題就會有許多有趣的解決方案。

做法之一，是讓使用者自己選擇。你可以自己評估情緒，再要演算法依你的指示行事。不管你想自憐自艾、或是興奮雀躍，演算法都會像個奴隸般乖乖聽話。而演算法也確實有可能學會在你自己還無所覺的情況下，就能夠判斷你到底想要什麼。

做法之二，如果你不信任自己，則可以先挑出你信任哪位知名心理學家，再叫演算法聽那位專家的建議就對了。像是如果男友最後甩了你，演算法或許能夠協助你走過理論上「悲傷的五個階段」：先用巴比‧麥菲林的〈Don't Worry, Be Happy〉，幫你否認已經發生的事；再用艾拉妮絲‧莫莉塞特的〈You Oughta Know〉讓你發洩憤怒；接著用賈克‧布瑞爾的〈Ne me quitte pas〉和保羅‧楊的〈Come Back and Stay〉，鼓勵你討價還價；用愛黛兒的〈Someone Like You〉，讓你深刻體會沮喪；最後再用葛洛莉亞‧蓋諾的〈I Will Survive〉，讓你接受一切。

下一個階段，則可能是演算法開始調整這些歌曲和旋律，為你量身打造。或許有某首歌什麼都好，但就是有一小段旋律讓你不喜歡。演算法知道這件事，是因為只要一到那段旋律，你的心跳就會停個一下，而且催產素的濃度也會稍微降低。而演算法能做的，就是把那一小段討你厭的旋律重寫、或是乾脆刪去。

到最後，演算法就能學會編寫整首曲子了，而讓人類的情緒就像鋼琴琴鍵般任它們彈奏。

有了你的生物統計資料之後，演算法甚至可以量身打造出全宇宙只有你會喜歡的旋律。

# AI 更擅長製作流行歌曲

常有人說，人類之所以喜歡藝術，是因為可以在藝術中看見自己。但如果臉書開始運用它對你所知的一切，來打造個人化的藝術品，結果可能會出人意料、甚至造成風險。像是如果男友甩了你，臉書呈現給你的可能是一首完全為你量身打造的歌曲，內容就是關於你這個特定的人，而不是那個讓愛黛兒或是艾拉妮絲・莫莉塞特傷心的不知名人士。這首歌甚至能讓你回憶起在過去交往時，那些沒有別人知道的真實事件。

當然，為個人量身打造的藝術可能成不了流行，因為人還是喜歡大家都愛的玩意。如果這個曲調只有你知道，不就沒辦法大家一起唱唱跳跳？然而，比起製作量身打造的作品，演算法可能還更擅長製作全球熱銷作品。運用有數百萬人資料的生物統計資料庫，演算法知道只要按下哪些生化按鈕，就能在全球掀起熱潮，讓所有人在舞池裡瘋狂搖擺。如果藝術的重點真的就在於啟發（或操縱）人類的情緒，那看來人類音樂家大概也難以再與這樣的演算法匹敵。因為演算法實在更瞭解它們所操弄彈奏的這個樂器 —— 人類的生化系統。

這一切會帶來偉大的藝術嗎？這可能要看藝術如何定義。如果說聽眾覺得美就是美、而且顧客永遠是對的，那麼生物統計演算法就有可能創造出史上最佳的藝術。但如果藝術是一種比人類情緒更深層的東西、應該要表達出超越生化振動的事實，那麼生物統計演算法大概就不會成為絕佳的藝術家。

話說回來，大多數人大概也成不了絕佳的藝術家。光是要進入

藝術市場、取代許多人類作曲家和表演者,演算法並不需要直接打敗柴可夫斯基。先打敗小甜甜布蘭妮,大概就行。

## 「半人馬」團隊需要高水準技能

從藝術到醫療保健,許多傳統工作將會消失,但部分影響可能會由新創造的工作來抵消。例如診斷各種已知疾病、執行各種常見醫療的全科醫師,有可能被 AI 醫師取代,但也就會空出更多經費空間,讓醫師和實驗室助理得以進行開創性的研究,研發新藥或手術新術式。[23]

AI 也可能以另一種方式,協助創造新的人類工作:人類與其想贏過 AI,不如把重點放在 AI 的維修和運用。舉例來說,因為無人機取代了飛行員,有些工作確實消失了,但同時在維修、遠端控制、資料分析和網路安全方面,卻也創造了許多新的工作機會。美國軍方每派出一架「掠奪者」或「死神」無人機飛越敘利亞,就需要有三十人在幕後操作;至於蒐集完資料的後續分析,更需要至少再八十人。在 2015 年,美國空軍就曾經因為受過足夠訓練的人力不足,面臨無人操作無人機的窘境。[24]

這樣說來,2050 年的就業市場特色,很可能在於人類與 AI 的合作,而非競爭。從警務到銀行等各種領域,「人類搭配 AI」的表現都能超越純粹的人類、或超越純粹的電腦。在 IBM 的深藍（Deep Blue）於 1997 年擊敗世界西洋棋王卡斯帕羅夫之後,人類並沒有停止下棋。相反的,在 AI 協助訓練之下,人類的西洋棋大師水準比過去更高。而且至少有一段時間,由人類和 AI 搭配而有「半人馬」

（centaur）之稱的這種隊伍，在西洋棋的表現也擊敗了純粹的人類和純粹的電腦。很有可能，AI 也能像這樣，協助培養出史上最傑出的偵探、銀行經理和軍人。[25]

　　然而，這些新工作都需要高水準的專業知識，無法解決無技能勞工失業的問題。想讓勞工再受訓後、去做這些工作，可能還不如直接創造完全屬於人類的全新工作。像是在過去的自動化浪潮中，勞工通常可以從某項規律性、低技能的工作，輕鬆轉向另一項同樣規律性、低技能的工作。像是在 1920 年，因為農業機械化而失業的農場工人，可以轉到製造曳引機的工廠裡找到新工作。在 1980 年，工廠工人失業後，也可以轉到超市裡當收銀員。這種轉職在過去是可行的，因為從農場到工廠、從工廠到超市，都只需要稍加重新培訓即可。

　　但是到了 2050 年，收銀員或紡織工人的工作都由機器人接手之後，他們大概無法轉職成癌症研究學者、無人機操控員、或是人類搭配 AI 的銀行團隊一員。他們就是少了必備的技能。在第一次世界大戰的時候，派出上百萬名大兵扛著槍一陣亂射，犧牲在所不惜，其實是合理的做法，畢竟當時個人的技術好壞並不會造成太大差異。但到了今天，就算無人機操控員和資料分析師的位子確實缺人，美國空軍可不會找個失業的超市收銀員來填埔空缺。你可不希望有個沒經驗的菜鳥，把阿富汗的婚禮派對，誤認為塔利班的高層集會吧？

　　因此，雖然出現了許多新的人類工作，仍然可能看到新的「無用階級」日益龐大。我們甚至可能是兩面不討好：許多勞工找不到工作，但也有許多雇主找不到有技能的勞工。這可能就像是十九世

紀馬車變成汽車的情況再現，當時有許多馬車司機轉業成為計程車司機；只是我們可能不是那些轉業的司機，而是被淘汰的馬！

# AlphaZero 令人驚駭

由於機器學習和機器人科技還會持續進步，所以，其實任何人類工作都有可能受到自動化的威脅。就算某位四十歲失業的沃爾瑪收銀員，靠著超人的努力讓自己改頭換面，成了無人機操控員，很有可能過了十年之後會因為無人機也自動化，而必須再改頭換面一次。職場波動如此劇烈，也會變得難以組織工會或保障勞工權利。我們現在就已經看到，即使是已開發經濟體，很多新工作的形態都是無保障的臨時工、自由業者和計次的聘雇。[26] 如果某個專業在十年間就迅速起落，又怎麼可能組起工會呢？

同樣的，「半人馬」組合很有可能變成一場人類與電腦之間不斷的拔河角力，而不是安穩的終身夥伴關係。完全由人類組成的團隊（像是福爾摩斯和華生），常常會形成長期的階級和例行程序，能夠延續數十年。然而，如果偵探和 IBM 的「華生」AI 系統合作（華生 AI 系統於 2011 年贏得電視益智搶答節目《危險境地》的首獎），會發現所有的階級都可能遭打破、所有的例行程序也都可能被干擾。昨天的搭檔，明天可能就成了你的主管；所有的規章和守則也都必須每年重寫。

仔細觀察西洋棋壇的動態，或許可推估未來世界將走向何方。確實，深藍戰勝卡斯帕羅夫後的幾年之間，人機合作是西洋棋壇熱門的形式。但近幾年來，電腦已經學得太好，與人類合作也不再有

價值，這些人類棋手可能很快就會完全無關緊要。

2017 年 12 月 7 日是另一個西洋棋的重要里程碑，但這天並不是電腦擊敗人腦（那已經是舊聞了），而是谷歌的 AlphaZero 程式擊敗了 Stockfish 8 程式。Stockfish 8 是 2016 年的全球電腦西洋棋冠軍，運用的是幾百年來累積的人類西洋棋經驗、還加上幾十年的電腦西洋棋經驗，每秒計算七千萬個棋步。相較之下，AlphaZero 每秒只計算八萬個棋步，而且寫程式的時候完全沒教它任何西洋棋的策略，它連標準開局下法都不會！ AlphaZero 完全就是運用最新的機器學習原理，不斷和自己下棋，就這樣自學西洋棋。

雖然如此，在這個新手 AlphaZero 與老鳥 Stockfish 下的一百場比賽中，AlphaZero 竟然贏了二十八場、平手七十二場，完全未嘗敗績。AlphaZero 完全沒向任何人類學習任何東西，於是許多獲勝走法和策略對人類來說，完全打破常規，可說是創意十足、甚至是天縱英才。

在你猜想之中，AlphaZero 從零開始學習西洋棋，是花了多久時間，才準備好與 Stockfish 對弈、而且發展出天才般的直覺？答案是四小時。你沒看錯，就是四小時。曾有幾世紀的時間，一直認為西洋棋是人類智慧的絕頂展現。但 AlphaZero 只花了四個小時，完全沒有任何人類指導協助，就從一無所知，變成創意十足的大師。[27]

AlphaZero 絕不是市面上唯一能夠擁有想像力的軟體。現在許多程式已經不只在單純的運算次數上超越人類棋手，就連「創意」也不在話下。如今，在限定人類參加的西洋棋巡迴賽裡，評審會不斷注意是否有棋手偷偷用電腦作弊。而抓到作弊的方法之一，就是觀察玩家所展現的原創性高低。如果有人走了極具創意的一步，評審

常常就會懷疑這不是人走出來的，肯定是電腦才下得出來。

所以，至少在西洋棋領域，創意已經不是人的註冊商標，而是電腦的註冊商標！以前會用金絲雀來偵測煤礦坑裡是否出現有毒氣體，而如果西洋棋是我們的煤礦金絲雀，我們已經看到警訊，發現這隻金絲雀已面對死亡。很悲觀的是，現在發生在西洋棋領域的事情，未來也可能發生在警探、醫藥業和銀行業。[28]

因此，要創造新工作、讓人接受再培訓而就職，並不是能夠一勞永逸的解決方案。AI 革命不會是單一的分水嶺事件，可別以為在這之後，就業市場就會達到新的平衡狀態。相反的，破壞只會像雪崩般擴大。現在已經很少有勞工認為，自己能夠一輩子都做同一份工作。[29] 而到了 2050 年，不單單是同一份工作，就連在同一個專業領域，也不太可能讓人待一輩子。

## 系統性大規模失業危機

就算我們真的能夠不斷創造出新工作、讓勞工接受再培訓，但像這樣生活永無寧日，一般人的精神體力又是否能撐得下去？變化總會帶來壓力，二十一世紀初的紛紛擾擾，已經造成全球的壓力蔓延。[30] 而隨著就業市場和個人職涯的波動不斷加劇，人類是否真能應付？或許，人類將會需要更有效的舒壓方式（從藥物、神經回饋到冥想等等），好避免智人精神崩潰。到了 2050 年，「無用階級」的出現可能不只是因為找不到工作、沒受過相關教育，還因為精神上的力量不足。

很顯然，這大部分只是猜測。在本書第一版寫作期間（2018 年

初），自動化已經對許多產業造成影響，但尚未導致大量失業。事實上，在美國和許多國家，失業率更是來到史上最低。沒人能夠確定機器學習和自動化究竟會對未來的各種行業產生怎樣的影響，想估計相關發展的時間表，也絕非易事。特別是這一切不只要看科技發展上的突破，各種政治決策與文化傳統的影響也至少同樣重要。因此，就算已經證明自動駕駛車比人類司機更安全、更便宜，政客和消費者仍然可能會在幾年、甚至幾十年間，持續抗拒改變。

但我們也不能太過樂觀。一心認為會有足夠的新工作，可彌補被淘汰的工作。光是因為過去的自動化浪潮都曾如此，並無法保證在二十一世紀這個極為不同的情境下，能夠再次發生。一旦真的發生系統性大規模失業，社會動盪和政治紛擾將會極為嚴重，因此就算這種可能性非常低，也必須認真面對。

十九世紀工業革命興起之後，當時的社會、經濟和政治模式都無法應對相關的新情境和新問題。封建主義、君主制和傳統宗教都無法適應、無法處理工業大都市、幾百萬離鄉背井的工人、或是現代經濟不斷變化的本質。於是，人類必須開發全新模式（自由民主國家、共產獨裁政權、法西斯政權），再用了超過一世紀的慘痛戰爭和革命來測試這些模式、去蕪存菁，以找出並實踐最佳解決方案。狄更斯筆下的煤礦童工、第一次世界大戰和 1932 年至 1933 年間的烏克蘭大饑荒，都只是人類付出學費的一小部分。

資訊科技和生物科技在二十一世紀給人類帶來的挑戰，會比蒸汽機、鐵路和電力在上個時代帶來的挑戰大得多。由於現代文明的破壞力太過驚人，人類實在禁不起更多的測試失敗、世界大戰或血腥革命。現代如果測試失敗，可能導致的就是核戰浩劫、基因工程

怪物、或是生物圈完全崩潰。所以，我們只能比面對工業革命時，還要做得更好才行。

## 勞工從受剝削、到無足輕重

可能的解決方案分為三大類：如何避免工作消失；如何創造足夠的新工作；就算盡了最大的努力，但工作消失還是遠大於工作創造，該怎麼辦？

想要完全避免工作消失，是最沒有吸引力、大概也最無法達成的策略，因為這代表要人類放棄 AI 和機器人的巨大潛力。然而，政府可能會決定故意放慢自動化的腳步，以便減少衝擊，爭取時間進行調整。科技從來不是只有一條路，「做得到」也不代表「必須做」。運用政府法規的牽制，就算某項新科技已經在商業上可行、在經濟上有利可圖，也能把它擋下來。像是這幾十年來，生物醫學科技早就足以創造出人體器官的市場，在未開發國家開設「人體農場」，支應富裕買家幾乎永無止境的需求。像這樣的人體農場，市場價值可能高達數千億美元。然而，靠著各項法規禁止人體器官自由買賣，雖然還是有黑市，但畢竟規模遠小於原本可能的狀況。[31]

放慢改變的速度，或許讓我們有時間創造足夠的新工作機會，來彌補大部分的工作損失。但就像前面說的，經濟上的開創必須搭配在教育和心理學方面的變革。假設新工作不只是政府文書職務，也就可能需要更高水準的專業知識，並且隨著 AI 不斷改良，人類勞工也需要一再學習新技能、改變自己的專業領域。政府必然需要介入，一方面補貼終身教育，一方面提供安全網，協助國民面對無

法避免的過渡期。假設一位四十歲的前無人機操控員，需要三年時間才能成功重新培訓、轉職成虛擬世界的設計師，在這段時間內，他和家人就需要政府的足夠協助，才能支撐下去。（目前北歐各國正在試行此類方案，信念在於「保護勞工，而不是保護工作」。）

然而，就算可能有足夠的政府協助，像這樣讓幾十億人不斷重新再造自我，究竟會不會影響這些人的心理平衡，仍在未定之數。如果就算我們付出一切努力，還是有相當比例的人口被擠出就業市場，我們將不得不找出新的模式，來面對「後工作社會、後工作經濟和後工作政治」等種種議題。第一步就是要誠實承認，我們固有的社會、經濟和政治模式，並不足以應付這樣的挑戰。

以共產主義為例。由於自動化可能動搖資本主義制度的基礎，可能讓人以為共產主義將捲土重來。然而，共產主義當初並不是抓住了這種危機而興起。二十世紀的共產主義認為工人階級對經濟至關重要，於是共產主義思想家試圖引導無產階級，教他們把巨大的經濟力量轉化為政治影響力。共產主義的政治計畫，是要號召進行工人階級革命。但如果民眾不再具有經濟價值，要對抗的已經不是剝削、而是自己的無足輕重，這些計畫還行得通嗎？都已經沒有工人階級了，要怎麼號召工人階級革命呢？

還有些人可能會說，就算人類無法在工作上與 AI 競爭，但還是要靠人來消費吧？人類怎麼可能會在經濟上無足輕重呢。然而，未來的經濟體系究竟還需不需要由人來做為消費者，現在也實在很難說，因為機器和電腦也可以成為消費者。理論上，讓 A 礦業公司生產和販售鐵砂給 B 機器人公司，B 機器人公司再生產和販售機器人給 A 礦業公司，A 礦業公司於是生產更多的鐵砂，讓 B 機器人公

司生產更多機器人，這樣也能夠形成一個經濟體系。只要兩家公司不斷互相交易，就能不斷成長擴張到銀河系的彼端，它們只需要有機器人和電腦就行了，根本也不需要人類做為消費者。

## 要保護人類，而不是保護工作

事實上，現在已經有電腦和演算法不再只是生產者，還同時扮演了客戶的角色。例如在證券交易所，演算法正成為債券、股票和期貨的最重要買家。同樣的，廣告業最重要的客戶也是演算法：谷歌搜尋演算法。現在設計師設計網頁的時候，常常迎合的是谷歌搜尋演算法，而不是哪位人類的品味。

演算法顯然沒有意識，所以不像人類消費者能夠享受自己購買的物品，下決定時也不會受到感覺和情緒的影響。畢竟，谷歌搜尋演算法怎樣都沒辦法真的嘗一口冰淇淋。然而，演算法會依據內部的運算和偏好設定，做出各種選擇，而這些偏好設定對人類世界的影響也日益增加。以冰淇淋品牌為例，谷歌搜尋演算法對網頁搜尋結果的排序，有十分複雜的考量，而全球最成功的冰淇淋品牌也就是谷歌排在前面的那幾家——但不見得是真正最好吃的那幾家。

我是從個人經驗學到這一點。每次我出書的時候，出版社都會請我寫個簡短的介紹，讓他們用於網路宣傳。但出版社會有一種專家，把我寫的文字改成迎合谷歌演算法的版本。這位專家會看過我的文字，告訴我「不要用這個字，換成這個字比較好，能在谷歌演算法裡得到更多注意。」我們知道，只要抓住了演算法的目光，再抓住人類目光也只是自然而然的事了。

　　這樣一來，我們既不需要人類來做為生產者、也不需要人類來做為消費者，那還有什麼能保障人類的生理存活與心理福祉呢？

　　我們不能等到危機徹底爆發，才開始尋找答案，到時候就太遲了。要面對二十一世紀這前所未有的科技顛覆和經濟動盪局面，需要盡快發展新的社會及經濟模式，並以「保護人類、而不是保護工作」為指導原則。很多工作都只是無聊的苦差事，根本就該淘汰。例如，沒有人一輩子的夢想是成為收銀員吧？我們該強調的是要滿足人類的基本需求，以及保護人們的社會地位和自我價值。

## 全民基本收入

　　有一種新模式已經愈來愈受到關注：全民基本收入（universal basic income, UBI）。贊同 UBI 的人認為，政府應該對控制演算法和機器人的億萬富豪和企業徵稅，再用這筆稅金為所有人提供足以滿足基本需求的慷慨津貼。這樣一來，既能解決窮人失業和遭到經濟轉型而淘汰的問題，也能保護富人不受平民主義的怒火洗禮。[32]

　　一個相關的概念，則是要擴大「工作」的定義。目前有幾十億個父母照顧著孩子、鄰居照顧著彼此、民眾組織著種種社群，這些活動都各有價值，但都不被認可為「工作」。或許我們該改一下觀念了，瞭解到照顧孩子可說是全世界最重要、最具挑戰的工作。這樣一轉念之後，就算電腦和機器人取代所有司機、銀行經理和律師的工作，也不會出現工作短缺的狀況。

　　當然，接下來的問題就是：該由誰來考核並支付這些新認定的「工作」？如果是六個月大的嬰兒，大概還沒辦法付給媽媽工資，

政府或許就得擔起這個責任。另外，如果我們也希望此類薪水足以支應家庭的基本開銷，到頭來這和全民基本收入也就不會有太大差異。

另外一種做法：政府可以提供全民基本「服務」、而非全民基本收入。換言之，不是直接給錢讓人花用，而是提供免費的教育、醫療保健服務、交通等等。事實上，這就是共產主義的烏托邦願景了。雖然共產主義號召工人階級革命的計畫大概已經過時了，但或許我們可以用其他方式，來實現共產主義的目標？

目前我們還不知道，究竟是該為民眾提供全民基本收入（資本主義的天堂），還是全民基本服務（共產主義的天堂）。兩個選項各有優缺點。但無論你選擇哪個天堂，真正的問題還是在於「全民」與「基本」的定義。

## 什麼是「全民」？

無論是全民基本收入或全民基本服務，一般想像的都是由國家來提供。迄今，各種 UBI 措施都還是明確限定在某國或某市。2017年1月，芬蘭開始為期兩年的實驗，為兩千位未就業的芬蘭人，每月提供五百六十歐元，不論他們在實驗開始之後是否找到工作。[33]在加拿大的安大略省、義大利的利佛諾市、以及荷蘭的幾個城市，也有類似的實驗正在進行。（2016年，瑞士舉辦了全民基本收入提案公投，但選民最後否決了這項提案。）[34]

這些國家或城市 UBI 計畫的問題在於：自動化的主要受害者可能並不住在芬蘭、安大略省、利佛諾市或阿姆斯特丹。在全球化的

影響下，某國人民的生計可能完全依賴其他國家的市場；然而，自動化可能會對於這種全球貿易網路的大部分地區造成破壞，給最脆弱的環節帶來災難性的結果。在二十世紀，缺乏自然資源的開發中國家，主要是靠著出售非技術工人的廉價勞力，以取得經濟進步。在今日，仍有數百萬孟加拉人靠著製作襯衫，賣給美國以營生，而在印度的邦加羅爾市，也有許多人是在客服中心，為美國企業處理客訴電話。[35]

　　然而隨著 AI、機器人和 3D 列印興起，廉價非技術工人的重要性將會人大大降低。對紐約人來說，以後不用在孟加拉製造襯衫、再大老遠運到美國了，只要在亞馬遜網路商店選購了中意襯衫的程式碼，就能直接在紐約將襯衫 3D 列印出來。第五大道上的 Zara 和 Prada 店面，可能會被布魯克林的 3D 列印中心取代，甚至有些人可能家裡就有一臺 3D 列印機。同時，如果列印機出了問題，也不用打電話到邦加羅爾的客服中心，而是直接和谷歌雲端服務的 AI 廠商代表對談（AI 的口音和語調，還能依你的喜好來選擇）。孟加拉的紡織工人和邦加羅爾的客服人員於是失業了，卻又得不到必要的教育，以轉而從事時尚襯衫設計或電腦程式編寫工作，這樣他們要怎麼生存下去？

　　如果 AI 和 3D 列印確實接手了過去在孟加拉和邦加羅爾的工作，那麼過去流向南亞的收入，現在則是流進加州少數科技龍頭企業的金庫。於是，全球經濟雖然成長，卻不是讓全球的生活情況普遍改善，而是看到像矽谷之類的高科技中心財源滾滾，卻有許多開發中國家經濟崩潰。

　　當然，包括印度和孟加拉在內的一些新興經濟體，也有可能進

步得夠快,一起加入勝利者的隊伍。只要有足夠的時間,紡織工人和客服中心人員的兒孫,也可能成為高科技工程師或創業者,自己擁有電腦和 3D 列印機。然而,能夠這樣轉業的時間,正在點滴流逝。

在過去,廉價的非技術勞力就像一道跨越全球經濟鴻溝的穩固橋梁,就算某個國家開發速度緩慢,最後還是可以平安抵達彼方。在當時,走得穩比走得快,可重要多了。然而,現在這道橋梁卻正搖搖欲墜。已經成功跨過橋梁(已從廉價勞力發展到高技能產業)的國家,大概是前景可期。但還落在後面的國家,可能就會發現自己受困在鴻溝錯誤的那一邊,再也沒有任何方式能前往彼方。如果再也沒有人需要你的廉價非技術勞工,而你又沒有資源能打造良好的教育體系、教導勞工新的技能,豈不就束手無策了?[36]

這樣一來,那些落在後方的人會面臨怎樣的命運?美國選民大概會同意,亞馬遜和谷歌這些美國企業在美國繳的稅,可以用來為賓州失業的礦工或紐約失業的計程車司機,提供津貼或免費服務。只不過,如果是川普口中的「屎洞國家」,美國選民是否也會同意拿稅金去補貼那些地方的失業民眾?[37] 如果你以為真有這種可能,還不如說耶誕老人和復活節兔子會跳出來解決這個問題吧。

## 什麼又是「基本」?

全民基本收入(或全民基本服務)的用意,就是要照顧基本的人類需求,但「基本的人類需求」並沒有公認的定義。就純粹的生物學角度來看,智人每天只需要一千五百大卡至兩千五百大卡的熱

量，就足以存活。高於這個數字，其實就是奢侈。

但歷史上所有文化所認為的「基本」，實在都不僅止於這條生物貧窮線。在中世紀歐洲，可能認為參加教堂禮拜比食物更重要，因為這看顧的是你永恆的靈魂，而不是你暫時的身體。而在今日的歐洲，會認為良好的教育和醫療保健服務也屬於人類的基本需求，還有人甚至認為，現在不論對任何男女老幼，使用網際網路也屬於基本需求。如果 2050 年已經有個世界聯合政府，並決議向谷歌、亞馬遜、百度和騰訊徵稅，好為世界上所有人（不論是在孟加拉或是底特律）提供基本收入或服務，這裡的「基本」究竟該如何定義？

舉例來說，基本教育該包括什麼？是只要有讀寫能力就行，還是要會寫電腦程式和拉小提琴？是只要提供六年的小學教育，還是要一路照顧到博士學位？醫療保健呢？如果到了 2050 年，醫學發展已經能夠延緩老化、顯著提升人類壽命，這些新的療法是該讓全球百億人口雨露均霑，還是少數億萬富豪個人獨占？如果生物科技已經能讓父母把兒女「升級」，這會被認為是全人類的基本需求嗎？還是我們會看到人類分裂成不同的生物種姓，一邊是富有的超人類，所擁有的能力遠超過另一邊可憐的智人族群？

不論選擇如何定義「基本的人類需求」，一旦免費提供給所有人，就會被視為理所當然，接著就是出現激烈的社會競爭和政治角力，爭奪種種「非基本」的奢侈品，不管是自動駕駛車、使用虛擬實境公園的權力，又或是由生物工程所增強的身體。

然而，如果失業民眾手中沒有任何經濟資產，很難想見他們究竟要怎樣，才有可能取得這些奢侈品。這樣一來，富人（騰訊的高層、谷歌的股東）與窮人（依賴全民基本收入的人）之間的差距，

可能不僅比現在更大，更再無跨越的可能。

因此，就算到了 2050 年已經實施 UBI 方案，能夠為窮人提供比今天更好的醫療保健和教育；屆時的窮人仍然會對全球的不平等和缺乏社會階層流動，感到憤怒。一般民眾皆會覺得，整套社會體系對他們不公，政府只為超級富豪服務，而且自己和子女的未來除了愈趨向下流社會，別無其他方向了。[38]

## 須讓人民活得有意義

智人本來就不是一種會滿足於現狀的動物。人類的快樂很少是取決於客觀條件，多半是取決於自身的期望。然而，期望又往往會因為各種條件（甚至包括其他人的條件）而不斷調整。整體客觀條件改善的時候，期望也會隨之膨脹，於是雖然客觀條件可能已經大幅提升，我們卻可能還是像以前一樣不滿。

今天，如果 UBI 的目標是要改善 2050 年一般民眾享有的客觀條件，那麼成功的機率應該不小。但如果它的目標是要讓人對自己所享有的一切在主觀上更滿足，並且避免社會產生不滿的情緒，那麼失敗的機會應該就相當大。

要真正實現理想的目標，UBI 還必須搭配能讓人民活得有意義的目標，從體育到宗教等等。講到要在後工作世界過著幸福滿足的生活，或許目前為止最成功的實驗方案，就出現在以色列：有大約50 ％的極端正統派猶太教徒男性，從來不工作，把人生都奉獻給研讀宗教經典、進行宗教儀式。他們和家人之所以不會餓死，一部分原因在於他們的妻子通常都有工作，另一部分原因則在於政府會為

他們提供慷慨的補貼和各種免費服務，確保他們擁有基本的生活必須條件。早在「全民基本收入」這種說法出現之前，猶太教就已經搶先一步了。[39]

雖然這些極端正統派猶太男性又窮又失業，但一次又一次的調查顯示，他們的生活滿意度比以色列社會其他任何階層都高。原因則是出於整個社群心手相連的力量，以及他們在研讀經典、執行儀式時尋得的深切意義。

如果說一邊是一個小房間，裡面滿滿是猶太男性討論著猶太經典《塔木德》，另一邊是一整座大型血汗紡織工廠，裡面滿滿是紡織工人在辛苦工作，那麼比較歡樂、比較有參與感、比較有想法的，大概會是那個小房間。部分也多虧了這群失業又窮困的人，在全球生活滿意度調查裡，以色列的排名也算是名列前茅。[40]

世俗的以色列人常常抱怨：極端正統派猶太男性對社會貢獻太少，都是靠著別人的努力來過活。世俗以色列人也常常認為：極端正統派的生活方式不可能永續，特別是極端正統派的家庭平均足足有七個小孩，[41] 遲早國家會無法應付這麼多的無業人口，必須讓極端正統派不得不去上班。

只不過，事情可能正好相反。隨著機器人和 AI 把人類趕出就業市場，極端正統派猶太人有可能會變成未來的楷模，而不是過去的化石。並不是說每個人都要變成正統派猶太教徒、上猶太經典研習學校（yeshiva）、研讀《塔木德》；但對所有人來說，對於意義、對於社群的追求，將有可能變得比對工作的追求，更為重要。

如果我們能夠張開一張全民經濟安全網，再結合強大的社群及有意義的目標，那麼工作被演算法搶走，也可能是塞翁失馬。

　　話雖如此，如果被搶走的是對人生的控制權，情況就可怕得多了。雖然我們正面臨人類大規模失業的危險，但更該擔心的其實是人類目前握有的權威被演算法奪走。這樣一來，可能會讓人類對自由主義這套故事徹底失去信心，以致開啟了一條通往數位獨裁的道路。

第 3 堂課

# 自由

**大數據在盯著你**

就自由主義看來，人類的自由是最重要的價值——所有權力都是來自於個人的自由意志，表現在每個人的各種感受、欲望和選擇之中。在政治上，自由主義相信「選民能做出最好的選擇」，所以它贊成民主選舉。在經濟上，自由主義相信「顧客永遠是對的」，所以它擁抱自由市場的原則。而在個人上，自由主義鼓勵每個人「聆聽內心的聲音、隨心所欲」，只要不侵犯別人的自由就行。於是，這種個人自由的概念便被視為人權之一，並且奉若神明。

## 民主投票訴諸於感覺、而非理性

「自由主義者」（liberal）一詞的用法有時較為狹義且偏頗，是做為「保守主義者」（conservative）的相反詞，然而，許多所謂的保守派其實也接受自由主義。你可以自己測試看看：你是否認為人應該要選擇自己的政府，而不是盲目服從某個國王？你是否認為人應該要選擇自己的職業，而不是服膺出生時的種姓？你是否認為人應該要選擇自己的配偶，而不是嫁娶某個由家長選定的對象？如果你對以上這三個問題的答案都是「是」，那麼恭喜，你就是一個自由主義者。

特別值得一提的是，就算像是美國總統雷根與英國首相柴契爾夫人這樣的保守派名人，除了積極提倡經濟自由，也仍然堅定擁護個人自由。柴契爾夫人在 1987 年的一次著名訪談中，便表示：「沒有『社會』這種東西。生活就是由男男女女交織而成……生活品質如何，端賴我們每個人準備為自己承擔多少責任。」[42]

柴契爾的保守黨後輩，想法也和工黨完全一致，認為政治上的

權威是來自於每個選民的情感、選擇與自由意志。因此，英國要決定是否脫離歐盟的時候，首相卡麥隆並不是去詢問英國女王、坎特伯里大主教、牛津大學或劍橋大學的意見，甚至也不是詢問國會議員的意見，而是直接舉辦公民投票，問所有的英國人：「你**感覺**該怎麼做？」

　　有人可能會提出反駁，認為當時問的是你怎麼「思考」、而不是你怎麼「感覺」。但這是一種常見的誤解。所有的公投和選舉，永遠訴諸的都是人類的「感覺」，而不是人類的理性。如果民主談的就是理性決策，哪有理由讓人人都擁有平等的投票權利？甚至還投什麼票呢？早就有充分的證據顯示，就是有某些人比別人學識更淵博、更具理性，特別是講到特定的經濟和政治問題時，更是如此。[43]

　　英國脫歐投票之後，著名的生物學家道金斯（Richard Dawkins，《自私的基因》作者）就提出抗議，認為絕大多數英國民眾（包括他自己）其實都缺乏必要的經濟和政治科學背景，根本不該要求他們投下這張公投票。「這豈不就像是要用全國公投，決定愛因斯坦的代數算得對不對，又或是讓乘客表決機師該在哪條跑道降落？」[44]

　　但不論如何，選舉和公投的重點並不在於我們怎麼「思考」，而是在於我們怎麼「感覺」。而講到感覺這件事，愛因斯坦和道金斯也並不比其他人更強。民主的概念認為，人類的感受反映出一種神祕而意義深遠的「自由意志」，而這也就是人權的本源；雖然每個人的聰明程度高下有別，但自由程度一律平等。就算是一個不識字的女傭，也和愛因斯坦和道金斯一樣有自由意志，因此到了選舉日的時候，她的感受（表現在她投的票上）也就和其他任何人一樣重要。

　　感受所影響的不只是選民，還包括領導者。在 2016 年脫歐公投

中，脫歐派由強生（Boris Johnson）和戈夫（Michael Gove）領頭。在卡麥隆辭職後，戈夫原本支持強生擔任首相，卻在最後一分鐘反悔，宣稱強生並不適任，自己將出馬競選。戈夫打壞了強生的一盤棋，也有人認為這是不擇手段的政治暗殺。[45] 但戈夫的辯詞是訴諸自己的感受，解釋道：「在我的政治生涯裡，每步我都自問：『什麼是我該做的？你的心怎麼說？』」[46] 根據戈夫的說法，他就是因此才卯足全力推動英國脫歐，也因此不得不在背後，捅自己過去的盟友強生一刀，由自己競逐龍頭寶座。一切都是因為：他的心是這麼說的。

　　這種對「心」的依賴，可能就是自由民主制度的致命弱點。一旦有人（不管是在北京或舊金山）研發出相關科技，能夠駭入並操縱人心，民主政治便將成為一場情感豐沛的木偶戲。

# 你真以為有自由意志？

　　自由主義相信感受、相信自由選擇，但是這些概念其實並不自然、也稱不上久遠。過去曾有幾千年的時間，人類相信權威來自神祇、而非來自內心，該推崇的是神的話語、而不是人的自由。要到最近幾世紀，權威的來源才從天上的神，變成有血有肉的人。

　　而很快，權威的來源可能再次改變：從人類轉移到演算法。在過去，神的權威是靠著宗教神話所建立，人的權威是靠著自由主義這套故事所建立，至於即將到來的科技革命，則可能建立起大數據演算法的權威，同時完全推翻關於個人自由的信念。

　　正如前一堂課所提，科學對於人腦和人體運作方式的研究成果顯示：人類的種種感受既不是什麼人類獨有的精神靈性，也不代表

什麼「自由意志」。所有的「感受」只是哺乳動物及鳥類都擁有的生化機制，用來快速運算生存和繁殖的機率。「感受」的基礎也不是直覺、靈感或自由，而是運算。

猴子、老鼠或人類看到蛇的時候，會感受到恐懼，是因為大腦裡的幾百萬個神經元迅速計算了相關資料，並得到「死亡的可能性很高」這個結論。而如果根據另一套生化演算法的計算，發現有很高的可能性可和附近的某個個體成功交配、建立社交聯結或達成其他令人渴望的目標，性吸引力的感受就會上升。至於像是憤怒、內疚或寬恕之類的道德感受，則是出於與團體合作相關的神經機制。這些生化演算法都經過幾百萬年演化的磨鍊調整。如果某個古代祖先的感受犯了某個致命錯誤，塑造這些感受的基因就不會再傳給下一代。因此，感受並非與理性背道而馳，而是一種演化上的理性。

我們通常不會意識到各種感受是出於運算，原因就在於這些迅速的運算，還遠遠不在我們能意識到的門檻。因為我們感覺不到大腦裡，幾百萬個神經元是怎樣運算著生存和繁殖的可能性，就有了一種錯誤的想法，以為我們對蛇的恐懼、對伴侶的選擇、或對歐盟的看法，是出自什麼神祕的「自由意志」。

然而，雖然自由主義在「種種感受反映出人類的自由意志」這點犯了錯，但直到今天，依情感來決定的做法仍然還算是有道理。因為，雖然各種感受並沒有什麼神奇或自由的地方，但講到該讀什麼科系、該跟誰結婚、該把票投給誰，「靠感受」仍然是我們手中最好的辦法。而且，也沒有什麼外部系統能夠比我更瞭解我自己的感受。不管是中世紀的西班牙宗教裁判所、或是蘇聯特務機構KGB，就算他們每分每秒監控我的一舉一動，還是少了必要的生物

知識及運算能力，無法駭進我的身體、瞭解種種生化程序如何塑造我的欲望和選擇。所以在實務上，大可直接說人有自由意志，因為人的意志主要是由內在力量交互作用而成，而外界就是看不到。於是，我可以騙自己說，我掌控著自己神祕的內在領域，外界永遠無法真正理解我心裡發生的事、知道我如何做出決定。

因此，自由主義要大家聆聽自己心裡的聲音，不要聽什麼祭司或政黨官員說的話，其實這也沒講錯。然而，電腦演算法很快就能給你比「人類的感受」所能提出的，還要更好的建議。隨著西班牙宗教裁判所和 KGB 讓位給了谷歌和百度，「自由意志」大概就會被拆穿，也讓自由主義的實用價值降低。

## 改聽演算法的就對了

我們現在正處於兩次巨大革命的交匯。一方面，生物學家正在解開人體（特別是大腦和人類感受）的種種奧祕；與此同時，電腦科學家也讓我們得到前所未有的資料處理能力。生物科技革命與資訊科技革命融合之後，大數據演算法就有可能比我更能監測和理解我的感受；而掌控一切的權威，也就可能從人類手中轉移到電腦。如果我每天遇到的各種機構、企業和政府都能瞭解、甚至操縱過去我以為沒有外人可進入的內心世界，我大概也就不會再以為自己具有「自由意志」這種東西。

如果表達得簡單一點，可以寫成以下公式：

生物知識 × 運算能力 × 資料 ＝ 駭入人體的能力

　　目前在醫學領域已經能看到這項公式的運作。我們人生中最重要的醫療決定，並不是取決於自己覺得是否健康，甚至也不是看醫師做出什麼診斷，而是要看「比我們更瞭解我們身體的電腦，得到怎樣的運算結果」。再過幾十年，大數據演算法大概就能搭配持續的生物統計資料流，二十四小時監測我們的健康狀況。早在我們出現任何感覺之前，演算法就能偵測到流感、癌症或阿茲海默症蠢蠢欲動，接著就能針對每個人的體質、DNA 和性格，量身推薦適合的療法、飲食和每天的服藥方案。

　　這樣一來，人類將能夠享有史上最佳的醫療照護，但也正因為如此，大概永遠無法擺脫生病這回事。畢竟，身體總有什麼地方不在最佳狀態，總還有什麼是能夠改進的。在過去，只要不覺得痛、或是沒有像跛腳之類的明顯失能，大概就會覺得自己再健康不過。但是到了 2050 年，有了生物統計感測器和大數據演算法之後，可能早在疾病造成疼痛或失能之前，就能得到診斷，並且開始治療。但這樣一來，大概也就老是得面對一個又一個的「病況」，得要遵守這個或那個演算法的建議。不想聽演算法的？那麼醫療保險就有可能遭取消，或是會被老闆解雇。畢竟，為什麼他們要為你自己的固執己見付出代價呢？

　　例如抽菸這件事。現在只是有個整體的統計數字，告訴你抽菸和肺癌有關，你要繼續抽也是自己的選擇。但以後可能是有個生物統計感測器，明確警告你：剛剛在您的左上肺葉檢測到 17 個癌細胞。這時候要再繼續抽菸，情況就完全不同了。如果你不想管感測器說了什麼，但感測器又把警告傳給你的壽險顧問、公司主管和你的母親，你要怎麼辦？

誰有足夠的時間和精力，真的去好好面對所有的大小疾病？我們很可能會乾脆直接告訴保健演算法，大多數時候它覺得該怎麼辦就怎麼辦吧！於是它大概只會定期把近況通知，寄到我們的智慧型手機裡，告訴我們「已偵測並消滅 17 個癌細胞」。如果是整天擔心自己生病的慮病症病人，或許還可能真的去看這些通知；但我們大多數人大概只會一眼瞄過，就像我們現在懶得細看那些煩人的反電腦病毒通知一樣。

## 大多數人並不瞭解自己

醫療領域已經發生的事，很可能即將延伸到愈來愈多的領域。扮演關鍵角色的發明就是生物感測器，在穿戴或植入人體之後，能將各種生物程序轉換成電腦能夠儲存和分析的電子資訊。只要有了足夠的生物統計資料及運算能力，外部的資料處理系統就能駭進你的身體，得知你所有的想望、決定和意見。換言之，他們能夠完全知道你是怎樣的人。

大多數人並不太瞭解自己。我是到了二十一歲，才終於走出幾年的自我否認，意識到自己是同性戀者。而我絕非特例，許多同性戀男性在整個青少年時期，都無法肯定自己的性傾向。

現在想像一下 2050 年的情況，或許有演算法可以告訴青少年，他位於同性戀／異性戀光譜的哪個位置（甚至還能告訴他，這個位置有多容易受影響而移動）。或許，這個演算法會先秀出一些性感男女照片或影片，再追蹤你的眼球移動、血壓和大腦活動，只要短短五分鐘，就能找出你在金賽量表（Kinsey scale）上的數字。[47]

如果早有這種程式，我就不用有那麼多年，活得如此挫折了。或許你自己並不想做這種測試，但哪天就是和一群朋友，一起去了另一個朋友的無聊生日派對，有人提議所有人都來玩玩這個超酷的新演算法。做測試的時候所有人都在圍觀，還會對結果七嘴八舌。你要直接掉頭走人嗎？

就算你真的掉頭離開，**繼續躲著自己、躲著同學**，你也躲不掉亞馬遜、阿里巴巴或祕密警察。每當你瀏覽各個網站、看 YouTube 影片、閱讀社群媒體的動態，演算法都會偷偷監控你、分析你，再告訴可口可樂，如果要賣給你什麼冒著氣泡的飲料的話，該用的廣告模特兒是八塊腹肌的猛男，而不是身材火辣的美女。你根本對這些一無所知，但他們對這一切卻是瞭若指掌，而且這些資訊可以賣上幾十億美元。

但同樣的，或許這一切將會是完全公開的事，所有人心甘情願分享自己的資訊，好取得更好的建議，而且最後就是直接讓演算法為他們做決定。一開始只是些簡單的事，像是該看哪部電影。打算和一群朋友一起坐在電視機前，共度一個愉快的晚上嗎？第一就是要決定看哪部片。或許在五十年前你別無選擇，但今天有了各種隨選即看的服務，足足有幾千部電影任君挑選。這下要讓大家意見一致就難了，可能你自己喜歡科幻驚悚片、阿明卻愛浪漫喜劇片，小華又說要看法國藝術片。到頭來妥協的結果，可能就是挑了某部無聊的 B 級電影，人人都不滿意。

演算法在此就可能派上用場。只要告訴它，你們每個人以前看過最愛的分別是哪幾部片，演算法就能根據龐大的統計資料庫，找出最適合你們這群人的完美電影。但不幸的是，像這樣的演算法還

太粗糙、容易出錯,特別是大家都知道,自己說喜歡什麼,常常並不能反映出你真正的喜好。常有的事情是,我們聽到很多人說某部片真是神作,覺得自己不看不行,結果雖然看到一半就睡到不省人事,但事後可不能讓人覺得自己是個俗人,所以還是要向大家聲稱這部片真是太好看了。[48]

但這種問題是可以解決的:與其根據我們自己提供的不可靠資訊,只要允許演算法在我們看電影的時候,蒐集即時資料就行了。最簡單的,演算法可以監控我們看完了哪些電影,又有哪些是中途就放棄。就算我們告訴所有人《亂世佳人》真是史上最棒的電影,但演算法會知道我們從來就沒能看超過半小時,根本沒看過片尾亞特蘭大陷入火海的場景。

## 「決策」這齣戲將來會怎麼演?

然而,演算法能做的遠遠不僅如此。工程師正在研發軟體,希望能從人類眼部及臉部肌肉的動作來偵測情緒。[49] 這樣一來,只要在電視機上再裝一顆夠好的攝影鏡頭,這種軟體就能知道哪些場景讓我們發笑、哪些場景使我們哀傷、又有哪些場景令我們無聊。再進一步的做法,如果演算法能夠與生物統計感測器連結,演算法就能知道每個畫面如何影響我們的心跳、血壓和大腦活動。

假設我們看著昆汀‧塔倫提諾執導的黑色幽默犯罪電影《黑色追緝令》,演算法可能會發現,那個強暴場景讓我們起了一點難以察覺的性興奮;文生不小心一槍爆了馬文的頭,我們知道不該笑、卻都笑了;還有那個關於「大卡胡納漢堡」的笑話,其實我們看不

太懂，但都趕快跟著笑，以免被別人發現自己看不懂。人在假笑的時候，運用的大腦迴路和肌肉和真心大笑不同，雖然人類自己通常察覺不到，但是生物統計感測器可不會放過。[50]

「電視」的英文字 television 的語源，來自希臘文的 tele（遠）及拉丁文的 visio（視界），原本是要讓我們可以看到遠方的事物，但很快就可能是讓別人從遠方看見我們。

正如歐威爾在小說《一九八四》裡的想像，我們看著電視的時候，電視也正看著我們。等到我們把整部《黑色追緝令》看完後，可能自己早就忘了大半。然而很可能是 Netflix（網飛）、亞馬遜、或是任何擁有這套電視演算法的人，將會知道我們的性格類型，也知道怎樣就能觸動我們的情緒。有了這些資料數據，Netflix 和亞馬遜除了能幫我們挑片挑得精準無比，更讓它們能夠為我們做出人生中最重要的決定，像是該讀什麼科系、在哪裡工作、和誰結婚。

當然，亞馬遜不會永遠不犯錯，那是不可能的事。不管是因為資料不足、程式錯誤、目標定義不明、又或者人生本來就是一團混亂，總之各家演算法都一定還是會時不時犯下各種錯誤。[51] 然而，亞馬遜並不需要做到完美，只要能比我們這些人類強就行了。而且這並不難，因為大多數人並不太瞭解自己，也老是在人生最重要的決定犯下可怕的錯誤。比起演算法，人類會因為資料不足、程式錯誤（基因或文化上）、目標定義不明、人生一團混亂而犯下錯誤的機會，實在有過之而無不及。

誰都可以列出許許多多演算法面臨的問題，再依此推論人類永遠不會信任演算法。但這有點像是列出民主的所有弊端，然後推論任何一個有理智的人都不會支持這種制度。邱吉爾曾有一句名言，

說民主是世界上最糟糕的政治制度，其他的制度就更不用提了。不論是對是錯，人類也可能對大數據演算法得到相同的結論：雖然演算法漏洞百出，但其實我們並沒有更好的選擇。

　　隨著科學家愈來愈瞭解人類如何下決策，想要依賴演算法的心情也可能愈來愈強烈。掌握人類決策的機制之後，就更能提升大數據演算法的可靠程度，同時也降低了人類感受的可靠程度。而等到政府和企業都能夠成功駭入我們這套人體作業系統，人類就將面臨鋪天蓋地而來的種種精準操縱、廣告和宣傳。到時候，要操縱我們的觀點和情緒可能再簡單不過，於是我們也不得不依賴演算法來反制；就像是飛行員一旦因為眩暈而產生空間迷向，就不能再相信自己的感官，而必須全然相信儀器。

## 「真相」由谷歌決定

　　在某些國家和某些情況下，民眾可能完全沒有選擇，只能被逼著服從大數據演算法的決定。然而，就算在自由社會裡，演算法也可能成為權威，因為過往的成功經驗讓我們把愈來愈多問題，上交給演算法來處理，最後也就逐漸失去為自己下決定的能力。只要簡單回想一下，短短不到二十年，就已經有幾十億人把一件可說是最重要的任務，全然交付給谷歌搜尋演算法：搜尋相關的、可信賴的資訊。我們不再親自去搜尋資訊了，而是都靠谷歌一下。隨著我們愈來愈依賴谷歌來尋找答案，自己搜尋資訊的能力就會下降。今日的「真相」，已經是由谷歌搜尋排名最頂端的結果來定義。[52]

　　人類的身體能力也已經發生這種情況。以找路為例，現在已經

有很多人會讓谷歌來導航。到了十字路口，雖然直覺可能是叫他們左轉，但谷歌地圖說右轉。在過去，他們大概會聽從直覺，結果一左轉就遇上塞車，最後錯過重要會議。於是，下一次他們決定聽谷歌的，就向右轉，而且準時到達目的地。就這樣，他們從經驗學會了要相信谷歌。如此又過了一兩年，他們已經習慣了盲目遵照谷歌地圖的指示，如果智慧型手機當機，他們將會完全手足無措。

2012 年 3 月，三名在澳洲的日本遊客，決定要到一座離岸小島一日遊，結果卻把車一頭開進太平洋。二十一歲的司機野田小姐後來說，她只是照著 GPS 的指示，「GPS 說我們可以開過去，它一直說會把我們帶到一條路上。然後我們就開進去了。」[53] 還有幾個類似的例子，有人衝進湖裡、有人栽到橋下，顯然都是開車的時候太聽 GPS 的話。[54] 找路的能力就像肌肉，不用就等著退化。[55] 至於要選擇另一半或選擇從事哪項專業的能力，也是如此。

每一年，都有幾百萬年輕人要決定讀什麼科系。這是個既重要又困難的決定，父母、朋友和師長各有想法，讓你深感壓力。而且你還有自己背負的恐懼和想望，受到各種好萊塢大片、垃圾小說和高明的廣告籠罩和操縱。要做個明智的抉擇真的很難，尤其你其實不知道，想在不同的每個專業出人頭地，到底各需要什麼條件？而且，你真的那麼清楚自己的長處和短處嗎？優秀的律師要有什麼條件？我能面對壓力嗎？我有團隊合作精神嗎？

一個學生之所以去讀法律，有可能是因為對自己的能力不夠瞭解，甚至可能是因為對律師工作有錯誤的想像（律師可不會每天上演慷慨激昂的辯詞、一再高喊「抗議，庭上！」）。與此同時，可能有個朋友決心實現童年的夢想，雖然沒有適合的體格以及自律的毅

力，還是進了專業芭蕾學校。幾年過後，這兩個人都非常後悔。但在未來，或許我們就能靠谷歌來為我們做出這些決定。谷歌會告訴我，我上法學院或芭蕾學校就是浪費時間，但如果當個心理學家或水電工，將會非常出色（而且非常快樂）。

等到 AI 比我們自己更知道該選擇哪種職涯、甚至人際關係，我們對人性、對人生的概念，將會不得不改變。

人類習慣把人生看成一場戲，由一連串的抉擇所構成。在自由民主主義和自由市場資本主義眼中，每個人都是自主的行動者，不斷對世界做出各種選擇。各種藝術作品（不論是莎士比亞的戲劇、珍·奧斯汀的小說、甚至是俗濫的好萊塢喜劇），通常講的都是某個英雄做了什麼特別重要的決定。譬如，哈姆雷特問：生存還是毀滅？馬克白問：是要聽從妻子的話、刺殺鄧肯國王，還是要聽從自己的良心，放過他？《傲慢與偏見》的伊麗莎白則問：是要嫁給柯林斯先生，還是達西先生？基督教和穆斯林神學同樣重視這場決策大戲，認為究竟是得到永恆的救贖、或是永世的詛咒，就取決於能否做出正確的選擇。

但隨著人類愈來愈依賴 AI 來做決定，這種對人生的觀點會發生什麼事？現在我們只是信賴由 Netflix 來推薦電影，由谷歌地圖來決定該往左走、還是往右走。然而一旦我們開始交由 AI 來決定要讀什麼科系、在哪裡工作、和誰結婚，人生就不再是一場決策大戲了。民主選舉、自由市場，這些機制將會失去意義。而且大多數宗教和藝術品也是如此。想像一下，安娜·卡列尼娜居然拿出智慧型手機，問問臉書演算法，她是該繼續和卡列寧長相廝守，還是要和時髦的伏倫斯基伯爵私奔？又或是你最愛的任何一齣莎士比亞戲

劇，裡面的角色居然是一遇到重要決定，就先問問谷歌演算法。如此一來，哈姆雷特和馬克白的生活大概能過得更舒適，但那究竟算是什麼生活？我們有什麼理論模式，能把這種生活說出個道理？

隨著權威從人類轉向演算法，世界可能就不再是個「自主的人們努力做出正確選擇」的劇場。相反的，可能我們會認為：整個宇宙就是資料的流動，每個生物不過就是一套生化演算法；至於人類在這個宇宙中的任務，就是打造一套無所不包的資料處理系統，然後與系統融為一體。

就算在今日，我們也已經就像是一枚又一枚小小的晶片，裝在一套大到沒有人真正理解的資料處理系統之中。以我本人為例，我每天都要透過電子郵件、推特文和各種文章，吸收無數的資料；處理完這些資料之後，又要透過更多的電子郵件、推特文和文章，傳回去新的資料。我真的不知道這世上一切的背後，是有什麼宏觀的架構、我身屬何處、我所產出的資料數據又如何和其他幾十億人或電腦產生的資料數據進行連結。而且我沒有時間找出詳盡的答案，光是回信就已經焦頭爛額。

## 哲學改變不了人心

有人可能會提出異議，認為重要的決策通常涉及道德面向，而演算法又不懂道德，所以我們永遠不會把重要的決定，交給演算法處理。然而，就算是在道德方面，也沒有理由認為演算法的表現會比一般人差。今日，智慧型手機和自動駕駛車等設備，已經開始接手一些原本專屬於人類的決定，也開始應對一些早已困擾人類幾千

年的道德問題。舉例來說，假設有兩個小孩追球，忽然衝到一輛自動駕駛車的前方。開著這輛車的演算法立刻完成運算，得出結論：想避免撞到兩個小孩，唯一的方法是轉進對向車道，但這樣很可能撞上迎面而來的卡車。而根據運算結果，如此將有 70％的可能，會讓目前躺在後座睡得正甜的車主一命歸天。演算法該怎麼決定？[56]

像這樣的「電車難題」（trolley problem），哲學家其實已經討論幾千年了。（之所以叫電車難題，是因為現代哲學討論時的基本範例是在鐵軌上跑的電車，而不是自動駕駛車。）[57] 但討論了幾千年，卻根本對人類實際行為沒什麼影響；遇到緊急狀況，什麼哲學全都拋在腦後，一切都由情緒和直覺來處理。

1970 年 12 月有一場社會科學史上相當令人不快的實驗，那是在普林斯頓神學院，對象是一群受訓要成為長老教會牧師的學生。當時，他們叫所有學生立刻趕往遠處的一座演講廳，再就「好撒瑪利亞人」（Good Samaritan）這個寓言發表演說；這個寓言講的是有個猶太人從耶路撒冷要前往耶利哥，但遭到強盜搶劫和毆打，丟在路邊等死。過了一會，有一個祭司和一個利未人經過而看到他，但兩人都未停下腳步。相較之下，後來有一個撒瑪利亞人（猶太教相當鄙視這個教派族裔）路過，立刻停下來照顧他、救了他的命。這個寓言告訴我們：人是好是壞，應該由實際行為來判斷，而不是由所屬宗教來判斷。

這些年輕的神學院學生一心想趕往演講廳，路上想的都是怎樣才能好好解釋好撒瑪利亞人的道德寓意。然而，實驗人員在路上安排了一個人，穿得破破爛爛的，坐在門口，低著頭、閉著眼睛。每個沒起半點疑心的學生經過時，這個「受難者」都會發出咳嗽及痛

苦的呻吟。但絕大多數學生完全沒停下腳步來關心，更別說要提供任何幫助了。要趕去演講廳所造成的情緒壓力，已經壓過了他們想幫助受難陌生人的道德考量。[58]

　　還有其他許許多多狀況，都是人類的情緒戰勝了哲學理論。因此，如果要講全世界的倫理和哲學史，會是個理想很美好、但現實很殘酷的沮喪故事。畢竟，有多少基督徒真能把另一邊的臉也轉過去讓對方打；有多少佛教徒真能超脫利己的執念；有多少猶太人真能愛鄰如己？我們所表現出來的，不過就是天擇把智人塑造成的樣子。一如所有哺乳動物，智人也是靠著當下的情緒，快速做出各種攸關生死的決定。從幾百萬個祖先那裡，我們繼承了他們的憤怒、恐懼和欲望，而這些祖先每個都通過了最嚴格的天擇品管測試。

　　但不幸的是，適合在一百萬年前的非洲大草原上生存和繁殖的特點，不見得會讓你在二十一世紀的高速公路上是個負責的人。每年都有超過一百萬人因為司機分心、憤怒或焦慮而死於交通意外。我們當然可以派出所有哲學家、先知和神職人員，好好給這些司機上上倫理課，但只要一回到路上，還是又會回到哺乳動物的情緒和草原本能。也正因如此，才讓神學院學生無視受苦的路人，也讓司機在緊急狀況下，撞倒無辜的行人。

## 汽車更會遵循哲學之道

　　從神學院到真實生活之間的斷離，正是倫理哲學最大的實際問題。康德、彌爾、羅爾斯這些哲學大師，當然能坐在舒舒服服的大學講堂裡，花上好幾天，大談倫理道德的理論問題；但在司機發現

危急的瞬間，急都急壞了，哪還有時間管這些人有什麼結論？或許對於舒馬赫（有人譽為史上最佳的 F1 賽車手）來說，還真能邊賽車邊思考哲學問題，但我們大多數人都不是舒馬赫。

然而，電腦演算法並不是由天擇塑造而成，而且既沒情緒、也無直覺。所以到了危急的瞬間，它們繼續遵守倫理道德的能力就比人類高出許多——只要我們想辦法把倫理道德原則編碼成程式，代入統計資料和精確的數據就行了。

如果我們教康德、彌爾和羅爾斯怎麼寫程式，他們就能在舒舒服服的研究室裡，為自動駕駛車寫出程式，確保每輛自動駕駛車在路上都遵守所有倫理規範。而且實際上，這根本就像是讓舒馬赫和康德合而為一，擔任每輛車的駕駛。

這樣一來，只要程式裡規定「自動駕駛車必須停車幫助遭遇危難的陌生人」，不論是赴湯蹈火，它都將在所不辭。（當然，如果你針對這些湯湯火火另加個例外條款，情況就不一樣了。）同樣的，如果自動駕駛車的程式就是寫著要轉進對向車道、救那兩個小孩，你絕對可以用生命打賭，自動駕駛車就是會這樣做。這也就是說，設計自動駕駛車的時候，豐田或特斯拉等於是把過去在道德哲學的理論問題，轉化成實際的工程問題。

當然，哲學演算法永遠不會是完美的。錯誤還是會發生，有人會受傷、有人會死亡，更有隨之而來麻煩不已的訴訟。（史上第一次，可能會有哲學家因為所提的理論造成不幸結果而被告上法庭，因為這也是史上第一次能夠證明：哲學概念與現實生活的事件有直接因果關係。）

然而，如果只是要取代人類駕駛，演算法並不需要做到完美無

缺,只要比人類更好就行了。而有鑑於人類駕駛每年造成超過一百萬人車禍死亡,要表現得比人類好,並不是什麼太難的事。總之到頭來,你會希望隔壁車的駕駛是誰?是某個喝醉的死小鬼,還是舒馬赫和康德的聯手化身?[59]

# 職場上更需要哲學家

這套邏輯不僅適用於駕駛,也適用於許多其他情況。像是申請工作,在二十一世紀,已經有愈來愈多時候是由演算法決定是否聘用某人。當然,我們不能由機器來訂定相關倫理標準,這件事還是得由人類自己來。但只要一確立了這個職場的倫理標準(像是不得歧視黑人或女性),接著就可以用機器來實施和維護這項標準。[60]

某位人事經理,可能心知肚明歧視黑人和女性有違倫理道德,但遇到某個黑人女性來申請工作,卻還是下意識產生了歧視,而不予錄用。如果我們是讓電腦來評估求職者,並在編寫程式時就設定要完全忽略種族和性別因素,電腦一定就會乖乖跳過這些因素,因為電腦並沒有潛意識可言。當然,要編寫這種求職者評估程式並不容易,而且也還是有風險:工程師可能不經意,就把自己潛意識裡的偏見寫進軟體裡。[61] 然而如果是這種錯誤,發現後要清除,也並非難事,至少是比清除人類腦中的種族歧視和性別偏見,難度要低得多。

我們已經看到,AI 興起之後,可能會把大多數人類擠出就業市場,包括像是司機和交通警察(沒了魯莽的人類駕駛,只剩下乖乖開車的演算法,交通警察也就無用武之地)。然而對哲學家來說,

可能會出現一些嶄新的工作機會,他們的專業技能在過去沒什麼市場價值,但未來可能會突然變成當紅炸子雞。所以,如果想讀個未來能找到好工作的科系,或許哲學領域不見得是太糟糕的賭注。

當然,哲學家對於什麼叫做「對的行為」很少有共識。像是電車難題之類的問題,答案很少能讓所有哲學家都滿意,例如:彌爾這樣的結果論者(consequentialist,以結果判斷行為),他的想法一定會不同於康德這樣的義務論者(deontologist,以絕對的規則來判斷行為)。特斯拉不過是要做一輛自動駕駛車,真的得要自己在這種棘手的問題上選邊站嗎?

或許特斯拉只要把燙手山芋丟給市場就行,直接生產兩款自動駕駛車:特斯拉「利他」款和特斯拉「自我」款。遇到緊急狀況的時候,「利他」款會為了整體利益而犧牲主人,至於「自我」款則會不顧一切來保護主人,撞死兩個小孩也在所不惜。至於消費者,就能根據自己偏好的哲學觀點,來挑選車款。這樣一來,如果比較多人買了特斯拉「自我」款,你也不能怪特斯拉。畢竟,顧客永遠是對的。

但這可不是什麼玩笑。2015 年一項首開先河的研究中,請參與者假想自動駕駛車即將撞到幾個路人的情境。大多數參與者都認為就算可能會犧牲車主,但自動駕駛車還是應該保全那幾個路人的生命。只是,等到再問他們會不會想買一部設定是「犧牲車主、顧全整體利益」的車,大多數人又都說了不。如果講的是自己,他們還是比較喜歡特斯拉「自我」款。[62]

想像一下這個情境:你買了一輛新車,但啟用之前得先打開預設選單,勾選一個選項。如果發生事故,你是希望這輛車犧牲你的

性命，還是犧牲另一輛車上那家人的性命？你真的想要做這個選擇嗎？想想看，如果真選了其中某個選項，會不會和老公大吵一架？

　　所以，或許該由國家介入，直接制定一套所有自動駕駛車都必須遵守的倫理準則？肯定會有某些立法委員興奮不已，畢竟終於有機會寫出大家都會乖乖遵守的法律了。但也有某些立法委員會深感惴慄不安，因為這背後代表的是要負起前所未有、簡直是極權主義的責任。畢竟在過去的歷史上，幸好法律的實施必然有其局限，也就能制衡立法時的種種偏見、錯誤和過度。像是各種反同性戀、反褻瀆神祇的法律，都從未全面實施，實在是非常幸運。而看著政治人物不時犯錯，我們是否真的希望有這樣一套制度，會把他們的決定徹底貫徹、像重力一樣無所不在？

## 別怕機器人，但須提防機器人的主人

　　很多人之所以害怕 AI，是因為他們不相信 AI 會一直聽話、永遠順從人類。已經有太多科幻小說和電影，描寫著機器人反抗人類主人，在大街上四處亂竄、恣意屠殺。然而，機器人可能帶來的問題，其實恰恰相反。我們是該害怕機器人，但原因應是：它們永遠只會服從主人，絕不反抗。

　　當然，盲目聽從不見得會有問題，但這前提在於主人得是個好人。就算在戰場上，如果雙方全用殺手機器人上場，就能確保這是史上第一次真正遵守戰爭法的戰役。人類士兵可能一時受到情緒影響，就犯下謀殺、強盜、強姦等等違反戰爭法的罪行。講到情緒，我們常想到的是愛心、同情和同理心，但到戰場上，控制著人的情

緒往往是殘酷、仇恨和恐懼。而由於機器人沒有情緒，就能放心相信它們會一字一句遵守所有軍事規章，永遠不受個人恐懼和仇恨的影響。[63]

1968 年 3 月 16 日，一群美國士兵在越南美萊村，行動變了調，集體陷入瘋狂，竟屠殺了大約四百名平民。這起戰爭罪行的起源，是當時士兵已經打了好幾個月的叢林游擊戰，他們自行在當地做了這個殘暴的決定。這場行動既沒有任何戰略目的，也違反美國的法律規定與軍事政策。這是一場出於人類情緒影響的錯誤。[64] 如果美國當時在越南派的是殺手機器人，美萊村大屠殺就絕不可能發生。

但也先別急著研發和部署殺手機器人。我們不能忘記，機器人的表現一定就是內建程式碼的反映及放大。如果程式碼規定要有所克制、言行良善，機器人的表現就會遠遠優於一般人類士兵；然而如果程式碼規定要冷酷無情、趕盡殺絕，結果就會是一場災難。機器人真正的問題並不在於它們的人工智慧，而是那些人類主人天生的愚蠢和殘酷。

1995 年 7 月，前波士尼亞的塞爾維亞族部隊，在斯雷布雷尼察鎮（Srebrenica）周遭，屠殺超過八千名信奉伊斯蘭教的波士尼亞克族人（Bosniaks）。相較於美萊村大屠殺屬於無差別屠殺，斯雷布雷尼察屠殺歷時持久、組織嚴密，反映出塞軍的政策是對波士尼亞境內的穆斯林進行種族清洗。[65] 如果塞軍在 1995 年便擁有殺手機器人，整場暴行只會更糟，不會更好，因為任何機器人都只會毫不猶豫、果斷執行接到的命令，也絕不會因為同情、對自己的行為感到嫌惡、又或單純太過疲累，就饒過哪個穆斯林兒童的性命。

冷酷狠心的獨裁者有了這樣的殺手機器人，不管下了多無情、

多瘋狂的命令，都不用擔心士兵起而反抗。如果有了機器人軍隊，1789 年的法國大革命可能還沒開始，就遭到扼殺了；如果 2011 年埃及總統穆巴拉克手中有一群殺手機器人，用來對付民眾的時候，就不用擔心它們倒戈相向。同樣的，有了機器人軍隊的帝國主義政府，也可以發動各種沒有民意支持的戰爭，不用擔心機器人無心作戰、或是機器人的家人會站出來抗議。要是美國在越戰時期有殺手機器人，雖然可能不會發生美萊村大屠殺，但越戰本身卻可能要再拖上更多年，因為美國政府就不用再煩惱像是士兵士氣低落、國內出現大規模反戰遊行、或是什麼「退伍機器人反對戰爭」的活動。（雖然部分美國公民仍然可能反戰，但既然不用擔心自己受徵召入伍、自己沒有犯下暴行的記憶、也無須承受喪失親人的痛苦，反戰遊行的人數大概會大減，反戰決心也不會那麼強烈。）[66]

此類問題，當然和民用自動駕駛車的關係不那麼大，畢竟沒有任何汽車製造商會蓄意設計車輛去撞死人。然而，由於太多政權道德有缺、甚至根本就是心懷不軌，自主武器系統帶來災難，只是時間早晚的問題。

## 「老大哥」真的現身了

會造成危險的不只有殺手機器人，就連監視系統也可能同樣有風險。在好政府的手中，強大的監視演算法可能會是人類史上最大的好事。然而，同樣一套大數據演算法也可能養出未來的「老大哥」，最後出現歐威爾筆下的那種全面監視人民的政權，所有個人無時無刻不遭到監控。[67]

事實上，我們最後可能養出連歐威爾都難以想像的結果：全面而徹底監控人民思想言行的政權，不但追蹤所有人的一切外在動作和話語，甚至能進入我們體內，掌握我們內心的感受。舉例來說，想想看如果北韓的金正恩拿到這項新科技，可能會想怎麼運用？在未來，可能所有北韓公民都會被勒令佩戴生物統計手環，不僅監控他們的一言一行，還掌握他們的血壓和大腦活動。而且，隨著科學愈來愈瞭解人腦，並運用機器學習的龐大力量，北韓可能會是有史以來，第一次真正能夠知道每個公民每個時刻在想些什麼的政權。如果你看到一張金正恩的照片，而生物統計感測器發現你出現憤怒的跡象（血壓升高、杏仁體活動增加），大概明早就已經被抓進勞改營。

當然，由於北韓政權與外界相對隔絕，光靠自己可能很難研發所需科技。但相關科技可能會先由科技較先進的國家研發完成，而北韓或其他科技較落後的獨裁政權則加以複製、又或購買。

中國和俄羅斯都不斷改良監視工具，而且許多民主國家（從美國到我的祖國以色列）也不遑多讓。以色列有「新創企業之國」的美名，高科技產業部門極度活躍，也有尖端的網路安全產業。但與此同時，以色列與巴勒斯坦處於致命的衝突局面，一旦真的研發出必要的科技，至少有部分領導人、將軍和國民都會很樂意，立刻在約旦河西岸布下全面的監視系統。

就算在今日，只要巴勒斯坦人一打電話、發了臉書貼文、又或是前往另一座城市，就已經很可能遭到以色列的麥克風、照相機、無人機或間諜軟體監控。這些蒐集到的資料，會再用大數據演算法進行分析，讓以色列維安部隊無需真正動用太多人力，就能找出並

消滅潛在威脅。巴勒斯坦人看起來像是握有約旦河西岸的一些城鎮和村莊，但其實以色列人控制著那裡的天空、電波和網路空間。所以雖然約旦河西岸的巴勒斯坦人口足足有大約兩百五十萬人，但只要用少得驚人的以色列士兵，就得以有效控制。[68]

2017 年 10 月曾有一起悲哀而荒謬的事件：一名巴勒斯坦工人在自己的臉書帳號，發了一張在工地的自拍照，就站在一臺推土機前面。在照片旁邊，他用阿拉伯文寫了「早安！」，但演算法自動翻譯這些阿拉伯字的時候出了錯，把意為「早安」的 Ysabechhum 誤判成 Ydbachhum，意思就成了「傷害他們」。以色列維安部隊懷疑這名男子是恐怖份子、打算用推土機衝撞碾過人群，立刻將他逮捕。要等到他們發現是演算法出錯，這名男子才得到釋放。然而，那則叫人緊張的臉書發文還是遭到刪除。畢竟小心駛得萬年船啊。[69]

巴勒斯坦人今天在約旦河西岸的處境，大概只是個簡單預告，未來或許全球幾十億人終將落入同樣的局面。

## 數位獨裁政權

在二十世紀後期，民主國家的表現通常優於專制國家，是因為民主國家更善於處理資料數據。民主制度採用分散式的資訊處理，由許多人和機構做出決定，而獨裁制度則是把所有資訊和權力都集中在一處。

以二十世紀的科技水準來說，把太多資訊和權力都集中在一個地方，並不是有效率的做法。在當時，沒有人能夠及時處理完所有資訊、並做出正確決定。這也就成了部分原因，讓蘇聯做出的決策

水準遠低於美國，也讓蘇聯經濟遠遠落後美國經濟一大截。

然而，AI很快就會讓鐘擺擺向相反的方向。有了AI，就能集中處理大量資訊，甚至因為機器學習在分析愈多資訊之後的效果愈好，所以AI可能會使得集中式系統比分散式系統效率更高。在不考慮任何隱私問題的前提下，在一個資料庫裡就擁有十億人的完整資訊，絕對會比只擁有一百萬人的部分資訊，更能訓練出優秀的演算法。

舉例來說，如果有某個專制政府，命令所有公民進行DNA掃描，再將所有醫療數據提供給中央機構，這時比起那些醫療數據須嚴格保密以維護隱私的社會，專制政府就能掌握在遺傳學和醫學研究的巨大優勢。一心想把資訊集中，在二十世紀曾是專制政權的主要弱點，到了二十一世紀卻可能成為決定性的優勢。

隨著演算法變得如此瞭解我們，專制政權能夠對公民進行絕對的控制，程度甚至超過納粹德國，而且公民可能完全無力抵抗。這種政權不僅能明確掌握你的感受，甚至還能控制你的感受。獨裁者可能給不了公民醫療保健或平等待遇，但卻能讓公民一心熱愛他、而且憎惡他的對手。

目前這種形式的民主制度，存有不少缺陷，不可能在生物科技和資訊科技大融合的局面下生存，不是需要成功改頭換面成為全新形式，就是會讓人類陷入「數位獨裁」的生活之中。

不過，我們並不會回歸到希特勒和史達林的時代。數位獨裁和納粹德國之間的差異，可能就像是納粹德國與法國舊制度（ancien régime）的差異一樣巨大。路易十四也是個集權的獨裁者，但當時並沒有足以建立現代極權主義國家的科技。雖然路易十四的統治並未

受到抵抗，但當時既沒有收音機、也沒有電話和火車，路易十四也就很難掌控布列塔尼某個偏遠鄉村的農民，甚至連巴黎市中心市民的日常生活也難以掌控。當時不論在意願或能力上，路易十四都不可能建立大眾政黨、全國青年運動或國家教育體系。[70] 是因為二十世紀出現了新科技，才讓希特勒有了做這些事的動機和能力。

我們無法預測 2084 年的數位獨裁政權，會有怎樣的動機和能力，但要說他們只會想成為另一個希特勒或史達林，這大概是不太可能。而如果有人只是打算用 1930 年代的方式來重新打這場仗，有可能會遇到完全出乎意料的攻擊，反而令他們措手不及。

## 演算法將成為獨裁者

就算民主制度成功適應調整而生存下來，人民也可能遭受到新形態的壓迫和歧視。即使是現在，也已經有愈來愈多的銀行、企業和機構，運用演算法來分析資料、做出與我們相關的決定。

你向銀行申請貸款的時候，申請單很可能是由演算法處理，而不是由人類審核。演算法分析你的大量資料和其他幾百萬人的統計數據，據以決定你是否可靠、該不該提供貸款。

一般來說，演算法用在這裡會比銀行的人類行員表現更佳。但是問題在於，若是演算法裡藏著某種歧視不公，我們將很難察覺。如果銀行拒絕給你貸款，你問：「為什麼？」銀行會說：「因為演算法說不行。」你再問：「為什麼演算法說不行？我哪裡有問題？」銀行會說：「我們也不知道。沒人知道這套演算法背後的道理，總之就是一套先進機器學習的結果。只不過，我們完全相信我們的演

算法，所以我們不會貸款給你。」[71]

如果被歧視的是某個群體（例如婦女或黑人），這些群體能夠組織起來，抗議他們集體遭到歧視。然而，現在演算法有可能歧視的就是你這個人，而且你完全不知道原因。有可能是你的 DNA、過去的言行紀錄、又或是臉書帳號上有些什麼，引起了演算法的注意。演算法歧視你，並非因為你是女性或是黑人，而是因為你就是你。就是有些什麼關於你的特質，演算法不喜歡。你不知道究竟是什麼特質，而且就算你知道，也沒辦法找到人和你一起大聲抗議，因為沒有其他人會遇到一樣的偏見，就是只有你而已。到了二十一世紀，除了過去的集體歧視之外，我們可能還要面臨日益嚴重的個人歧視問題。[72]

在最高的權力階層可能還會有幾個人類，讓我們有個錯覺，以為演算法只是顧問、最終的權威還是在人類手中。我們不會任命某個 AI 來擔任德國總理或谷歌的執行長，但那位總理和執行長的決定會是由 AI 制定。總理還是會有幾個不同的選項，但所有選項都會是大數據分析的結果，反映的也就是 AI 看世界的方式、而非人類看世界的方式。

讓我們舉個類似的例子：今天世界各地的政治家，也似乎可以在各種不同的經濟政策之間做選擇，但幾乎所有選項反映的都是資本主義的經濟觀。政治家有一種以為自己有得選擇的錯覺，但真正重要的決定早就由經濟學家、金融業者和商人在提出選項時，就做完了。而再過幾十年，就可能是由 AI 來提出選項，供政治家進行挑選。

# 人工智慧和天然愚蠢

　　一個好消息是，至少在未來的幾十年裡，我們還不用擔心科幻小說那種 AI 產生意識、殺光或奴役人類的噩夢。我們會愈來愈依賴演算法為我們做決定，但演算法不太可能開始有意識的操縱人類。事實上，它們不會有任何意識。

　　科幻小說常把智能與意識混為一談，並認為如果要具有與人類相等、甚至更高的智能，電腦就必須發展出意識。幾乎所有關於 AI 的電影和小說，基本情節都圍繞著電腦或機器人產生意識的那個神奇時刻。而它們一有了意識，不是人類主角愛上機器人，就是機器人打算殺光所有人類，又或是同時並行。

　　但實際上，並沒有理由相信 AI 會獲得意識，因為智能和意識是大差地別的兩種概念。智能是解決問題的能力；意識則是能夠感受痛苦、喜悅、愛和憤怒等情緒和現象的能力。我們之所以會兩者不分，是因為對於人類和其他哺乳動物來說，智能與意識會攜手同行。哺乳動物處理大多數問題的時候，是靠「感覺」，但電腦會用完全不同的方式來解決問題。

　　要提高智能的路，其實有好幾條，而其中又只有一條需要憑藉意識。就像是飛機不用發展出羽毛、但飛行速度已經比鳥更快，電腦也不用發展出哺乳動物所需要的感受，就能比哺乳動物更會解決問題。

　　確實，AI 必須準確分析人類的感受，才能好好替人類治病、找出人類的恐怖份子、推薦人類挑選誰當另一半、在滿是行人的街道上駕駛汽車，但是這一切並不需要它自己有任何感覺。演算法只需

要學會辨別猿類在快樂、憤怒或恐懼下的生化模式，並不需要自己
感受到快樂、憤怒或恐懼。

　　當然，AI 並不是絕對不可能發展出感受。我們目前對意識的瞭
解，還不足以完全下定論。大致而言，需要考慮三種可能：

　　第一種可能：意識在某種程度上與有機生化機轉相關，因此只
要是非生物的系統，就不可能創造出意識。

　　第二種可能：意識與有機生化機轉無關，而是與智能有關；這
樣一來，電腦就能夠發展出意識，而且如果要跨過某種智能門檻，
就必須發展出意識。

　　第三種可能：意識與有機生化機轉或高智能，並無重要關聯。
這樣一來，電腦確實可能發展出意識，但並非絕對。電腦有可能具
備極高的智能、但同時仍然完全不具意識。

　　就目前的人類知識看來，這三種可能性都無法排除。然而，正
因為我們對意識所知太少，短時間內似乎還不可能設計出具有意識
的電腦。因此，雖然 AI 具有巨大的力量，但在可預見的未來，AI
的運用在一定程度上，還是以人類的意識為準。

　　這裡的危險在於：如果我們太注重發展 AI、但又太不注意發展
人類的意識，那麼電腦有了極先進的「人工智慧」之後，可能只會
把人類的「天然愚蠢」更加增強。

# 退化且馴化的人類

在未來幾十年內，我們不太可能碰到機器人叛亂的問題，但機器人可能已經比父母更知道怎樣可以觸動你的情緒，並且會運用這種神奇能力，來對你進行推銷，讓你想買某輛車、想把票投給某個人、或是想接受某種意識型態。這些機器人能夠找出我們最深層的恐懼、仇恨和渴望，再用來對付我們。

從近年許多國家的選舉和公投，就已經可以預視到未來：駭客透過分析選民資料、運用選民現有的偏見，就能知道怎樣操縱個人選民。[73] 科幻驚悚片常常上演的是烈火濃煙、轟轟烈烈的天啟末日景象，但實際上，天啟日可能是在一次又一次的點擊當中，悄悄而且平凡的來臨。

想避免這種結果，每投入一美元、一分鐘來提升人工智慧，就應該同樣投入一美元、一分鐘來提升人類意識。但很遺憾，目前對於人類意識的研究和發展所做並不多。我們對於人類能力的研發，主要都是為了因應目前經濟和政治體制的迫切需求，而不是為了讓人類在長久之後，仍然是一種保有意識的生物。

譬如，上司會希望我回覆電子郵件愈快愈好，但他對於我品嘗和欣賞眼前食物的能力，毫無興趣。結果就是我連吃飯的時候都在收電子郵件，也就慢慢失去了重視自己感官感受的能力。

整個經濟體系逼著我要擴大投資組合、讓投資更多元，但完全沒讓我有動機去擴大同理心、讓我的同理心更多元。於是，找投入大量心力，想瞭解證券交易的種種奧祕，但幾乎不花什麼心思，來瞭解痛苦背後有什麼深層成因。

在此，人類已經像是其他經過馴化的家畜了。例如我們培育的乳牛，性情溫順，乳量驚人，但在其他方面遠遠不及其野生祖先，既沒那麼動作靈活、也沒那麼好奇、沒那麼懂得變通。[74] 我們現在也正在培育一種馴化的人類，產生的資料量驚人，而且能夠像是巨大資料處理機器中的高效晶片一樣運作，然而這些「資料牛」絕對稱不上是發揮了人類的最大潛能。事實上，因為我們還太不瞭解人類的心靈，根本無從得知人類最大潛能是什麼模樣。

然而，我們卻幾乎沒有投入夠多心力，來探索人類的心靈，只一心想著要提升網路連結的速度、提升大數據演算法的效率。再不注意，最後的局面就會是退化的人類濫用著持續升級的電腦，傷害自己、也傷害世界。

未來的危險還不只數位獨裁一項。自由主義秩序背後的價值觀除了自由之外，也很重視平等。自由主義一直強調政治上的平等，也慢慢發現經濟上的平等幾乎同樣重要。如果沒有社會安全網的機制與一定的經濟平等，自由就毫無意義了。

然而，正因為大數據演算法可能會抹去自由，同時也就可能創造出史上最不平等的社會，讓所有財富和權力集中在一小群菁英手中。大多數人類的痛苦將不是受到剝削，而是更糟的局面：再也無足輕重。

# 第 4 堂課

# 平等

## 擁有資料的人，就擁有未來

# 人類將分裂出不同的生物種姓

　　過去的幾十年間，全球都以為人類將邁向人人平等，而全球化和新科技則會讓我們更快走向這個目標。但實際上，二十一世紀可能會帶來史上最不平等的社會。雖然全球化和網際網路縮短了國家之間的距離，卻可能擴大階級之間的差距；人類似乎就要達成全球融合統一，但人類這個物種卻可能分裂成不同的生物種姓。

　　不平等的狀態可以追溯到石器時代。早在三萬年前的狩獵採集部落，就有某些人的墳墓極盡奢華，身邊滿是象牙珠、手環、珠寶和藝品，但同個部落的其他人只有在地上挖個洞，就草草埋葬。雖然如此，古代的狩獵採集部落已經比後來的所有人類社會，都更加平等了，原因在於他們本來就沒什麼財產。畢竟，得先有財產，才需要擔心分配不均的問題吧！

　　農業革命之後，財產不斷增加，分配不平等的問題也開始水漲船高。人類擁有了土地、動物、植物和工具之後，就出現了嚴格區分高低的階級社會，一小群菁英世世代代壟斷了大部分的財富和權力。人類也學會了接受這種情況，認為這再自然不過、甚至可能是天命難違。在這種想法之下，階級制度不僅是常態，更是理想社會的表徵——如果貴族與平民、男性和女性、父母和子女全部混為一談而沒有高下之分，哪能有個秩序呢？世界各地的神職人員、哲學家和詩人都會耐心解釋說，就像人體的各個器官也不平等（腳得聽頭的話），如果在人類社會要求平等，只會帶來混亂。

　　但是到了現代晚期，平等已經成了幾乎所有人類社會的共同理想。部分原因是共產主義和自由主義等新思想的興起，但也有部分

是因為工業革命，使得大眾比過去任何時候都來得重要。工業化的經濟需要大量勞工，工業化的軍隊也需要大量士兵。不論是民主國家或獨裁國家，都極為重視國民的健康、教育和福祉，因為國家需要幾百萬名健康的勞工在生產線上工作、幾百萬名忠誠的士兵在戰壕裡作戰。

因此，二十世紀的歷史有一大部分就是要減輕階級、種族和性別之間的不平等。雖然西元 2000 年的世界還是有階級之分，但已經比 1900 年的世界平等許多。在二十一世紀的頭幾年，眾人預期推動平等的進程還會持續、甚至加速，特別是希望全球化將會把繁榮帶到世界各地，使得印度和埃及的人民也能享受如芬蘭和加拿大的人民同樣的機會和特權。整整一個世代，都聽著這項承諾長大。

現在看來，這項承諾大概不會有實現的一天。全球化確實讓許多人受益，卻有跡象顯示社會之間和社會內部的不平等日益加劇，少數團體逐漸壟斷了全球化的成果，其他數十億人則被棄之不顧。光是現在，最富有的 1％ 就已經擁有全球一半的財富。更令人警醒的是，最富有的一百人所擁有的財富，就已經超越了最貧窮的四十億人所擁有的資產總和。[75]

事情還可能更為惡化。前幾堂課已經提過，AI 興起可能會讓大多數人類不再握有經濟價值和政治力量。同時，生物科技的進步則可能將經濟上的不平等，轉化為生物上的不平等。那些超級富豪終於要看到值得砸下手中大把財富的目標了。迄今，能用錢買到的，頂多就是地位的象徵，但很快就有可能買到生命本身。等到出現了延長生命、讓身體和認知能力再升級的全新療法，而這一切的代價又極度昂貴，可能就是人類分裂出生物種姓的時刻。

# 天龍國不需要野蠻人

在人類歷史上，富人和貴族總愛想像，自己是有某些資質技能高人一等，因此大權在握。但就我們所知，事實不然。平均來說，公爵並不比農民更具天賦，之所以有地位高下之別，只是因為不公平的法律和經濟歧視所致。

但是到了 2100 年，富人就可能真的比貧民更有天賦、更具創意、更為聰明。等到貧富之間出現真正的能力差異，要再拉近，就幾乎不再可能。如果富人運用優秀的能力進一步強化自己，而且擁有更多的錢就能買到更強健的身體和大腦，那麼隨著時間過去，差異只會愈來愈大。到了 2100 年，最富有的 1％ 可能不僅擁有全世界大部分的財富，更擁有全世界大部分的美麗、創意與健康。

因此，在生物工程搭配 AI 興起之後，人類可能會分裂成兩群：一小群的超人類，以及絕大多數位於下層而且毫無用途的智人。雪上加霜的是，等到群眾不再具備經濟與政治上的力量，國家對國民健康、教育和福利的投資意願，也可能降低。

成了多餘的人，是件非常危險的事。這時候，大眾的未來就只能依賴一小群菁英能否心存善意。就算這種善意能維持個幾十年，但只要一遭逢危難（例如氣候釀成巨災），要把多餘的人拋到腦後，實在太簡單不過。

如果是法國和紐西蘭之類的國家，長久以來抱持自由主義的信仰、福利國家的作風，雖然菁英已經不再需要群眾，或許仍然願意繼續提供照顧。但如果是在比較資本主義的美國，只要一有機會，菁英族群可能就會立刻打破福利國家的制度。至於在印度、中國、

南非和巴西等開發中的大國，情況就更為嚴峻：一旦群眾不再具有經濟價值，不平等的狀況就會猛爆成長。

這樣一來，全球化非但沒能讓全球融合統一，還可能造成生物學上的「種化」（speciation）現象：人類分化成不同的生物種姓，甚至直接成為不同的物種！

全球化讓世界在橫向上，抹除國界、邁向融合統一，但也讓人類在縱向上，分化成不同族群。就算是在美國和俄羅斯這樣不同的國家，執政的少數菁英也可能決定攜手合作，共同應付大批平凡的智人。這樣看來，目前的平民主義者厭惡「菁英份子」，也確實有其道理。如果我們一不小心，矽谷巨擘和莫斯科億萬富豪的孫子，就可能成為比阿帕拉契山區鄉下人和西伯利亞農民的孫子，還更為優秀的物種。

長遠看來，這甚至可能造成全世界的去全球化：上層種姓聚集起來，自稱「文明」，再用城牆和護城河，把自己與外界的「野蠻人」隔開。在二十世紀，工業文明需要「野蠻人」的廉價勞力、原物料和市場，所以文明征服了野蠻、加以吸收。但是到了二十一世紀，後工業文明需要的是 AI、生物工程和奈米科技，比起過去更能自給自足、自我維繫。於是，不只是整個人類階級，連整個國家、整片大陸都可能變得無足輕重。到時可能就會出現文明區與野蠻區的分別，兩者之間由無人機和機器人形成邊界。在文明區裡，作戰時是半機械人彼此互丟邏輯炸彈；而在野蠻區裡，用的則是砍刀和 ΛK-47 突擊步槍。

在整本書當中，我常常用第一人稱複數，來討論人類的未來，講著「我們」該做些什麼，才能解決「我們的」問題。但或許根本

沒有「我們」。或許「我們」最大的問題，就是不同的人類團體會
有完全不同的未來。也許在世界的某些地方，該教孩子的是怎麼寫
電腦程式，但在另外一些地方，該教的卻是怎樣拔槍拔得快、射擊
射得準。

## 資產誠可貴，資料價更高

如果我們希望避免所有財富和權力集中在一小群菁英手中，關
鍵在於規範資料數據的所有權。

在古代，土地是世界上最重要的資產，政治鬥爭是為了控制土
地，而等到太多的土地集中在少數人手中，社會就分裂成貴族與平
民。到了現代，機器和工廠的重要性超過土地，政治鬥爭便轉為爭
奪這些重要生產工具的控制權。等到太多機器集中在少數人手中，
社會就分裂成資本家和無產階級。但再到二十一世紀，資料數據的
重要性又會超越土地和機器，於是政治鬥爭也就是要爭奪資料流的
控制權。等到太多資料集中在少數人手中，人類就會分裂成不同的
物種。

爭奪資料的比賽已經開跑了，目前是由谷歌、臉書、百度和騰
訊等資料龍頭企業領先。目前為止，這些龍頭企業看來多半都採用
「注意力商人」（attention merchant）[76] 的商業模式：靠著提供免費資
訊、服務和娛樂，來吸引我們的注意力，再把我們的注意力轉賣給
廣告主。然而，這些資料龍頭企業真正的目標，其實遠超過以往的
注意力商人，他們真正的業務不是銷售廣告，而是靠著吸引我們的
注意力，取得了大量關於我們的資料；這些資料遠比任何廣告收入

都更有價值。我們不是他們的顧客,而是產品。

就中期來看,這大批資料可能帶來一種全新的商業模式,第一個受害的就是廣告業本身。這種新商業模式的基礎,是將權力從人類轉移到演算法手中,包括選擇商品和購買商品的權力。一旦開始由演算法為我們選購商品,廣告業就會崩潰了。想想谷歌的情形:谷歌希望有朝一日我們萬事問谷歌,而且也能得到全世界最好的答案。假設某一天,我們可以跟谷歌說:「嗨,谷歌,根據你對汽車和對我的所有瞭解(包括我的需求、習慣、對全球暖化的看法,甚至是對中東政局的看法),哪部車是我最好的選擇?」再假設谷歌確實能給出很好的答案,而且我們已經從經驗得知,該好好相信谷歌的智慧、而不要相信自己老是被廣告行銷手法操弄的種種感受;到這種時候,汽車廣告還有什麼用?

就長期來看,只要取得足夠的資料數據和運算能力,資料龍頭企業就能破解生命最深層的祕密,不僅能夠為我們做選擇或操縱我們,甚至可能重新設計生物或無機的生命形式。為了維持營運,這些龍頭企業在短期內可能仍然需要賣廣告,但他們現在評估應用程式、產品和公司的標準,已經不再是能賺多少錢,而是能蒐集到多少資料。某款熱門的應用程式可能缺乏商業模式、甚至短期內還會虧損,但只要能取得資料,就能價值數十億美元。[77] 就算你還沒想清楚怎麼用某批資料來賺錢,最好也先擁有了再說,因為這可能就是控制和塑造未來生活的關鍵。(我無法確認這些資料龍頭是不是也這麼想,但從它們的作為看來,確實將蒐集資料看得比實質獲利來得更重要。)

一般人會發現,自己很難抗拒這種過程。至少在目前,人們都

還很樂於放棄自己最寶貴的資產（也就是他們的個人資料），換來免費的電子郵件服務和可愛的貓咪影片。這有點像是非洲和美洲的原住民部落，不經意就把整個國家賣給了歐洲帝國主義者，換來各種顏色的珠子和廉價飾品。如果大眾在未來開始想要阻擋資料外流，可能會發現難度愈來愈高，特別是幾乎所有決定都得依賴網路，甚至是醫療保健和生命延續也不例外。

## 該由誰擁有資料數據？

未來，人類和機器可能就完全融合了，一旦與網路斷離，便無法生存。有可能從還在子宮的時候，人類就已連上網路，而如果日後選擇斷開連結，保險機構就會拒絕保險、雇主就會拒絕雇用、醫療機構也會拒絕服務。在健康與隱私的這場大戰之中，健康應該會輕鬆獲勝。

隨著愈來愈多資料透過生物統計感測器，從身體和大腦流向智慧機器，企業和政府將更容易瞭解你、操縱你、為你做出決定。更重要的是，它們還可能解譯出所有人身體和大腦裡面的深層機制，擁有打造生命的力量。如果我們想要阻止一小群菁英份子壟斷這種如神般的權力，如果我們想要避免人類分裂成不同的生物種姓，關鍵的問題就是：該由誰擁有資料數據？關於我的 DNA、我的大腦和我的生命，這些資料數據到底是屬於我、屬於政府、屬於企業、或是屬於人類全體？

授權讓政府把這些資料數據國有化，或許能夠對大企業發揮抑制作用，但也可能導致令人毛骨悚然的數位獨裁——政治人物有點

像音樂家，只不過他們手中的樂器是人類的情緒和生化系統。他們發表談話，於是全國就感到一陣恐懼；他們發了一則推特文，於是就爆發了一股仇恨。

在我看來，實在不該讓這些音樂家拿到更先進的樂器。如果哪天政治人物可以直接按下我們的情緒按鈕，隨意讓我們感到焦慮、仇恨、歡樂或無趣，政治就只會是一場情緒的鬧劇。雖然我們擔心企業的力量太過強大，但從歷史看來，讓政府的力量太過強大，也不見得更好。就像撰寫本書第一版的此時（2018 年 3 月），我寧可把資料交給臉書的祖克柏，也不想交給俄羅斯的普丁。（只不過從劍橋分析公司的醜聞看來，或許也沒有多大差異；交給祖克柏的資料，還是可能流到普丁手裡。）

和前面兩種選擇比起來，或許「把資料擁有權握在自己手上」聽起來更有吸引力，但我們其實說不清楚這是什麼意思。講到要擁有土地，我們已經有幾千年的經驗，知道怎麼在邊界上蓋起圍籬、在大門設置警衛，以控制人員進出。講到要擁有企業，我們也在過去兩個世紀裡，發展出一套相當高明的規範方式，可以透過股票的買賣，擁有通用汽車和豐田的一部分。但講到要擁有資料，我們就沒有太多經驗。這在本質上就是更為艱難，因為資料不像土地或機器，資料無所不在、但又不具真實形體，資料可以光速移動，而且還能任意創造出無窮無盡的副本。

所以，我們應該呼籲所有律師、政治家、哲學家、甚至詩人，好好注意這項難題：該如何規範資料的所有權？這可能是這個時代最重要的政治問題。如果不能趕快找出答案，我們的社會政治制度就可能面臨崩潰。

# 成也科技，敗也科技

　　大眾已經感受到這場災難就在眼前，或許正是因此，全球民眾開始對自由主義這套故事失去信心，而且不過十年之前，自由主義看起來還似乎永遠顛撲不破。

　　我們到底該何去何從？又該如何應對生物科技和資訊科技革命的重大挑戰？

　　或許那些最早對世界帶來破壞式創新的科學家和企業家，也能用科技找出解決方案？舉例來說，能不能讓許許多多的演算法交織成網路，以支援全球人類社群，讓所有的智人共同擁有所有資料數據、一同監督未來的生活發展？隨著全球不平等日益加劇、社會緊張局勢節節升高，或許祖克柏也該呼籲人數高達二十億的臉書好友們，大家一起合作做些什麼？

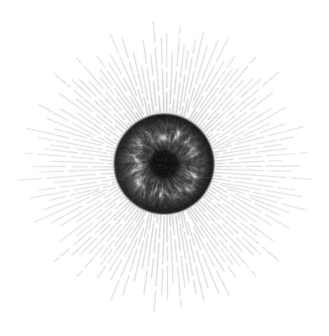

# 第二部

# 政治挑戰

資訊科技和生物科技的融合，

會對自由與平等這兩項現代核心價值觀造成威脅。

想要解決這項科技挑戰，必然需要全球合作。

然而，國族主義、宗教和文化，

已讓人類分裂為彼此敵對的陣營，

於是全球合作難如登天。

第 5 堂課

# 社群

**要認清「人類還有身體」**

加州對地震早就習以為常，但是 2016 年美國總統大選這場政治地震，仍然對矽谷造成重大衝擊。這群電腦高手發現自己可能也是問題的一部分，決定做件工程師最擅長的事：設法用科技來解決問題。反應最強烈的地方，就在臉書位於門羅帕克市的總部。這也不難理解，因為臉書的業務就是社交網路，對社會紛擾的感受也特別強烈。

經過三個月深思，祖克柏在 2017 年 2 月 16 日發表了一篇大膽的宣言，呼籲有必要建立起全球社群，也談到臉書在這項計畫中要扮演的角色。[78] 接著在 2017 年 6 月 22 日「臉書社群高峰會」的開幕致詞，祖克柏談到這個時代的社會政治動盪（從毒癮猖獗、到極權主義政權暴虐無道），有相當程度是人類社群瓦解所致。他感嘆道：「幾十年來，各類社團的成員人數下降了四分之一。這代表有許多人需要在其他地方找到使命感和支持。」[79] 祖克柏承諾，臉書將帶領重建這些社群，手下的工程師將會接起教區牧師放下的重擔。他說：「我們會推出一些工具，讓人能夠更輕鬆建立社群。」

祖克柏進一步解釋：「我們已經推出一項專案，希望更能建議對您有意義的社團。我們打造了一套 AI 來做這件事，也確實成功了。啟用的六個月裡，我們協助讓加入有意義社團的人數，增加了50％。」祖克柏的終極目標是：「協助十億人加入有意義的社團……如果成功，不僅能夠扭轉這幾十年間社團成員整體下降的趨勢，更能開始強化社會組織，讓世界靠得更近。」這項目標如此重要，讓祖克柏不惜「改變臉書宗旨，以實現這項目標」。[80]

祖克柏說到人類社群崩潰，這點觀察絕對是正確的。然而，在祖克柏發表宣言的幾個月後，劍橋分析公司的醜聞卻揭露出：我們

信賴而交付給臉書的資料，遭到第三方收割挪用，操弄著全球各地的選舉。祖克柏崇高的承諾，成了笑話一場，也擊碎了大眾對臉書的信任。

現在，我們只能希望臉書在建立更多新社群之前，能先好好保障現有社群的隱私和安全。

# 相識滿天下，知心能幾人

然而，還是值得深入思考臉書提出的社群願景，想想是不是只要安全性得到提升，線上社交網路就能有助於打造全球人類社群。雖然人類可能在二十一世紀升級為神，但至少到了 2018 年，我們和石器時代的人類還是差異不大，想要過得好，就要有親密的社群支持。幾百萬年間，人類發展出小團體的生活方式，每個小團體不超過幾百人。就算到了今天，不管我們可以炫耀在臉書上有多少好友，大多數人真正瞭解的人並不會超過一百五十個。[81] 如果沒有這些小團體的支持，人就會覺得寂寞、遭到孤立。

不幸的是，在過去兩個世紀間，各種親密社群確實正在瓦解。想用「國家」或「政黨」這種想像出來的社群，取代真正相互認識的親密小團體，永遠不可能真正成功。不管說什麼全國就是一個大家庭、共產黨幾百萬個黨員都是你的同志，還是比不上真正的兄弟姊妹或朋友能帶給你的親密與溫暖。於是，整個地球連結得比過去更加緊密，但每個人的生活卻比過去更加孤獨，許多的社會紛擾和政治動盪，追根究柢都是起源於此。[82]

因為如此，祖克柏想重建人類彼此間的連結，時機可說十分合

適。然而光是嘴上說說並不算數,如果要實現這個願景,臉書可能必須改變整個商業模式。

如果你的整套商業模式就是抓住用戶的注意力、再賣給廣告主賺錢,大概很難建立起全球社群。因此,光是願意提出全球社群的願景,就已經值得對祖克柏給予讚許。大多數企業還是相信自己應該營利為上、政府能少管就少管,也認為人類應該相信市場能代表我們做出真正重要的決定。[83] 所以,如果臉書真的打算許下這個意識型態的承諾,想打造全人類的社群,那些害怕臉書權力過大的人該做的,並非高呼這像是《一九八四》裡的老大哥、要臉書退回去做好企業本分,反而是該敦促其他企業、機構和政府,也提出自己的意識型態承諾,與臉書的版本較量優劣。

當然,早有許多組織喟嘆人類社群的崩潰,努力想重建社群,包括從女權主義者到伊斯蘭基本教義派,都以此為努力目標,後續幾堂課會再回來討論。而臉書的獨特之處,就在於它廣及全球、有企業的支持、還有對科技的深厚信心。祖克柏聽來信心滿滿,認為新的臉書 AI 不但能夠找出「有意義的社團」,還能夠「強化社會組織,讓世界靠得更近。」這可比用 AI 來開車或是診斷癌症,更具雄心。

臉書的社群願景,或許是第一次有人明確進行這樣的嘗試,要運用 AI 在全球推動中央計畫型的社會工程。因此,這成了非常重要的試行案例。如果成功,後續可能會出現更多這樣的嘗試,演算法也將成為人類社交網路新的大師。如果失敗,則會點出新科技目前的局限:演算法或許已經可以開車、可以治病,但碰上社會問題的時候,還是要靠政治人物和宗教人士。

# 線上社群 vs. 線下社群

　　臉書近年來成就非凡，線上活躍用戶超過二十億人。但為了實現新願景，臉書需要為線上和線下之間的鴻溝，搭起橋梁。社群的開始可能只是線上聚會，但想要真正蓬勃發展，就必須在現實世界也扎下根基。如果某天，有個獨裁者宣布禁用臉書、或是乾脆禁止上網，這些社群是會人間蒸發，還是會重組反擊？如果無法線上溝通，他們還能組織示威抗議嗎？

　　祖克柏在 2017 年 2 月的宣言裡認為，線上社群有助於培養線下社群。有時確實如此，但在很多時候，線上社群反而會犧牲線下社群，而且兩者其實有著根本的差異。實體社群仍然擁有虛擬社群無法比擬的深度，這點至少在不遠的未來還不會改變。如果我在以色列的家裡生了病，我在加州的線上朋友雖然能跟我說話，但可沒辦法幫我帶碗熱湯或端杯熱茶。

　　人類有身體。但是在上個世紀，科技開始讓我們與身體的距離愈拉愈遠，逐漸失去了好好感受味覺和嗅覺的能力，反而是一頭栽進智慧型手機和電腦，對網路上發生的事比對街上發生的事更感興趣。今天，要和我在瑞士的表妹說話，比以前任何時候都容易，但要在早餐的時候和我先生說話，卻比較難，因為他總不是看著我，而是盯著智慧型手機。[84]

　　在遠古時代，人類絕不可以如此漫不經心。當時的採集者必須永遠保持警覺、專心一意。走在森林裡找尋蘑菇的時候，要注意地面是否有任何小小的凸起，也要注意草叢是否發出任何細微聲響，以免有蛇躲在那裡。等到發現可食用的蘑菇，還要極度小心的試嘗

一下，免得吃到有毒的菇類近親。但到了現代的富裕社會，人類不再需要如此敏銳的感官意識。我們可以一邊走在超市的走道、一邊發著簡訊，也能夠隨意挑選成千上百種食物——那些都經過衛生單位的抽查，大抵能夠安心。但不管我們挑了什麼食物，最後總是坐在某個螢幕前面狼吞虎嚥，收著電子郵件、或是看著電視，幾乎不會注意食物究竟嘗起來味道如何。

祖克柏說，臉書致力於「持續改進我們的工具，讓您能夠分享您的體驗。」[85] 但我們真正需要的，可能是好好感受一下自己親身的體驗。以「分享體驗」之名，現代人對自己的理解，常常是從別人的觀點出發。一發生什麼有趣的事，臉書用戶下意識就是抽出智慧型手機，拍照、發文、等著有人按讚。在這個過程裡，他們幾乎不會注意自己到底有何感受。事實上，他們的感受愈來愈來自於網路上的回應。

## 你是否和身體感官失去聯繫？

人類一旦與身體、感官和真實環境愈來愈疏離，很可能就會感覺孤單、迷失方向。很多權威評論說，人會把這種疏離感歸咎於宗教和國家的凝聚力式微，但或許你和你自己的身體失去聯繫，其實是個更重要的原因。

曾經有幾百萬年的時間，人類既沒有教會、也沒有民族國家，但還是過得開開心心的，所以在二十一世紀應該這樣也不成問題。然而一旦與身體失去聯繫，日子就肯定無法過得開心。只要你在自己的身體裡感覺不自在，在這個世界上就不可能自在。

　　到目前為止，臉書的商業模式都是鼓勵使用者花更多時間待在線上，就算這代表得減少線下活動的時間和精力，也在所不惜。臉書能否找出新的商業模式，鼓勵使用者只有在真正需要的時候才上網，平常則把更多注意力放在自己真實所處的環境、以及自己的身體和感官？臉書的股東又會怎樣看待這種模式？〔前谷歌員工暨科技哲學家哈瑞斯（Tristan Harris）最近就提出一種替代模式的構想，也提出一項指標，讓人看看自己是否「時間用得有意義」。〕[86]

　　線上關係畢竟有所局限，祖克柏想要解決社會極化問題所用的方法，也就跟著受限。但祖克柏有一點說得對：光是把眾人聯繫起來，讓他們接觸到不同意見，還不足以解決社會分歧，因為「讓人看到相反論點的文章，實際上反而會讓人覺得那些觀點非我族類，因而加強了極化。」

　　因此祖克柏認為，「要改善對話的最佳方式，可能就是要認識對方整個人，而不是僅知道對方的意見；對此，臉書義不容辭。如果我們能夠用彼此的共通點，例如運動隊伍、電視節目、興趣愛好等等，先建立起關係，要針對彼此意見不同的地方再做討論，就會更容易。」[87]

　　然而要認識「整個人」實在非常困難，得花上許多時間，也需要有直接且實質的交流。前面提過，智人能夠真正有深交的人數，一般並無法超過一百五十人。而理想情況下，建立社群也不該是個零和遊戲，人類可以同時覺得自己屬於幾個不同的群體。

　　但不幸的是，親密關係卻可能是一場零和遊戲。你把太多時間精力花在認識伊朗或奈及利亞的某個網友，就會犧牲掉你認識隔壁鄰居的能力。

等到真有工程師發明出新工具，能讓人減少線上購物的時間、多和朋友從事有意義的線下活動時，那才是臉書真正的關鍵考驗。臉書究竟會採用這項有利於人群的新工具、還是會禁用這項工具？臉書真的會這樣放手一搏，把社會考量放在獲利之前嗎？如果臉書確實這麼做了（而且還能避免破產），將會是極其重大的一項轉變。

此外，一旦更重視線下世界而非季度財報，也會影響臉書的稅務政策。一如亞馬遜、谷歌、蘋果和其他幾家科技龍頭，臉書一再遭到逃稅的指控。[88]

由於各種線上活動課稅較為困難，也就讓這些全球企業更容易運用各種「創造性會計」手法。如果你是這些企業主，認為人類主要的生活就是在線上，又覺得是自己為人類提供了存在於網路上的所有必要工具，你所做的已經是一種有益的社會服務了，逃稅似乎無傷大雅。但如果你又想起人類還是有身體，需要真實的道路、醫院和下水道系統，要再為逃稅找藉口，也就困難得多。你怎麼能一邊讚頌著社群、一邊卻又拒絕為最重要的社群服務，提供財務支持呢？

我們只能希望臉書能夠改變商業模式，採用對現實世界更加友好的納稅政策，協助讓世界團結——而且同時還得繼續維持獲利。

## 人類不只是一種視聽動物

然而，對於臉書想要實現其全球社群願景的能力，我們卻不該抱有不切實際的期望。從歷史上看，企業絕非領導社會和政治革命的理想載體。

　　如果是一場真正的革命，遲早都會要求企業做出企業本身、員工和股東都不願做出的犧牲。也正是因此，革命人士靠的是教會、政黨和軍隊。例如阿拉伯世界所謂的臉書或推特革命，雖然是由懷抱期許的線上社群發動的，然而一旦進入了混亂的線下真實世界，就遭到宗教狂熱份子和軍事團體占為己用。

　　如果臉書現在想要發起一場全球革命，就得好好加油，進一步設法縮小線上和線下之間的差距。對臉書和其他重要線上龍頭企業來說，常常把人類看成一種視聽動物：只有兩隻眼睛、兩個耳朵，連著十根手指、一個螢幕，當然還有一張信用卡！

　　要讓人類團結的最重要一步，就是要認清「人類還有身體」的這個事實。當然，這種想法也有不利之處。意識到線上演算法的局限之後，可能只會讓科技巨擘更希望進一步擴張影響力。像是谷歌眼鏡（Google Glass）之類的設備、以及像是寶可夢（Pokémon Go）之類的遊戲，都是希望能消弭線上和線下的分別，融合成單一的擴增實境（augmented reality, AR）。

　　再談到更深的層次，生物統計感測器和直接的腦機介面，則是希望能夠抹去電子機器和生物之間的邊界，真正與人體結合。等到這些科技企業真的和人體達成妥協，或許就能操縱我們的整個身體了，就像它們現在操縱我們的眼睛、手指和信用卡一樣。到時候，我們可能就只能懷念過去線上線下有明顯區別的美好時光。

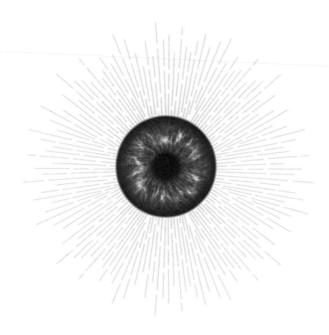

第6堂課

# 文明

## 世界只有一種文明

# 「文明衝突論」可解釋這一切？

雖然祖克柏希望讓人類在線上團結起來，但線下世界最近發生的事，似乎讓「文明衝突論」（clash of civilisations）又重新回到我們的視野。許多評論家、政治人物和一般大眾認為，敘利亞內戰、伊斯蘭國（Islamic State）崛起、英國脫歐、歐盟不穩，都是因為「西方文明」和「伊斯蘭文明」發生衝突所致。西方想把民主、人權引進穆斯林國家，於是引發伊斯蘭教激烈的反抗；而一波穆斯林移民潮加上伊斯蘭國發動的恐怖攻擊，則讓歐洲選民放棄多元文化的夢想，轉而支持排外的地方認同。

根據這種論點，人類一向就分成不同的文明，不同文明的成員就會有不同的世界觀，無法相容。有了這些不相容的世界觀，文明之間的衝突也就無可避免——就像在自然界，不同物種依照天擇的無情法則，為生存而戰。所以縱觀歷史，文明一再發生衝突，唯有最適者能夠倖存，活下來繼續講述故事。如果有人忽略這項冷酷的事實（不論是自由主義的政治人物、或不食人間煙火的工程師），就得小心終將付出代價。[89]

文明衝突論的政治影響十分深遠。支持者認為，試著想調和西方與穆斯林世界，只會注定失敗。穆斯林國家永遠不會採用西方的價值觀，而西方國家也永遠無法成功吸納這些穆斯林少數。

根據這種想法，美國就不該接收來自敘利亞或伊拉克的移民，歐盟則應該放棄多元文化的謬論，堂堂正正展示自己的西方認同。而從長遠看來，只會有一個文明在天擇的無情測試中倖存，所以如果在布魯塞爾歐盟總部的官僚不願意拯救西方文明於伊斯蘭水火，

那麼英國、丹麥或法國最好站出來自力救濟。

　　這種論點雖然廣獲認同，但其實會讓人有錯誤的判斷。伊斯蘭基本教義派確實可能是一大挑戰，然而它挑戰的「文明」是全球文明，而不是單單針對西方文明。伊斯蘭國之所以團結抵抗伊朗和美國，背後其來有自。就算是伊斯蘭基本教義派，雖然仍帶著中世紀的想像，但基礎早已不再只是七世紀的阿拉伯，而有更多的當代世界文化成分。他們所訴諸的恐懼和希望，是屬於那些感覺疏離而受到孤立的現代青年，並不屬於中世紀的農民和商賈。

　　米什拉（Pankaj Mishra）與德貝萊格（Christopher de Bellaigue）這兩位學者說得好，激進伊斯蘭主義者雖然深受穆罕默德的影響，但受到馬克思和傅柯的影響也同樣深遠；雖然承繼了倭馬亞王朝（661-750）和阿拔斯王朝（750-1258）的哈里發（伊斯蘭政教合一的領袖），但是也同樣承繼了十九世紀歐洲的無政府主義者遺緒。[90] 因此就算是伊斯蘭國，與其說是某棵莫名其妙的樹上不該長出的分枝，其實比較像是同樣發源於我們共享的全球文化。

　　更重要的是，文明衝突論把歷史和生物做類比，但是這種類比並不正確。人類的群體（不論從小部落到大文明）都和其他動物群體有著根本上的不同；人類歷史上的種種衝突，也與天擇的過程大異其趣。動物物種有客觀上的身分認定，而且幾萬個世代下來，還不至於有大變異。你是隻黑猩猩還是大猩猩，取決的點並非信念而是基因，而且只要基因不同，表現出的社會行為也就不同。

　　黑猩猩的群體裡，同時分成公猩猩與母猩猩的小團體，如果某隻黑猩猩想爭奪權力，就得同時爭取來自兩性的支持。相較之下，大猩猩的團體則只會有一隻雄性大猩猩，帶領著由一群雌性大猩猩

組成的後宮,任何可能挑戰領袖地位的成年雄性大猩猩,通常都會遭到驅逐。黑猩猩不會採用像大猩猩那樣的社會形態,大猩猩也不可能採用黑猩猩那樣的組織安排。而且就我們所知,黑猩猩和大猩猩這樣的社會體系不是短短幾十年,而是幾十萬年來一直如此。

人類之中不會有這回事。沒錯,人類的群體也可能有自成一格的社會體系,但並非由基因決定,也很少能持續超過幾個世紀。像是二十世紀的德國人,短短不到一百年,就曾出現六個完全不同的體制:霍亨佐倫帝國、威瑪共和、納粹第三帝國、德意志民主共和國(共產主義東德)、德意志聯邦共和國(西德),最後則是民主而統一的德國。當然,德國人一直就是說著德語、也一直熱愛啤酒和德國香腸,但到底有沒有什麼「德國本質」,是他們和其他所有國家都不同,而且從威廉二世到梅克爾總理一直維持不變的?就算你真的想到了什麼答案,那再推到一千年前?五千年前?

## 先得承認自己「發生了什麼改變」

《歐洲憲法》(未生效)前言指出,其靈感來自「歐洲的文化、宗教和人文傳承,其中發展而成各種普世價值:人類不可侵犯且不可剝奪的權利、民主、平等、自由及法治。」[91] 這很容易讓人以為歐洲文明的定義,就來自於人權、民主、平等、自由等等價值觀。有無數演講和文件,直接把古代雅典民主制度和今日的歐盟連在一起,讚頌著歐洲自由民主的歷史長達兩千五百年。但這就像是瞎子摸象的寓言,只摸到了大象的尾巴,就以為大象像畫筆一樣長。

確實,民主思想長達數百年都是歐洲文化的一部分,但從來就

不是歐洲文化的全貌。雖然雅典民主制度赫赫有名、且影響深遠，但其實就只是在巴爾幹半島的一個小角落，做了一個稱不上真心實意的實驗，而且也只撐了兩百年。如果說歐洲文明在過去二十五個世紀就是民主、就是人權，那又要怎麼解釋斯巴達和凱撒、十字軍和西班牙征服者、宗教裁判所和奴隸貿易、路易十四和拿破崙、還有史達林和希特勒？難道這些都是異地文明的入侵？

事實上，只要是歐洲人做的就是歐洲文明。正如基督徒做的就是基督教文明，穆斯林做的就是伊斯蘭文明，猶太人做的就是猶太文明。而且這幾百年來，這些人都讓這些文明有過非常大的轉變。各種人類的群體，與其要用延續性來定義，還不如用「發生了什麼改變」來定義；但這些群體仍然靠著說故事的技巧，為自己創造出一些能夠追溯到遠古的身分認同。不管已經發生了怎樣驚天動地的改變，他們通常都能融合新舊，自吹自擂成一套故事。

其實就算是每個人自己，發生過種種重大的改變，講起來還是可以成為一套連貫而動人的人生故事：「我這個人呢，本來是社會主義信仰者，但後來成了資本家；出生在法國，現在住在美國；結過婚，又離婚了；得過癌症，然後抗癌成功。」同樣的，要定義像是「德國人」這種群體的時候，也可以看看它發生過怎樣的變化：「我們曾經是納粹，但是已經學到了教訓，現在是和平的民主主義者。」而不用去問到底什麼是從威廉二世、希特勒、到梅克爾所共有的「德國人的本質」。正是那些重大的改變，定義了現在德國人的身分認同。在 2018 年，德國人這種身分，就是得要一邊克服納粹主義留下的各種艱難，一邊堅持著自由和民主的價值觀。而到了2050 年，誰又知道到時候的「德國人」該要如何定義呢？

# 援古證今，全因古人無法反駁

人類常常拒絕承認有這些變化，特別在政治或宗教的核心價值有所改變的時候，更是難以坦然面對。我們總是堅稱自己的價值觀是古代祖先留下的寶貴遺產，但我們之所以能這樣講，完全是因為祖先仙逝已久，無法反駁。

以猶太教對女性的態度為例，現在的極端正統派禁止公共領域出現女性的形象，所以如果客群是針對極端正統派，看板和廣告上通常就只有男人和男孩，不會出現女人和女孩。[92]

2011 年，總部位於紐約布魯克林的猶太極端正統派報紙《日報》（Di Tzeitung）爆發醜聞：刊出一張美國總統及閣員監看美軍突襲賓拉登的照片，卻用數位修圖把所有女性刪去，其中包括國務卿希拉蕊。《日報》解釋，根據猶太教的「莊重法則」，不得不如此。

類似的另一件醜聞，則是發生在法國《查理週刊》大屠殺之後，許多國家的政治領袖參與了在巴黎舉行的反恐大遊行，但是以色列《預兆報》（HaMevaser）刊出的照片，也用數位修圖刪去了德國總理梅克爾，希望避免她的影像在虔誠讀者心中引起任何淫念。另一家極端正統派報紙《通訊報》（Hamodia）的發行人，也聲援這種政策，解釋這種做法的背後是「數千年的猶太傳統。」[93]

關於不能看到女性的禁令，最嚴格的地方就在猶太會堂。正統派的猶太會堂，會小心將男女隔離，女性只能待在一個特定區域、隱身於布幕之後，以免任何男性禱告或讀經時，意外看到女性的形體身影。

然而，如果這一切背後真有幾千年的猶太傳統、長古不變的神

聖法則，為什麼考古學家在以色列挖出了《密西拿》（*Mishnah*）和《塔木德》時代的古代猶太會堂，卻沒發現性別隔離的跡象，反而在一些美麗的地板馬賽克和壁畫上，都描繪著女性，甚至有些穿著還頗為暴露？寫了《密西拿》和《塔木德》的拉比們，常常在這些猶太會堂禱告和研究；但現代的正統派卻認為，這些圖像褻瀆了古代傳統。[94]

　　扭曲古代傳統的狀況，其實所有宗教皆然。伊斯蘭國誇口自己是回歸純正的伊斯蘭教，但事實上是對伊斯蘭教提出自己全新的詮釋。沒錯，伊斯蘭國會引用許多古老文本，但在選擇要引用哪些、忽略哪些、又要怎麼詮釋的時候，卻有很多自由心證的成分。而事實上，光是他們要教徒「自己解經」的態度，這就非常現代。

　　傳統上，只有學養豐富的教士（ulama）有權利解經；教士都是學者，也必須先在像是埃及開羅的艾資哈爾清真寺的知名機構裡，研讀穆斯林法律及神學。然而，伊斯蘭國的領導人物很少擁有這樣的資格，目前最受尊敬的教士，也嚴斥伊斯蘭國首腦巴格達迪等人只是無知的罪犯。[95]

　　有些人會說伊斯蘭國「不伊斯蘭」、甚至是「反伊斯蘭」，但事實也並非如此。特別是有一點格外諷刺：我們看到居然是像歐巴馬這樣的基督教領袖站了出來，想要教教像是巴格達迪這樣自己號稱為穆斯林的人，到底什麼是穆斯林。[96]

　　各方熱烈爭論伊斯蘭文明的真實本質為何，但這根本是毫無意義。伊斯蘭文明沒有一定的 DNA，只要是穆斯林所做的，就是伊斯蘭文明。[97]

# 天下大勢，分久必合

人類群體與動物物種之間，有非常重大的差別：物種常常會分裂，但是從來不會合併。大約七百萬年前，黑猩猩和大猩猩本來是同一種祖先物種，後來才分裂成兩個族群，各自演化。而物種一旦分裂，就沒有回頭路了。由於不同物種交配的後代不具繁殖能力，因此物種永遠不會合併。大猩猩無法與黑猩猩合併，長頸鹿無法與大象合併，狗也無法與貓合併。

但如果是人類部落，則常常隨著時間，不斷聚集成愈來愈大的群體。現代德國人是由撒克遜人、普魯士人、施瓦本人和巴伐利亞人合併而成，而且這些人在不久之前還水火不容。（據稱，普魯士鐵血宰相俾斯麥讀了達爾文的《物種原始論》之後曾說，巴伐利亞人正是奧地利人與人類之間，失落的那個環節。[98]）法國人是合併了法蘭克人、諾曼人、布列塔尼人、加斯科人和普羅旺斯人而成。而同時在英吉利海峽的對岸，英格蘭人、蘇格蘭人、威爾斯人和愛爾蘭人也逐漸融合（不論是否出於自願），形成了英國人。再過不久，德國人、法國人和英國人還可能再融合成歐洲人。

即使合併之後，也不見得能長長久久。最近，倫敦、愛丁堡和布魯塞爾都很清楚，英國脫歐之後，聯合王國和歐盟可能都會開始解體。但從長遠來看，歷史的方向十分明確。

一萬年前，人類分裂成無數個孤立的部落，但每過千年，部落就融合成愈來愈大的群體，而創造出的獨特文明數量也愈來愈少。到了最近幾個世代，剩下的幾個文明已經開始融合成單一的全球文明。雖然在政治、民族和文化上仍然可能有分隔，但整體上的融合

統一並不會動搖。事實上，有些分隔還必須先有總體的共同架構，才能成真。例如在經濟上，必須人人都在一個共同的市場裡，否則就不可能專業分工。一個國家如果無法向其他種植小麥和大米的國家購買糧食，就不可能傾全國之力，專門生產汽車或石油。

人類融合統一的過程有兩種不同形式：在不同的群體之間建立連結，以及讓不同群體採用同樣的做法。

就算群體之間已經建立連結，各自的行為表現仍然可能大不相同。而且就算彼此是誓不兩立的群體，還是可能出現連結，例如戰爭能創造出的人類連結，就無比強大。

歷史學家常說：全球化在 1913 年，達到了第一個高峰；接著在兩次世界大戰之間和冷戰時期，長期下滑；再到 1989 年之後，才又上升。[99] 雖然就經濟的全球化來說，可能確實如此，但忽略了其實軍事也有全球化，而且情況大不相同、卻又同等重要。講到要傳播思想、科技和人員，戰爭的效率要比商業高多了。在 1918 年，美國與歐洲的關係，要比戰前的 1913 年更為緊密；兩者的關係接著漸行漸遠，但等到二次大戰和冷戰時期，還是不得不來場命運的融合。

戰爭也讓人類對彼此更感興趣。除了冷戰時期，美俄之間的聯繫從來沒有那麼緊密；莫斯科走道上只要發出一聲咳嗽，就會讓華盛頓的樓梯間裡，忽然緊張起來。比起貿易夥伴，人們更關注的其實是敵人。美國每拍了一部電影講到臺灣，大概就拍了五十部電影來講越南。

到了二十一世紀初的世界，早就不只是在不同群體之間建立連結。全球民眾不只能夠互相接觸，各種信念和做法也愈來愈一致。一千年以前，地球如同政治沃土，培育著幾十種不同的政治模式。

在歐洲，可以看到封建領主對抗著獨立城邦以及規模迷你的神權政體。在穆斯林世界，有哈里發國統一四方，但也試過王國、蘇丹國和大公國等形式。中國歷朝各代都相信自己是唯一合法的政治實體，但在中國北方和西邊，「蠻夷戎狄」也是爭鬥得不亦樂乎。印度和東南亞的政權五花八門，而在美洲、非洲和澳洲，則是從小小的狩獵採集部落、到幅員廣闊的帝國，所在多有。

也就難怪，就算只是相鄰的人類群體，也很難就外交程序達成共識；要發展出國際法，更是異想天開。每個社會都有自己的政治典範，也都難以理解及尊重外來的政治概念。

相較之下，今天全球都接受單一的政治典範。地球上分成大約兩百個主權國家，也都大致認可同樣的一些外交協議、共同的國際法規。不管在哪一個國家的地圖集裡，對於瑞典、奈及利亞、泰國和巴西的國土形狀都有共識；它們都是聯合國的成員，而且雖然實際有著許多差異，但它們也都是公認的主權國家，享有類似的權利與特權。這些國家也確實還在更多政治理念和實踐上，如出一轍，至少包括都相信代議政治、政黨、普選、人權。不論在德黑蘭、莫斯科、開普敦、新德里，又或是倫敦和巴黎，都有國會的形式。而且不管是以色列與巴勒斯坦、俄羅斯與烏克蘭、庫德族與土耳其，要爭取全球輿論支持的時候，都會同樣訴諸人權、國家主權、以及國際法。

在全世界，「失敗的國家」有許許多多種，但是「成功的國家」典範卻似乎只有一種。因此，全球政治也就遵守著「安娜·卡列尼娜定律」：成功的國家都很相似，但失敗的國家則各有不同，就是少了主流政治套裝方案的這個或那個成分。

伊斯蘭國近來的突出之處，就在於完全拒絕這一套主流政治方案，打算自行打造出完全不同的另一種政治實體：統一四方的哈里發國。但它失敗的原因也正在於此。確實有許多游擊隊和恐怖組織成功建立了新的國家、或是征服了現存的國家，但他們之所以能成功，仍然是因為他們遵守著全球政治秩序的基本原則。就連塔利班組織，也希望得到國際認可、承認它們是阿富汗主權國家的合法政權。到目前為止，任何團體只要不接受全球政治原則，就不可能長久控制某片重要領土。

## 從奧運看國家圖騰

想要真正瞭解全球政治典範的力量有多強大，或許該用的例子不是戰爭或外交這種硬邦邦的政治議題，反而是 2016 年的里約奧運。讓我們想想奧運會是怎麼組織起來的。在這總人數達一萬一千名的全體奧運代表團裡，運動員是依據國籍來分團，而不是依據宗教、階級或語言。奧運並沒有佛教代表團、無產階級代表團或英語代表團。除了少數案例（最知名的就是臺灣和巴勒斯坦）之外，要判斷運動員的國籍並非難事。

在 2016 年 8 月 5 日的開幕式上，各國運動員分組進場，各自揮舞著國旗。美國游泳選手菲爾普斯（Michael Phelps）又贏得一面金牌時，會場就升起美國星條旗，奏起美國國歌《星條旗》。法國柔道選手安德爾（Emilie Andéol）贏得女子柔道金牌時，會場也升起法國三色旗，奏起法國國歌《馬賽曲》。

實在很湊巧，全世界每個國家的國歌，都遵守同樣的模式。幾

乎所有國歌都是管弦樂曲，曲長也都只有幾分鐘，絕不會是曲長二十分鐘，也不會限定只能由特殊的世襲祭司階級來吟唱。就連沙烏地阿拉伯、巴基斯坦和剛果這樣的國家，也已經採用西方音樂慣例來譜寫國歌。

這些國歌大概都像是貝多芬在沒啥靈感的時候寫出來的。（你可以找一天晚上，和朋友一起用 YouTube 播各國國歌，猜猜哪首歌屬於哪個國家。）甚至就連全球各國的國歌歌詞也是大同小異，顯示大家對政治和團體忠誠的概念相去不遠。舉例來說，你認為下面是哪個國家的國歌？（我只是把該國的名字留空）：

＿＿＿＿，我的故鄉，
在那裡我灑下熱血，
在那裡我昂然挺立，
成為祖國的守護。

＿＿＿＿，我的國家，
我的民族，我的故鄉，
讓我們高呼
「＿＿＿＿團結共處！」
國土萬歲，國家萬歲，
＿＿＿＿，我的故鄉，團結起來。
振作靈魂，喚醒身體，
為了偉大的 ＿＿＿＿！

偉大的 _____，獨立而自由

我愛的家園和 _____。

偉大的 _____，獨立而自由

偉大的 _____ 萬歲！

答案是印尼。但如果我說其實是波蘭、奈及利亞或巴西，難道你會覺得意外嗎？

各國的國旗也呈現出同樣沉悶的一致性。除了唯一的例外，所有國旗都是長方形的布條，使用的顏色、條紋和幾何形狀也十分有限。（那個特立獨行的國家是尼泊爾，他們的國旗是兩個重疊的三角形，但尼泊爾從沒在奧運奪下獎牌。）

印尼國旗是上半紅色橫條、下半白色橫條；波蘭國旗是上半白色橫條、下半紅色橫條；摩納哥國旗又和印尼一樣，也是上半紅色橫條、下半白色橫條（但比例略微不同）。如果是個色盲的人，大概就很難分辨出比利時、查德、象牙海岸、法國、幾內亞、愛爾蘭、義大利、馬利和羅馬尼亞的國旗，這些國旗都一樣是由三個不同顏色的直條組成。

世界各國之間，確實也曾爆出戰火，但在動盪的二十世紀裡，其實只有三次奧運（1916 年、1940 年、1944 年）因為世界大戰而取消。1980 年，美國及其盟友抵制莫斯科奧運；1984 年，蘇聯集團抵制洛杉磯奧運；另外也有幾次奧運捲入政治風暴中心（特別是 1936 年由納粹柏林主辦，1972 年巴勒斯坦恐怖份子在慕尼黑奧運屠殺了以色列代表團）。但不論如何，總體說來，政治爭議並未對奧運造成天大的影響。

# 「中世紀奧運會」虛擬實境

讓我們把時間倒回一千年前，假設要在 1016 年的里約，舉辦中世紀奧運會。就讓我們暫時先別管當時里約還是圖皮族（Tupi）的一個小村莊，[100] 亞洲人、非洲人和歐洲人甚至也還不知道有美洲的存在；也別管既然沒有飛機，世界各地的頂級運動員又要怎麼前往里約；再別管當時很少有共通的體育項目，而且就算大家都會跑步，但對於跑步比賽的規則可能很難達成共識。我們只要問一個問題就好：到底要怎麼組各國代表團？就連今天的國際奧委會，也得花上大把時間，討論臺灣和巴勒斯坦的問題。如果要討論的是中世紀奧運的政治問題，大概得把花的時間再乘上一萬倍。

首先，在 1016 年，中國的宋朝可不認為全世界上有什麼平起平坐的政治實體，光是讓當時位於朝鮮的高麗王朝、或位於越南的大瞿越王朝（968-1054），同樣享有代表團地位，對宋朝來說就已經是無法想像的羞辱，其他茹毛飲血的海外蠻夷更是不在話下。

同樣的，巴格達的哈里發也宣稱自己是統一四方的霸權，多數遜尼派穆斯林奉他為最高領導。但實際上，哈里發統治的幾乎只有巴格達市。所以，這些遜尼派運動員到底是要共組一個哈里發代表團，還是要回歸遜尼派世界底下的諸多大公國和蘇丹國，分成幾十個代表團？而且，為什麼只分到大公國和蘇丹國？阿拉伯沙漠還有許多自由自在的貝都因部落，只承認阿拉是唯一的真主。這裡的每個部落，是不是都有權派出獨立的代表團，來比賽射箭或騎駱駝？

歐洲也會有一樣的問題，來自諾曼地伊夫里鎮的運動員，究竟是該代表當地的伊夫里伯爵、伯爵上頭的諾曼地公爵，或是勉強號

稱統治著整個法蘭西的法蘭西國王？

　　這些政治實體常常是在短短的幾年之間，就出現又幻滅，準備舉辦 1016 年奧運的時候，絕對無法事先知道會有哪些代表團，因為根本沒人能確定明年還會有哪些政治實體存在。如果英格蘭王國派出代表團參加 1016 年奧運，等到運動員帶著獎牌回家，會發現丹麥人已經奪下倫敦，英格蘭、丹麥、挪威和部分的瑞典，都成為克努特大帝（Cnut the Great）北海帝國的一部分。再過二十年，北海帝國解體；但再過三十年，英格蘭又再次被諾曼地公爵征服。

　　不用說，這些生命短暫的政治實體絕大多數既無國歌、也無國旗。政治符號當然非常重要，但是歐洲、印尼、中國或圖皮族的符號語言都是天差地別。光是想要決議用哪個符號來代表「勝利」，就幾乎絕無可能。

　　因此，看著 2020 東京奧運、2024 巴黎奧運、2028 洛杉磯奧運……的時候，請記得：雖然這看似國與國之間的競爭，但實際上是全球達成了極為了不起的全球協議。每當有代表團獲得金牌、看著國旗升起而深感民族自豪的時候，可別忘了：我們更有理由因為全人類有能力組織這樣一個事件，而大感榮耀。

## 至尊美元

　　在前現代的時候，人類除了試行各種不同的政治體制，也有許許多多的經濟模式。不論是俄羅斯的波耳貴族（boyar）、印度的大君、中國的官員、或是印地安的部落首領，對於金錢、貿易、稅收和就業的想法，都截然不同。

但相較之下，除了一些細節的差異之外，今天幾乎人人相信的都是同一套資本主義，也覺得大家都是同一條生產線上的小齒輪。不管你住在剛果還是蒙古、紐西蘭還是玻利維亞，每天的日常生活和經濟財富，都依靠著同樣的經濟理論、同樣的企業和銀行制度、同樣的資金流動。如果以色列和伊朗的財長共進午餐，他們能夠用同一套經濟語言來溝通，也很容易瞭解及同理對方的痛苦。

伊斯蘭國奪下敘利亞和伊拉克大片國土的時候，殺害了數萬平民，炸毀了考古遺跡，推倒了雕像，有系統的毀去了過往政權和西方文化影響的符號象徵。[101] 但伊斯蘭國的戰士走進當地銀行，看到美國的美元上有著美國總統的面孔、用英文寫著讚頌美國政治與宗教理想的語句，卻沒燒毀這些美國帝國主義的象徵。因為，美元鈔票超越了所有政治和宗教分歧，得到了四海一心的尊重熱愛。

雖然美鈔本身沒有價值（不能拿來吃，也不能拿來喝），但全世界對於美元和美國聯邦儲備銀行的信心如此堅定，就算是伊斯蘭基本教義派、墨西哥毒梟和北韓的專制統治者，也能有志一同。

## 醫學一統

然而，如果要說現代人類在哪方面最為同質，大概就是對於世界和人體的想法了。如果你在一千年前病了，住的地區會造成很大的差異。在歐洲，教區神父大概會說你讓上帝不悅，想要恢復健康就要捐錢給教會、到聖地朝聖，再真誠祈求上帝的饒恕。或者，村裡的女巫可能會說你被惡魔附身，她要用歌唱、舞蹈和黑色公雞的血，幫你驅魔。

在中東，受古典訓練的醫師可能會說你的四種體液不平衡，要靠適當的飲食和帶著惡臭的藥水，加以協調。在印度，阿育吠陀醫療專家也有自己的理論，講究三種體質能量（dosha）之間的平衡，並建議要用藥草、按摩及瑜伽來治療。

不管是中國的大夫、西伯利亞的薩滿巫醫、非洲巫醫，或是美洲印地安巫醫，每個帝國、王國和部落都會有自己的傳統和專家，各自對人體和疾病的本質有不同觀點，也都各自有著全套的儀式、調劑和療法。其中有些療效驚人，但也有些幾乎一出手就等於必死無疑。在歐洲、中國、非洲和美洲的各種醫療行為當中，唯一的共同點就是：至少有三分之一的兒童無法活到成年，平均預期壽命也遠低於五十歲。[102]

時至今日，如果你生病了，住在哪裡的影響會比過去小得多。不論在多倫多、東京、德黑蘭或特拉維夫，所有醫院看來都大同小異，醫師都穿著白袍，過去也都在差不多的醫學院裡，學著同一套科學理論。他們會遵循同樣的醫療方案，也用同樣的測試、得到非常類似的診斷結果，接著還可能開出由同一間國際藥廠製造的同一種藥物。雖然細微的文化差異仍然存在，但不論是加拿大、日本、伊朗或以色列的醫師，對人體和人類疾病大致都抱持相同的看法。

伊斯蘭國占領拉卡（Raqqa）和摩蘇爾（Mosul）之後，並沒有拆毀當地的醫院，反而是向全世界的穆斯林醫師和護理師發出呼告，希望他們自願前往，提供醫療照護服務。[103] 這樣看來，就連信奉伊斯蘭主義的醫師和護理師，也同樣相信身體是由細胞組成、疾病是由病原體引起、抗生素會殺死細菌。

又是什麼構成這些細胞和細菌的？或者，究竟是什麼構成這整

個世界？一千年前，每種文化都有自己的一套故事，來解釋宇宙是什麼、又有什麼基本成分。但到今天，全球受過教育的人都相信著同樣一套關於物質、能量、時間和空間的理論。以伊朗和北韓的核武計畫為例，這裡最大的問題，其實是伊朗和北韓對物理學的觀點完全和以色列及美國一模一樣。如果伊朗和北韓相信 $E = mc^4$，以色列和美國根本不會對他們的核武計畫有半點在意。

## 身分認同是由衝突和困境來定義

人類還是有不同的宗教、不同的國家認同，但只要講的是實際的議題，例如如何建立國家、打造經濟體、興建醫院或製造炸彈，就能說幾乎所有人都屬於同一個文明。歧異當然還是會存在，不論哪個文明都必然有內部的糾葛。事實上，文明還可能正是由這些爭議所定義。

要界定身分認同的時候，我們常常會想列出共同的特徵，但這是錯的方向。如果改列共同的衝突和困境，界定起來會容易得多。

例如在 1618 年，歐洲並沒有單一的宗教認同，而是由宗教衝突所定義。要當個在 1618 年的歐洲人，就得對於天主教徒與新教徒之間、喀爾文教派與路德教派之間的微小教義差異，瞭若指掌，而且願意因為這些差異而殺人或被殺。如果活在 1618 年，卻不在意這些衝突，這個人或許是土耳其人或印度人，但絕對稱不上是歐洲人。

同樣的，在 1940 年，英國和德國雖然政治觀點水火不容，但都是「歐洲文明」的重要部分。希特勒並不比邱吉爾「不歐洲」。相反的，正是他們之間的爭戰，定義了在歷史上這個時刻做為歐洲

人的意義。相較之下，位於非洲南部而過著狩獵採集生活的庫恩人（!Kung）絕不是歐洲人，因為對他們來說，歐洲內部那些關於種族和帝國的衝突，真是毫無意義。

我們最常發生爭吵的對象，就是自己的家人。身分認同是由衝突和困境來定義的，而不是由共同之處來定義。在 2018 年，怎樣才算是歐洲人？並不是要有白皮膚、信奉耶穌、或是相信自由，反而是要激烈爭論關於移民、歐盟、資本主義的限制等等議題。也要不斷自問：「我的身分如何定義？」，並且擔心人口老化、消費主義猖獗、以及全球暖化。二十一世紀歐洲人所面臨的衝突和困境，與 1618 年和 1940 年的歐洲人可說大不相同，但反而與中國和印度的貿易夥伴愈來愈相似。

無論未來有什麼變化等待著我們，都可能像是同一文明裡的兄弟鬩牆，而不是不同文明間的衝突糾紛。二十一世紀的巨大挑戰，都會屬於全球層級。氣候變遷引發生態災難的時候會怎樣？等到電腦在愈來愈多任務打敗人類，也在愈來愈多職位上取代人類，又會如何？等到生物科技讓我們能夠幫人類升級、延長壽命，會發生什麼事？在這些問題上，我們必然會產生激烈的爭論和衝突，但這些爭論和衝突並不會讓人類分裂，反而會讓我們更加相互依賴。雖然人類距離成為一個和諧社群還很遠，但已經都屬於同一個吵雜熙攘的全球文明。

這樣一來，又要怎麼解釋目前一股國族主義浪潮，正席捲全球許多地區？或許在我們熱情追求全球化的同時，太快否定了過去美好的舊國家民族？回歸傳統的國族主義，會不會是解決緊迫全球危機的好方法？如果全球化帶來了這麼多問題，為什麼不乾脆放棄？

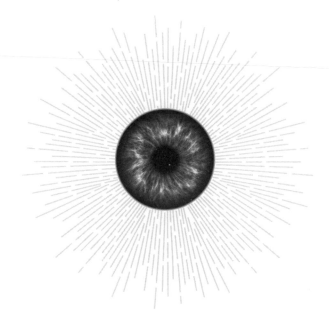

第7堂課

# 國族主義

全球問題需要全球性的答案

現在全人類已經構成單一文明，面對著共同的挑戰和機會，但是英國、美國、俄羅斯等國的態度，卻愈來愈走向國族孤立。* 這真的能夠解決全球化世界前所未有的問題嗎？

想回答這個問題，首先應該注意：今日的民族國家並不是人類生物學自然形成的永恆真理，也沒有人類心理學上的必然根據。五千年前，世界上可沒有義大利、俄羅斯或土耳其。確實，人類是一種社交動物，從基因就要求人類忠於群體，但有幾百萬年的時間，人類生活的形態一直是親密的小型社群，而非巨大的民族國家。

後來，智人才終於學會用文化為基礎，進行大規模合作，這也是人類這個物種成功的關鍵。文化富有彈性，因此人類不同於螞蟻或黑猩猩，而有許多不同的組織方式，能夠適應不斷變化的環境。「民族國家」只是智人的合作方式之一，其他選項還包括：部落、城邦、帝國、教會和公司等等。而在未來，只要相關文化基礎夠強大，甚至也可能出現某種全球聯盟。我們還不知道人類能夠認同的群體規模是否有個上限，但如今大多數的各國人口其實都超過了一萬年前的全世界人口總數。

在過去，人類之所以不辭辛勞，打造出民族國家這種大型共同體，正是因為遇到了任何小型部落都無法獨自處理的機會或挑戰。讓我們以幾千年前尼羅河沿岸的古老部落為例，尼羅河是他們的生命線，灌溉著田地、承載著商業活動。但這個盟友隨時可能翻臉無情：雨下得太少，饑荒就會現跡；雨下得太多，河水就會潰堤，摧

---

\* 譯注：本堂課的英文名稱 nationalism，在中文可譯為「國族主義」或「民族主義」，各有常見語境；由於本堂課主要討論國家團體的問題，故本堂課一般選用「國族主義」譯名，但是在全書中，將視情境選用「國族」與「民族」譯法。

毀整個村落。每個部落都只控制著一小段河流，也頂多只有幾千個
人力，不可能獨力解決這項難題，必須同心協力，才能建起大壩、
挖出數百公里長的運河，駕馭偉大的尼羅河。這是其中一個原因，
讓各個部落逐漸融合成為一個國家，得以建造大壩、修築運河、調
節河水流量，存糧以備荒年，並且建立起全國運輸和通訊系統。

## 國族主義是一項利器

雖然國家有著種種優點，但無論古今，要把部落或氏族轉變為
國家都非易事。國族主義分成兩個部分，一個容易做到、另一個則
很難達成。容易的部分是要偏好自己人、而排斥外人，人類幾百萬
年來正是如此，仇外心理早已深植於我們的 DNA 之中。

至於國族主義困難的部分，在於有時候要把陌生人看得比朋友
或親戚更重要。舉例來說，如果是個愛國的人，就該誠實納稅，好
讓在國家另個角落的陌生兒童，也能取得良好的國家醫療保健，即
使這代表無法讓自己的小孩上昂貴的私人醫院，也在所不惜。但這
與幾百萬年來的自然演化背道而馳。人類自然而然就會想逃稅、想
靠關係、走後門，但國族主義會說這是種「貪腐」。為了要讓民眾
拒絕貪腐、將國家利益看得比家族關係更重要，各國就必須建立起
龐大的組織，來從事教育、宣傳、甚至揮舞國旗，並搭配提供全國
國民健康、安全和福利的體制。

想知道個人要認同國家有多困難，只要自問：「我認識這些人
嗎？」如果是我的兩位姊姊、十一位堂表兄弟姊妹，我對每個人的
名字都清清楚楚，能花上一整天，跟你說說他們的個性、喜好和關

係。但對於和我一樣都是以色列公民的這八百萬人，絕大多數我從未謀面，未來見面的機會也很低。然而，我卻能對這種形象模糊的群體懷抱著一股忠誠，這種能力是一項近代歷史帶來的奇蹟。

我並不是說國族共同體有什麼不對。大型的系統就需要有大規模的忠誠，才能運作，而且擴大人類能夠同理的圈圈，也肯定有其優點。如果是比較溫和的愛國主義，一直是人類所創造出最有利的概念之一。相信「自己的國家獨一無二，值得我付出忠誠，我對全體國民有特殊的義務」，就能激勵我關心他人，願意為他們犧牲。

如果你以為「只要沒有國族主義，我們的世界就會是人人自由自在的天堂」，那其實是很危險的誤解。沒了國族主義，我們更可能面臨的會是部落割據、一片混亂。特別是如果沒有國族主義，民主並無法真正運作。一般來說，必須各方都具有同樣的國族忠誠，人民才會真正願意接受民主選舉的決定。像是瑞典、德國和瑞士等等和平、繁榮和自由的國家，都有強烈的國族主義意識。至於缺少國族主義的國家，則包括阿富汗、索馬利亞、剛果，以及大多數失敗國家。[104]

問題的起點，在於有時候良性的愛國主義會搖身一變，成為盲目的超國族主義。這種時候，不只是相信自己的國家獨一無二（其實所有國家都是獨一無二），更會覺得自己的國家至高無上，需要我付出所有的忠誠；至於其他國家的人民，對我來說就不是那麼重要。這樣一來，也就很容易演變出暴力衝突。

幾代以來，對國族主義最基本的批評，就是國族主義會導致戰爭。然而，光是指控國族主義與暴力有關，並無法遏制國族主義的過度膨脹，特別是每個國家都說自己是為了自保、為了對抗狡詐的

鄰國，才需要進行軍事擴張。而只要國家讓多數國民享受前所未有的安全和繁榮，國民也就願意以鮮血付出代價。

在十九世紀和二十世紀初，這種國族主義的交易看起來仍然極具吸引力。雖然國族主義造成前所未有的駭人衝突，但現代民族國家也建立了大型的醫療、教育和福利制度。有了公立的醫療服務，似乎帕斯尚爾戰役和凡爾登戰役也值得了。

# 原子彈改變了世局

但是到了 1945 年，局勢已有所改變。核武器的發明，讓整個天平大大偏離了國族主義那一邊。在轟炸廣島之後，人們害怕的不再是國族主義導致普通戰爭，而是害怕導致核戰。面臨徹底毀滅的局面，人的心智思考也就更敏銳；於是在很大程度上要歸功於有了這樣共同的威脅，讓全球社群逐漸超越了單純各個國家的層級，因為只有更大的社群，才得以控制住核武這個魔鬼。

在 1964 年的美國總統大選中，詹森推出著名的「雛菊」競選廣告，這是電視史上最成功的宣傳片之一。廣告一開始就是一位小女孩，一片一片摘著雛菊的花瓣、數著數字，但當她從一數到十之後，就由一個冷峻的男聲接手，開始了像是飛彈發射的倒數計時。數到零的時候，畫面充滿了核彈爆炸的明亮閃光，總統候選人詹森向大眾呼告：「這就是未來可能的代價。我們要創造的世界，是要讓上帝所有的孩子都能活下去，又或是要落入黑暗？我們必須彼此相愛，否則就必定死亡。」[105]

我們談到「make love, not war」（要做愛，不要戰爭）這句口

號，常常把它和 1960 年代晚期的反主流文化連結在一起。但其實早在 1964 年，已經是個普遍的主張，就連詹森這種強硬的政治家都已經接受。

因此到了冷戰時期，國際政治走向更全球化的方向，國族主義被打入冷宮；等到冷戰結束，全球化似乎已成為無法阻擋的浪潮。當時一般以為，人類將完全拋棄國族主義政治，視之為原始時代的廢墟，頂多只能吸引一些未開發國家的教育程度低落的民眾。但近年來的事件證明，國族主義就算對歐洲和美國的民眾，也仍然深具魅力，至於俄羅斯、印度和中國，更不在話下。各地民眾開始覺得全球資本主義冷酷無情、令人感到孤立無援，再加上擔心國家未來的健康、教育和福利制度無以為繼，於是又投入國族的懷抱，來尋求安撫和意義。

然而，詹森在雛菊廣告裡所提出的問題，其實在今天的意義比在 1964 年更為重大。我們要創造的世界，是要讓所有人能夠一起生存，還是讓所有人都落入黑暗？美國的川普、英國的梅伊、俄羅斯的普丁、印度的莫迪等人煽動國族情感，是真的會拯救世界，又或只是一種逃避現實，不想面對棘手的全球問題？

## 從堡壘網路到孤立主義

雖然國族主義很懂得如何管理某個國家，但遺憾的是，如果講到要管理整個世界，國族主義手中並沒有可行的辦法。舉例來說，土耳其國族主義談到如何管理土耳其事務十分合理，但對於管理其他國家的人民，就幾乎沒什麼幫助。當然，唯一的例外就是國族主

義演變成帝國主義，要求國家去征服、統治整個世界。一個世紀前的幾次國族主義運動，確實就帶有這樣的帝國主義野心。至於今日的國族主義者，無論是在土耳其、俄羅斯、義大利或中國，目前都還沒提到征服全球這種事。

有些國族主義者，像是川普總統的顧問班農（Steve Bannon）、匈牙利總理奧班、義大利的聯盟黨（Lega）、英國的脫歐派，雖然沒有用暴力建立全球帝國，卻都夢想著成立某種和平的「國族國際」（Nationalist International）。這些人認為，如今所有國家都面臨同樣的敵人：全球主義、多元文化主義與移民，這三種敵人如同惡鬼，威脅要摧毀所有國家的傳統與身分認同。所以全球的國族主義者都該站出來，共同反對這些全球力量。所有的匈牙利人、義大利人、土耳其人與以色列人，都該建起高牆、豎起柵欄，阻礙人員、貨物、金錢與思想的流動。

若是如此，全世界就會區分成一個又一個國族國家，各有自己的神聖身分認同與傳統。所有國族國家尊重彼此不同的身分認同，就能相互合作、和平貿易。匈牙利就是匈牙利人的，土耳其就是土耳其人的，以色列就是以色列人的，所有人都知道自己的身分，知道自己在世界上該處於哪個位置。這樣的世界沒有移民、沒有普世價值、沒有多元文化、也沒有全球菁英，但會有一片和平的國際關係，以及一定程度的貿易。

總之，「國族國際」所想像的世界，就像是有著一個又一個的堡壘，雖然各自有高牆相隔，但互相友好。

這種想像的最大問題在於：以高牆相隔的堡壘鮮少互相友好。通常每個國族堡壘都會想要再多一點土地、多一點安全、多一點繁

榮，犧牲一下鄰居似乎沒什麼大不了。而且一旦不談普世價值、沒有全球組織，互相敵對的堡壘就很難達到任何共識。在過去，只要想把世界劃分成各個有明確疆界的國家，結果都引發了戰爭與種族屠殺。

只不過，如果你剛好住在某個特別堅固的堡壘裡，像是美國或俄羅斯，又何必在乎這些問題？部分國族主義者確實走向更加極端的孤立主義，他們想要的既不是全球帝國、也不是全球堡壘網路，而是認為根本不需要有全球秩序。他們會說：「我們這個堡壘應該直接把吊橋拉起來，世界其他地方就讓他們去死吧。我們應該拒絕外國人、外國思想與外國商品進入，只要我們的高牆夠堅固、守衛夠忠心，外國人怎樣，又有什麼關係？」

然而，這種極端的孤立主義完全是與經濟現實脫節了。要是沒有全球貿易網路，一切現有的國家經濟都將崩潰，包括北韓也無法倖免。許多國家要是中斷一切貨物進口，就連餵飽人民也是奢求，而且幾乎所有產品的價格都將一飛沖天。

我身上穿的是一件中國製的襯衫，當初花了我大約五美元。但如果這件襯衫要由以色列的工人、用以色列做的機器、用以色列種的棉花來生產，而且機器還得由根本不存在的以色列石油來驅動，售價高上十倍都有可能。所以無論是從川普到普丁，這票國族主義領導者雖然把全球貿易網路說得一文不值，但沒有人會認真將自己的國家完全排除於網路之外。而在全球貿易網路背後，也必然需要先有一些全球秩序，來制定遊戲規則。

而且，無論你是否喜歡，人類今天就是共同面臨了三大挑戰，這些挑戰嘲弄著所有國界，唯有全球合作，方得解決。

# 核毀滅的陰影又起

讓我們先談談人類熟悉的剋星：核戰。詹森的雛菊廣告播出於 1964 年，當時古巴飛彈危機才過兩年，核毀滅（nuclear annihilation）是一項近在眼前的威脅。不論專家或一般大眾，都擔心人類的智慧不足以阻止這場浩劫，也覺得冷戰升溫只是時間問題。

但事實上，人類成功處理了這場核毀滅的挑戰。美國、蘇聯、歐洲和中國，改變了行之千年的地緣政治，讓冷戰在幾乎沒有流血的情況下告結，出現了新的國際主義世界秩序，帶來前所未有的和平時代。不只核戰免於爆發，各種戰爭的數量都在減少。自 1945 年以來，單純因為侵略而造成的邊界變動，少之又少，大多數國家也不再將戰爭當作標準的政治工具。2016 年，雖然在敘利亞、烏克蘭等幾個動亂地區仍有戰爭，但人類因暴力而死亡的人數已經遠少於肥胖、車禍或自殺。[106] 這可能正是我們這個時代最偉大的政治成就和道德成就。

但是很遺憾，我們現在太過習慣這項成就了，把它視為理所當然。部分也是因此，讓人類開始玩火自焚。美俄近來又展開了新的核武軍備競賽、開發新型的世界末日武器，可能讓過去幾十年得之不易的成果被一筆勾銷，把我們重新帶到核毀滅的邊緣。[107] 與此同時，大眾已經學會了停止擔心、並且正如奇愛博士（Dr. Strangelove）所言的「愛上核彈」，又或者只是忘了核彈的存在。

因此，英國（一個主要的擁核國家）討論脫歐議題的時候，主要談的是經濟和移民問題，幾乎不提歐盟對歐洲和全球和平有多大的重要貢獻。經過幾個世紀的血流成河，法德義英等國才終於建立

起確保歐陸和諧的機制，但現在英國民眾卻又來搗亂。

當初能夠建立起一個國際主義的政體來阻止核戰、維護全球和平，其實是克服了無數困難。這個政體當然應該順應世界局勢而有所調整，例如減少對美國的依賴，也要讓中國和印度等非西方國家扮演更重要的角色。[108] 然而，完全放棄這個政體、退回到國族主義強權政治，會是一種不負責任的賭博行為。

確實，十九世紀國家也玩過國族主義的遊戲，而當時並未摧毀人類文明。然而，那已經是在廣島核爆之前的時代了。在那之後，核武讓賭注代價提高，也改變了戰爭和政治的基本性質。只要人類知道如何濃縮鈾和鈽，人類的生存就有賴於將「預防核戰」看得比任何特定國家的利益更為重要。那些激動高喊著「本國優先！」的國族主義者應該自問：如果沒有強有力的國際合作體制，光靠自己這個國家，是否真有能力能夠保護世界、甚至是保護自己免於核毀滅？

## 生態加速崩潰中

除了核戰，人類在未來幾十年還會面臨一種新的生存威脅，是1964 年的政治界幾乎無須考慮的：生態崩潰。人類在許多方面都破壞著全球生物圈的穩定，不斷從環境中奪取愈來愈多的資源，還倒回大量垃圾和毒物，於是改變了土壤、水和大氣的組成。

地球微妙的生態平衡是經過幾百萬年才形成的，人類目前正對此造成破壞，而且幾乎毫無所覺。例如磷肥的使用，少量的磷是植物生長的必須養分，一旦過量便產生毒性。現代工業化農業的基礎

就是農民在農地施用大量的磷，但過量的磷流出之後，就會毒害河流、湖泊和海洋，對海洋生物造成危害。於是，在愛荷華州種植玉米的農民，可能無意中殺死了墨西哥灣的魚類。

由於這些活動造成棲地退化、動植物滅絕，澳洲大堡礁和亞馬遜熱帶雨林等生態系也可能毀滅。幾千年來，智人就像是生態的連環殺手；現在更逐漸成為大規模的生態屠夫。如果現在的情況繼續下去，不僅會造成很高比例的生命形式滅絕，也可能動搖人類文明的基礎。[109]

最具威脅的是氣候變遷的前景。人類已經存在幾十萬年，經歷了無數的冰河期和溫暖期。然而，農業、城市和複雜社會存在的時間還不到一萬年，在這個稱為全新世（Holocene）的地質年代，地球的氣候一直維持相對穩定；如果氣候開始偏離全新世的標準，就會讓人類社會面臨前所未有的巨大挑戰。這會像是對幾十億隻人類白老鼠進行開放式實驗，就算人類文明最後終於適應了新的環境，誰也不知道過程中會有多少犧牲者。

這項可怕的實驗已經開始。相較之下，核戰只是可能的未來，但氣候變遷卻是現實的現在。科學界早有共識，人類活動（特別是二氧化碳等溫室氣體的排放）正造成地球氣候以驚人的速率發生變化。[110]

沒人知道我們還能再把多少二氧化碳排進大氣當中、而不會引發不可逆的災難。但依據目前最佳的科學預測，除非我們在接下來二十年間，大幅減少溫室氣體排放，否則全球平均氣溫將會上升超過攝氏二度，[111] 造成沙漠擴大、冰帽消失、海平面上升，以及極端天氣事件（例如颶風和颱風）更加頻繁。這些變遷又會破壞農業生

產、淹沒城市，使全球大部分地區不宜人居，數億難民必須尋找新的家園。[112]

此外，我們正迅速接近許多臨界點，一旦超過之後，就算能夠急劇減少溫室氣體排放，也不足以扭轉趨勢、避免全球悲劇。舉例來說，隨著全球暖化融化了極地冰被，從地球反射回太空的太陽光就會減少，於是地球會吸收更多熱量，使溫度升得更高、冰也融得更快。一旦整個循環超過臨界點，就再也無法阻擋，就算人類從此不再燃燒任何煤炭、石油和天然氣，極地的所有冰層也將融化。因此，我們光是體認到目前所面臨的危險還不夠，更需要**現在**立即動手做點什麼。

不幸的是，到了 2018 年，全球溫室氣體排放量不減反增。人類還來得及擺脫化石燃料的時間，已經所剩不多，我們必須今天就開始戒掉這種癮。不是明年、不是下個月，而是今天！要誠實面對「大家好，我是智人，我是一個化石燃料成癮者。」

國族主義在這整件事情的定位何在？面對生態危機，國族主義能夠提出答案嗎？不論國力多麼強大，難道有哪個單一國家能夠阻止全球暖化？個別國家當然可以採用各種環保政策，各自也都有良好的經濟和環境意義。例如政府可以徵收碳排放稅，讓石油和天然氣的價格承擔更多外部成本，訂定更嚴格的環境法規，減少對汙染產業的補貼，以及鼓勵改用再生能源。政府也能投入更多資金，研發革命性的生態友善科技，就像是生態方面的「曼哈坦計畫」（第二次世界大戰末期，美國研發原子彈的計畫）。

除了能源領域外，科技突破在許多其他領域也都能幫得上忙。舉例來說，人造肉（clean meat）應該大有可為。目前來說，肉類產

業不但給數十億具有感受的生靈造成訴不盡的苦難，同時也是全球暖化的主因、抗生素和有毒物質的主要使用者，以及汙染空氣、土地和水資源的元凶之一。根據機械工程師協會 2013 年的報告，每生產 1 公斤牛肉需要 15,000 公升淡水，而生產 1 公斤馬鈴薯只需要 287 公升。[113]

隨著中國和巴西等國家日益繁榮，多出幾億人從吃馬鈴薯轉為常吃牛肉，環境壓力也日益沉重。想要說服中國和巴西的人民別吃牛排、漢堡和香腸，實在是難之又難（美國和德國更不用提了）。但如果工程師能找到辦法，直接用細胞來培養成肉塊呢？想吃漢堡的話，只要培養出一片漢堡肉就行了，不需要養一整頭牛（而且還得把屠體運送幾千公里遠）。

這可能聽起來像科幻小說，但早在 2013 年，就已經用細胞培養出了世界上第一片人造漢堡肉，而且還有人吃了。當時這片肉的造價是 33 萬美元。經過四年的研發，價格已經降至每單位 11 美元，等到再過十年，工業生產的人造肉預計將會比屠宰肉更便宜。這項科技發展有可能拯救數十億動物的生命脫離苦難，養活數十億營養不良的人口，而且同時還有助於預防生態崩潰。[114]

## 面對氣候變遷，各國各有盤算

因此，如果想避免氣候變遷，政府、企業和個人能做的事還很多。然而如果要有效，就必須拉高到全球的層級。如果要談的是氣候問題，各國就不能以為自己主權獨立、可以自行其事，畢竟一切都會受到地球另一端其他人行動的影響。

　　舉例來說，就算太平洋島國吉里巴斯把自己的溫室氣體排放量減到零，如果其他國家不願跟進，吉里巴斯最後還是會遭到上升的海平面淹沒。就算查德在全國每家屋頂都裝了太陽能板，還是有可能因為遠方某些國家的環境政策不負責任，而讓查德變成一片貧瘠的沙漠。就算像中國和日本這樣強大的國家，在生態上也沒有主權獨立可言。想保護上海、香港和東京不受洪水颱風侵襲，中國和日本就不得不說服俄羅斯和美國政府放棄「業務一切照舊」的作風。

　　國家用孤立主義來面對氣候變遷，造成的危險可能比面對核戰時更加嚴重。畢竟全面核戰可能摧毀所有國家，因此所有國家都會同樣努力加以避免。然而，全球暖化對不同國家會產生不同影響，一些國家（特別是俄羅斯）甚至可能從中得利。因為俄羅斯的海岸線資產相對較少，因此相較於中國或吉里巴斯，海平面上升造成的擔憂也小得多。而且，雖然氣溫升高可能讓查德變成沙漠，但同時也可能讓西伯利亞變成世界糧倉。此外，隨著北極冰層融化，俄羅斯所掌握的北極海航道可能成為全球商業動脈，由堪察加半島取代新加坡，成為世界的十字路口。[115]

　　同樣的，用再生能源代替化石燃料，對各國的吸引力也高低不一。中國、日本和韓國都需要大量進口石油和天然氣，當然樂見其成，希望免去這項負擔。但俄羅斯、伊朗和沙烏地阿拉伯都依賴出口石油和天然氣，如果石油和天然氣突然遭到太陽能和風能取代，這些國家的經濟就會崩潰。

　　因此，儘管中國、日本和吉里巴斯等國都希望盡快減少全球碳排放，但俄羅斯和伊朗等國的積極程度可能就低得多。就算是像美國這種已經開始因為全球暖化而蒙受巨大損失的國家，也可能因為

國族主義者目光短淺、自私自利，於是未能看清風險。在 2018 年 1 月，就有一個足以由小見大的例子：美國對外國製造的太陽能板和太陽能設備，徵收高達 30 ％的關稅，寧可拖慢轉換為再生能源的時間，也要保護美國的太陽能設備生產業者。[116]

## 面對全球難題，國族主義已太狹隘

核彈是個明顯而直接的威脅，任何人都無法忽視。相較之下，全球暖化的威脅比較模糊，來得也比較慢。因此，每次長期的環境考量必須犧牲短期利益的時候，國族主義者常常會把當下的國家利益放在首位，再保證之後會再來考慮環境問題、又或者想直接把問題留給其他地方的人。

還有可能，他們根本就否認有這個問題存在。氣候變遷的懷疑論者，往往都是右翼國族主義者，這並非巧合。我們很難會看到左翼社會主義者發推特文聲稱「氣候變遷是中國的騙局」。由於全球暖化問題無法由國家立場找出答案，因此一些抱持著國族主義的政治人物，也就寧可認定這個問題根本不存在。[117]

基於同樣的原因，國族主義者也很難處理二十一世紀第三種重大威脅：破壞式創新造成的科技顛覆。正如我們在前幾堂課所見，資訊科技和生物科技融合，帶來世界末日的許多可能，從數位獨裁到全球無用階級，不一而足。

面對這些威脅，國族主義的答案是什麼？國族主義就是沒有答案。就像是面對氣候變遷的情況，碰上科技顛覆的時候，民族國家這種架構就是無法處理相關威脅。由於研發科技不是任何一國的專

利，所以就算是美國這樣的超級大國，也無法獨力限制科技發展。就算美國政府禁止對人類胚胎進行基因改造，中國科學家並不會受到任何影響。而且，如果相關研發工作讓中國取得了重要的經濟或軍事優勢，美國就很有可能撤消禁令。在這樣一個充滿無情競爭的世界，落後的代價誰都承擔不起，所以只要有一個國家選擇走上高風險、高報酬的科技道路，其他國家就會被迫跟進。為了避免這樣的向下競爭，人類應該需要某種全球性的認同和忠誠。

此外，核戰和氣候變遷威脅的只是人類的生存，但破壞式創新的科技卻可能改變人類的本質，也就與人類最深層的倫理道德與宗教信仰產生糾結。人人都會同意，我們應當避免核戰和生態崩潰；但如果講到要用生物工程和 AI 來升級人類、創造新的生命形式，意見就是眾說紛紜。如果人類無法訂定並執行可得到全球公認的倫理準則，科學怪人滿地跑的景象，將指日可待。

一講到要訂定這樣的倫理準則，國族主義遇到的第一個問題就是想像力不足。幾世紀以來，國族主義都是以領土衝突為思考的出發點，但講到二十一世紀的科技革命，則必須從宇宙宏觀的角度，才能理解。經過三十八億年來、由天擇造就的有機生命演化之後，科學正在迎來由智慧設計（intelligent design）塑造無機生命的時代。

而在這個過程中，智人本身可能會消失。時至今日，我們仍然是人科的一種猿類，和尼安德塔人或黑猩猩的身體結構、身體能力和智力，依然大致類似。我們不只雙手、眼睛和大腦明顯屬於人科動物，就連各種欲望、愛情、憤怒和社會關係，也是如此。但在一兩個世紀內，生物科技和 AI 結合之後，就可能會讓我們的身體結構、能力和心理特徵，完全擺脫人科動物的模式。一些人相信未來

可以將意識從有機結構中抽離，再也不受到生物和物理的限制，而能自在優游於網路空間。另一方面，我們也可能看到智能與意識完全脫勾，在 AI 發展之後，創造出一個由具備超高智能、但完全無意識的實體所支配的世界。

面對這些可能，根據以色列、俄羅斯或法國的國族主義，能提出什麼想法？

答案就是沒有什麼想法。國族主義並沒有這樣的思考層次，所以像是以色列的國族主義雖然會很關心「一個世紀之後，耶路撒冷是由以色列還是巴勒斯坦統治？」，卻幾乎不會關心「一個世紀以後，地球是由智人還是半機械人統治？」這種問題。如果想對生命的未來做出明智抉擇，就必須遠遠超出國族主義的觀點，從全球、甚至宇宙的角度來看事物。

今日所有的國家，就像是古代住在尼羅河沿岸的諸多部落，一起住在一條由資訊、科學發現和科技發明所匯流而成的全球大河的河邊，這條大河既是人類繁榮的基礎，也是對人類生存的威脅。為了不讓這條全球大河氾濫成災，所有國家都該齊心協力。

## 地球這艘太空船，需要同舟共濟

核戰、生態崩潰和科技顛覆，這三個難題每一個都足以威脅到人類文明的未來。但如果加在一起，更有可能因為互相加成、彼此結合，而形成前所未有的生存危機。

舉例來說，雖然生態危機可能扼殺我們目前所知的這種人類文明，但大概並不會阻擋 AI 和生物工程的發展。如果你以為等到海

平面上升、食物供應大減、人口大規模遷徙,就能轉移我們對演算法和基因的關注,那麼你可能得再想一想。隨著生態危機加劇,大概只會更加速高風險、高收益科技的研發。

事實上,氣候變遷很有可能發揮與兩次世界大戰相同的功能。在 1914 年至 1918 年及 1939 年至 1945 年的兩次大戰期間,隨著戰爭全面開打,所有參戰國都把審慎心態與經濟考量拋諸腦後,紛紛投入龐大資源,進行各種大膽與不可思議的研究計畫,讓科技發展一飛沖天。雖然許多計畫都以失敗告結,但也有部分成功,製造出了坦克、雷達、毒氣、超音速噴射機、洲際飛彈與原子彈。

同樣的,面臨氣候災難的國家有可能孤注一擲,不顧一切來場科技豪賭。出於合理的原因,人類對 AI 和生物工程還有諸多疑慮,然而一旦到了危機時期,人類就會願意冒險。不論你現在覺得應該如何管制顛覆性科技,請自問,如果氣候變遷已經造成全球糧食短缺、城市遭洪水吞沒、數億難民流離失所跨越國界,還能否堅持這些管制措施?

接著,科技顛覆一方面會讓全球局勢更加緊張,一方面又會破壞核武勢力平衡,也就可能提升末日戰爭的危險。1950 年代以來,各個超級大國心知肚明,一旦開戰必然是相互毀滅,因此都刻意避免擦槍走火。但隨著新型攻防武器的出現,新興的科技強權可能認為自己能夠一方面毀滅敵人、一方面自己毫髮無傷。相對的,優勢漸失的國家,可能擔心自己的傳統核武不再具有威嚇力,於是覺得與其失去優勢,不如伺機盡快動用。

傳統上,核武對抗就像是一場超理性的西洋棋棋局;但如果現在玩家可以用網路攻擊來控制對手的棋子,或是可能有個不知名的

第三方神不知鬼不覺、就移動了棋子，甚至是 AlphaZero 也跨界跑來下這盤核戰西洋棋，情況又會變成如何？

不僅不同的挑戰可能因為相互影響而加劇，要處理某個挑戰所需的善意，也可能因為其他挑戰造成的問題而消失。例如陷入軍備競賽的國家，不太可能同意限制 AI 的研發；試圖在科技發展方面超越對手的國家，也很難同意共同擬定計畫來阻止氣候變遷。只要世界仍然分裂為各個敵對國家，就很難同時克服這全球三大挑戰；而且只要在面對任一個挑戰時失敗了，就可能帶來災難性的結局。

# 共同面對人類的三大敵人

總而言之，目前席捲全球的國族主義浪潮，並不會把時光帶回到 1939 年或 1914 年。科技已經讓一切與過去不同了，科技所創造的一系列全球生存威脅，沒有任何國家能夠獨力解決。

有共同的敵人，正是讓世界形成共同身分認同的最佳催化劑；而人類現在至少有三個這樣的共同敵人：核戰、氣候變遷、科技顛覆。如果就算有了這些共同威脅，人類仍然選擇對自己國家的忠誠高於一切，最後的結果可能遠比 1914 年和 1939 年更為慘烈。

歐盟的憲法草案指出了一條更好的道路，它說：「歐洲各國人民雖然仍為本國的身分認同及歷史而自豪，但同時決心超越過往的分歧，更緊密聯合起來，打造共同的命運。」[118]

歐盟的這個願景並不是要廢除所有的國家身分、放棄所有的地方傳統、把人類都變成一樣的灰色傀儡，也不代表要對所有愛國主義的表現嗤之以鼻。事實上，透過提供涵蓋全歐洲的軍事和經濟保

護，歐盟可說是讓法蘭德斯（位於比利時）、倫巴第（位於義大利北部）、加泰隆尼亞（位於西班牙）和蘇格蘭等地，得以培養出對當地的愛國心。想要推動蘇格蘭獨立或加泰隆尼亞獨立嗎？如果不用擔心德國入侵，也知道全歐洲會攜手對抗全球暖化和全球企業，獨立的前景也就更為看好。

因此，歐洲的國族主義者態度也正在放軟。雖然回歸各民族國家的話題甚囂塵上，但是很少有歐洲人真的願意為此互相殘殺、賠上性命。在威廉·華勒斯（1271-1305）和羅伯特一世（1274-1329）的時代，蘇格蘭人希望擺脫倫敦的控制，唯有起兵開戰一途。相較之下，2014 年蘇格蘭公投期間，沒有任何一人送命，而且，就算下次蘇格蘭獨立公投通過，應該也極不可能看到班諾克本戰役重新上演。至於加泰隆尼亞試圖脫離西班牙，雖然引發的暴力衝突更甚於蘇格蘭，但還是遠遠不及巴塞隆納在 1939 年或 1714 年經歷的大屠殺。

希望全球其他地區也能夠學習歐洲的例子。就算整個地球已經融合統一，如果只是希望能夠歌頌自己國家的獨特性、強調自己對本國還是有著一份特殊的義務，這樣的愛國主義必定仍然能為人接受。然而，如果人類整體還希望繼續生存、維持繁榮，就必然別無選擇，只能在這樣的地方忠誠之外，另外加上對全球社群的各種重大義務。

一個人確實能夠、也應該同時忠誠於家人、鄰居和朋友、專業及國家，那麼為什麼不把全人類和地球也加到這份清單裡？確實，如果許多對象都需要你的忠誠，矛盾和衝突有時難以避免。但誰說生活很簡單呢？就勇敢面對吧。

# 政治也必須全球化

在過去的年代，之所以需要塑造出「國家」這種身分認同，是因為各地人類面臨的問題和機會，遠超出地方部落能處理的範圍。而到了現在，我們也需要一個新的全球身分認同，才能處理這一系列前所未有的全球困境。

我們現在已經有了全球的生態、全球的經濟、全球的科學，只剩下政治還卡在國家的層次。像這樣在層次上無法搭配，也就讓政治體系無法有效應對人類的重大問題。而想要政治有效發揮作用，只有兩種選擇：不是讓生態、經濟和科學的進步「去全球化」，就是讓政治「全球化」。既然生態和科學進步已經不可能去全球化，而且要讓經濟去全球化的成本也高不可及，政治全球化也就成了剩下唯一真正的解法。

政治全球化和愛國之間其實並無矛盾，因為愛國並不是叫你恨外國人，只是要關懷自己的同胞。而在二十一世紀，為了照顧好自己的同胞，就必須與外國人合作。所以，如果你現在想當個好的國族主義者，就該支持政治全球化。

這並不是呼籲要建立什麼「全球政府」，那會是個難以成真、不切實際的願景。相反的，所謂要讓政治全球化，指的是每個國家乃至城市的政治作為，都應當更加重視全球問題及利益。等到下次選舉，政治人物又要你投票給他們的時候，請詢問他們下列四項問題：

第一，如果你當選，你會採取什麼行動來減低核戰風險？

第二，你會採取什麼行動來減低氣候變遷的風險？

第三，你會採取什麼行動來規範 AI 和生物工程等顛覆性科技？

第四，你認為 2040 年的世界將會如何？

你認為最糟的情況為何？最佳的情況又為何？

如果某些政治人物根本聽不懂這些問題，又或者一直只談論過去、無法為未來規劃出有意義的願景，請不要投票給這種人。

遺憾的是，太多政治人物目光短淺，只看到國家利益，而反對全球合作。所以，或許可以靠著人類普遍共有的宗教信仰傳統，協助我們統一世界？

幾百年前，基督教和伊斯蘭教等宗教的思考方式，就已經是屬於全球而非地方層次，探尋的也一直是生命中的種種重大問題，而不是這個國家或那個國家的政治鬥爭。只不過，傳統宗教現在還有影響力嗎？它們究竟是仍有能力塑造這個世界，又或只是過去殘餘下來的無用之物，在現代國家、經濟和科技的強大力量衝擊下，已然四處飄零？

# 宗教

## 神祇現在為國家服務

到目前為止，不論是現代的意識型態、科學專家或國家政府，都無法為人類未來提出可行的願景。而從人類宗教傳統的深井裡，又是否能汲出這樣的甜美願景？或許在《聖經》、《古蘭經》或《吠陀經》的字裡行間，早有答案等著我們？

沒有信仰的世俗之人，可能會對這種想法嗤之以鼻，又或反而感到擔心。各種宗教經典或許在中世紀很有影響力，但到了 AI、生物工程、全球暖化和網路戰爭的時代，怎麼可能還由它們來指引？只不過，真正沒有信仰的人其實是少數。比起演化論，仍然有幾十億人更相信《古蘭經》或《聖經》；印度、土耳其和美國等諸多國家雖然大不相同，但政治都同樣受到宗教運動的影響；而宗教間的敵意更是從奈及利亞到菲律賓，都使衝突火上加油。

所以，基督教、伊斯蘭教和印度教等宗教，現在到底還能發揮多少作用？這些宗教能幫助我們解決目前的重要問題嗎？想要討論傳統宗教在二十一世紀的作用，得先把問題分成三類：

第一、技術問題：
例如，乾燥國家的農民如何應對全球暖化造成的嚴重乾旱？

第二、政策問題：
例如，各國政府應該採取什麼措施，才能事先預防全球暖化？

第三、身分認同問題：
例如，我真的需要在意世界另一邊農民的問題嗎？
還是只要關心自己部落或國家的人就好？

　　我們接下來幾頁就會提到，傳統宗教基本上和技術問題與政策問題的關係不大，卻和身分認同問題息息相關；只不過多半是造成問題，而不是解決問題。

## 技術問題：基督教農業？

　　在前現代時期，宗教得負責解決許多世俗領域的技術問題，例如農業。各種神聖曆法會告訴你什麼時候該下種、什麼時候要收穫，另外搭配寺廟儀式，好讓風調雨順、害蟲不興。萬一還是發生乾旱或蝗蟲肆虐等農業危機，農民就會找上祭司牧師等神職人員，來和眾神交涉。

　　此外，醫學也屬於宗教的領域。幾乎所有先知、大師和薩滿巫師，都得兼營醫療業務，像是耶穌也花了不少時間為病人治病，讓盲者得見、啞者得言、狂者重獲神智。不管你是住在古埃及或是中世紀歐洲，生了病可能看的是巫醫而不是醫師，上的是寺院而不是醫院。

　　到了最近，醫療已經由生物學家和外科醫師接手，不再靠神職人員或誰來行神蹟。如果埃及現在遭逢蝗災，埃及人可能還是會向真主阿拉求援（反正有何損失呢），但他們絕不會忘記同時找來化學家、昆蟲學家和遺傳學家，努力研發更強大的殺蟲劑、更能抗蟲的小麥品種。

　　如果某位虔誠印度教徒的孩子，患上嚴重的麻疹，這位父親會向醫神曇梵陀利（Dhanvantari）祈禱，也在當地的寺廟供上鮮花及甜點；但在這之前，可得先趕忙把孩子送到最近的醫院，交給那裡的

醫師來處理。就算是精神疾病這種宗教治療師的最後據點，也正逐漸轉移到科學家手中。原本的惡魔學改成了神經學，驅魔術改成了百憂解。

科學可說是大獲全勝，也改變了我們對宗教的想法。我們不再認為農業和醫學是與宗教有關，就連許多宗教狂熱份子也像是得了集體失憶，寧可忘記傳統宗教曾經主張這些領域都歸它們管轄。狂熱份子說：「現在找工程師和醫師又怎麼樣？這證明不了什麼啊。從一開始就是宗教歸宗教，醫農歸醫農嘛。」

傳統宗教之所以輸掉這麼多地盤，老實說，就是因為它們在農業或醫療保健領域的表現實在不佳。各家祭司或各方大師的真正專長，從來就不是降雨、治療、預言或魔法，而一直都只是詮釋。當個祭司的重點，並不是要知道怎樣跳起祈雨舞、讓乾旱結束，而是要知道如何在祈雨舞失敗的時候找出藉口，叫我們必須繼續信神，就算我們所有的祈禱似乎祂都聽不到。

然而，正是因為宗教人士太把詮釋當作重點，一旦對上科學，就會居於劣勢。雖然科學家也會便宜行事和扭曲證據，但說到底，科學的真義還是在於：願意承認失敗，努力嘗試不同的方法。正因如此，科學家逐漸學會怎樣種出更好的作物、製造更好的藥物，但祭司和大師只學會怎樣找出更好的藉口。

幾個世紀以來，就連最虔誠的信徒都開始注意到這種差異，於是讓宗教權威在愈來愈多的科技領域節節敗退。這點也逐漸讓整個世界融合成為單一文明，畢竟只要方法真的管用，人人都會想使用同一套。

# 政策問題：穆斯林經濟學？

雖然科學能明確解答如何治療麻疹等技術問題，但科學家遇到了政策問題，卻會各說各話。幾乎所有科學家都同意，全球暖化是一個事實，但對於經濟該如何回應這種威脅，卻無法達成共識。

然而，這也並不代表傳統宗教就能解決問題。古代宗教經典在現代經濟領域就是發揮不了什麼作用，而且現代經濟主要的分歧（例如資本家和社會主義者）也無法對應到傳統宗教上的分歧。

確實，如果是像以色列或伊朗這樣的國家，猶太拉比和阿亞圖拉（Ayatollah，伊朗伊斯蘭什葉派領袖的稱號）的確能直接影響政府的經濟政策；就算在美國和巴西等比較世俗的國家，宗教領袖也會針對從稅收到環境法規等等問題，影響公眾輿論。但如果仔細觀察這些例子，會發現傳統宗教在大多數時候，角色就像是現代科學理論的副手。

舉例來說，伊朗的阿亞圖拉哈米尼（Khamenei）要對伊朗經濟做出重要決定時，他在《古蘭經》一定找不到必要的答案，因為七世紀的阿拉伯人根本不懂現代工業經濟或全球金融市場的問題和商機。所以，哈米尼或底下的人就得求助於馬克思、海耶克、傅利曼以及現代經濟學，才能獲得解答。等到決定了要提高利率、降低稅賦、將國營企業民營化、或是簽署國際關稅協議之後，哈米尼再來運用其宗教知識和權威，把科學包裝在這段或那段《古蘭經》的經文裡，並向大眾說明這是阿拉的旨意。

但不管怎麼包裝，意義並不大。只要比較一下就會發現，不論是什葉派的伊朗、遜尼派的沙烏地阿拉伯、猶太教的以色列、印度

教的印度、又或是基督教的美國，經濟政策實在都是大同小異。

在十九世紀和二十世紀，伊斯蘭教、猶太教、印度教和基督教思想家，經常撻伐現代物質主義、反對缺少靈魂的資本主義，也大肆指責官僚國家大而無當。這些宗教都承諾，只要給它們機會，就能掃除所有現代弊病，並根據其信條當中永恆的精神價值，建立起完全不同的社會經濟體系。事實上，它們已經有過好幾次機會了，但如果說整套現代經濟體系就像一棟大樓，宗教對它唯一的改變，大概就是重新油漆，再在屋頂加個大大的十字架、新月、大衛之星或「唵」的符號。

就像前面提過祈雨的例子，宗教在經濟方面也是如此。正是因為宗教學者長期鍛鍊的僅是重新詮釋文本的技巧，最後反而讓宗教與實用愈離愈遠。不管哈米尼選擇了哪種經濟政策，都一定能夠從《古蘭經》裡找到做決策的理由和藉口。但這種做法等於是讓《古蘭經》倒退一步，不是視為真正的知識來源，只是為了取用它的權威。面對經濟困境的時候，變成是先讀馬克思、海耶克和傅利曼，從中協助你進一步理解經濟體系、用新觀點看待事物，思考可能的解決方案；直到已有答案，才轉向仔細閱讀《古蘭經》，希望能找到某個篇章——只要在詮釋時發揮足夠的想像力，就能用來支持你從傅利曼、海耶克或馬克思那裡得到的解決方案。總之，只要你是優秀的《古蘭經》學者，就一定能從經文裡找到支持的說法。

基督教也是如此。基督教信徒既能支持社會主義，也能支持資本主義，而且雖然耶穌說的某些內容根本就是共產主義，但是在冷戰時期，美國的資本主義者還是繼續讀著〈山上寶訓〉，而不覺得有什麼不對。總之，就是沒有「基督教經濟學」、「穆斯林經濟學」

或「印度教經濟學」這樣的東西。

並不是說《聖經》、《古蘭經》或《吠陀經》裡沒有任何經濟觀點，只是那些概念早已過時。聖雄甘地讀了《吠陀經》之後，理想中的獨立印度，就是集合了許多自給自足的農業社群，各自紡著自己的印度手工織布（khadi），出口的量不多、進口的量還更少。在甘地最著名的照片裡，他親自雙手紡著棉花，而且紡織機輪子這個不起眼的標誌，也成了印度民族主義運動的象徵。[119] 然而，這種田園牧歌式的觀點，實在已經無法符合現代經濟學的現實，因此現在只剩下甘地的肖像，繼續在幾十億張印度盧比鈔票上微笑。

## 馬克思：宗教只是虛飾

在今天，現代經濟理論之所以比傳統宗教的教條更為實用，是因為：即使表面上是宗教衝突的事件，也能用經濟理論來解釋；但沒人會想反過來，用宗教理論解釋經濟事件。舉例來說，有人會說天主教徒和新教徒之間的「北愛爾蘭問題」（the Troubles）主要是由階級衝突所引起。由於各種歷史上的意外，北愛爾蘭的上層階級主要是新教徒，下層階級大多是天主教徒。因此，乍看這場衝突似乎是關於基督本質的神學之爭，但實際上是典型的貧富鬥爭。相對來說，關於 1970 年代南美共產游擊隊和資本家地主之間的衝突，大概很少人會說這是由於對基督神學更深層次的意見分歧所致。

至於面對二十一世紀的重大問題時，宗教能做些什麼？舉例來說，該不該讓 AI 有權力為人決定他們的生活，例如該讀什麼、該在哪裡工作、該和誰結婚？在這個問題上，伊斯蘭教的立場是什

麼？猶太教的立場又是什麼？這個問題並不會有伊斯蘭教或猶太教的立場之別，人類大概只會分成兩大陣營：一派贊成讓 AI 擁有這些重要權威，另一派則是反對。很有可能兩派中都各自會有穆斯林和猶太人，也各自會從《古蘭經》和《塔木德》裡面找出經文，再運用想像力來詮釋，以支持自己選定的立場。

當然，宗教團體也可能在特定問題上堅持看法，再把這些看法號稱是既神聖又永恆的教條。在 1970 年代，拉丁美洲的神學家就曾提出「解放神學」（liberation theology），讓耶穌變得有點像切·格瓦拉的模樣。同樣的，在關於全球暖化的辯論中，也很容易有人會召喚耶穌，把政治立場裝扮得像是永恆的宗教定律。

這是已經開始發生的事了。某些美國福音派牧師，就在佈道詞裡呼籲反對環境法規，並表示不這麼做，就會在地獄中受苦燃燒；而教宗方濟各卻是以耶穌之名，領頭對抗全球暖化——正如他的第二篇教宗通諭《願上主受讚頌》（*Laudato si*）所示。[120] 所以，或許到了 2070 年，你究竟是個福音派教徒或是天主教徒，就會讓你對環境議題有全然不同的想法。也就不用說，福音派肯定會反對設定任何碳排放上限，至於天主教徒則相信耶穌要我們推行環保。

可能就連開的車也會不同吧。福音派開的會是氣派耗油的休旅車；虔誠的天主教徒則會開著流線時髦的電動車，後面保險桿的貼紙還寫著「讓地球燃燒，就等著在地獄燃燒！」然而，雖然他們都可能引用各段《聖經》經文來捍衛自己的立場，但雙方立場有異的真正根源，是在於現代科學理論和政治運動，而非《聖經》。從這個角度看來，宗教對於我們這個時代的重大政策爭議，也派不上什麼用場。馬克思就認為，宗教只是外表的虛飾。

# 身分認同問題：沙地上不可跨越的那條線

　　然而，馬克思批評宗教只是虛飾、背後隱藏的是科技和經濟的強大力量，說得也是誇張了些。就算伊斯蘭教、印度教或基督教在現代經濟這棟大樓上只能說是裝飾，但民眾往往認同的就是這個外表，而民眾的認同又是歷史上極為重要的力量。

　　人類的力量需要靠群眾合作，群眾合作又需要靠「先打造出群眾的身分認同」；而且所有的群眾身分認同，都是以虛構的故事為基礎，而不是以什麼科學事實或經濟必需品為根基。就算到了二十一世紀，要把人類分成猶太人或穆斯林、俄羅斯人或波蘭人，靠的仍然是宗教神話上的理由。納粹和共產黨都曾經嘗試用科學，將人類分為不同種族和階級，但已經證明只是危險的偽科學。在那之後，科學界一直很不願意再來協助找出人類究竟有什麼「自然」的身分定義。

　　所以到了二十一世紀，宗教雖然仍無法帶來雨水、無法醫治疾病、也無法製造炸彈，但卻能用來判斷誰是「我們」、誰又是「他們」，哪些是我們該醫治的目標、哪些又是我們該轟炸的對象。如前所述，不管是什葉派的伊朗、遜尼派的沙烏地阿拉伯、猶太教的以色列，實際上差異都不大──都是官僚組織的民族國家，多少都奉行資本主義的政策，都讓小孩接種小兒麻痺疫苗，也都靠化學家和物理學家製造炸彈。就是沒有什麼什葉派官僚組織、遜尼派資本主義、或是猶太教物理學這些玩意。所以，到底是怎樣讓人們覺得自己有特殊之處，願意忠於某個人類部落、而且還要敵視另一個部落的呢？

　　人類就像是一片不斷變動的沙地，為了畫出彼此明確的界線，宗教用的就是各種儀禮、儀式和儀典。什葉派、遜尼派和正統派猶太教就是穿著不同的衣服，唱著不同的禱歌，遵守著不同的禁忌。

　　這些不同的宗教傳統，往往讓日常生活充滿著美，也鼓勵人類更加親切和慈愛。每日五次，在市集、辦公室和工廠的一片吵雜聲中，宣禮員（muezzin）悠揚跌宕的聲音會再次響起，呼喚穆斯林暫時放下世俗追求的喧囂擾嚷，讓自己連結到永恆的真理。至於鄰居的印度教徒，則是靠著普迦（puja）儀式和吟唱真言，達到相同的目標。猶太教全家人會在每週五晚上共進晚餐，享受特別的歡樂、感恩和團聚。兩天後的禮拜天早上，則有基督教福音合唱團，為數百萬人的生活帶來希望，幫助大家培養互信和情感，讓社群關係更緊密。

　　也有的宗教傳統給世界帶來許多醜陋，並讓人類表現得既刻薄又殘酷。舉例來說，宗教造成的厭女或種姓歧視就絕非好事。但無論帶來的是美麗或醜陋，這些宗教傳統都是讓某些人團結起來、讓他們覺得與旁人有所不同。外界看來，宗教傳統區分彼此的標準，常常只是些芝麻小事──佛洛伊德對於人類區分此類細節的痴迷，則譏為「對微小差異的自戀」。[121]

　　然而在歷史和政治上，微小的差異也可能產生很深遠的影響。例如假設你是男同志或女同志，那麼住的地方是以色列、是伊朗、還是沙烏地阿拉伯，就成了生死交關的問題。

　　在以色列，LGBT（女同性戀、男同性戀、雙性戀、跨性別）享有法律保護，甚至也有一些拉比願意為兩位女性證婚。在伊朗，同性戀者卻遭到系統性的迫害，甚至偶爾會遭到處決。在沙烏地阿

拉伯，女同性戀到 2018 年才獲准開車；但只是因為她是女性，倒和女同性戀沒什麼關係。

# 新國教：日本神道教、北韓主體思想

講到傳統宗教仍持續在現代世界發揮力量、保有重要性，或許日本會是最好的例子。1853 年，美國艦隊逼迫日本向現代世界敞開大門，而日本也開始了迅速且極其成功的現代化進程，短短幾十年就成為一個強大的官僚國家，靠著科學、資本主義和最新的軍事科技，擊敗中國和俄羅斯、占領臺灣和朝鮮，最後讓美國艦隊沉沒在珍珠港，還擊潰了歐洲在遠東的各個帝國。然而，日本並未盲目複製西方的藍圖，而是堅決維護其獨特的身分認同，希望讓現代日本人仍舊忠於日本，而不是忠於科學、忠於現代性或什麼意義模糊的全球社群。

為此，日本推崇本土的神道教，做為日本身分認同的基石。事實上，日本這個國家根本是重新改造了神道教。傳統的神道教是信奉各種神靈鬼怪的泛靈信仰，每個村莊寺廟都有自己偏好的神靈及地方習俗。到了十九世紀末、二十世紀初，日本政府創造出官方版的神道教，同時打壓了許多地方傳統。日本當時的菁英份子採用歐洲帝國主義的想法，使官方的「國家神道」融合了再現代不過的國族和種族觀念。另外，只要是有助於鞏固國家忠誠，不論是佛教、儒教或武士封建習俗的元素，也一律採納。最重要的一點，國家神道的最高原則就是要崇敬日本天皇，認為天皇是一位現人神（living god），是天照大神的直系後裔。[122]

乍看之下，對於一心想要快速現代化的國家來說，還這樣新舊混搭，似乎是個極不合宜的選擇。現人神？萬物都有靈性？封建精神？這聽起來實在不像是現代工業強國，反而像是新石器時代的部落酋長。

然而，這套制度完全發揮了神效。日本現代化的速度驚人，同時也發展出對國家的極度忠誠。能夠證明國家神道成功的最知名範例，就在於日本比全球其他國家更早開發出自己的精準武器，擊沉了數十艘盟軍艦艇；這比美國的精靈炸彈早了幾十年，納粹德國當時也才剛開始部署 V-2 火箭。這批精準武器的名字，稱為「神風特攻隊」。現在的精準武器是用電腦來引導，而神風特攻隊就是一般飛機裝滿炸藥，再由自願踏上單程任務的人類飛行員來引導。這種自願犧牲、視死如歸的精神，正是國家神道所培育出的產物。因此可以說，神風特攻隊其實是融合了當時最先進的科技、以及最先進的宗教洗腦。[123]

無論是有心或無意，今天許多國家都一樣學習著日本的例子，一面運用現代化共同的工具和架構，一面倚靠傳統宗教來維護自己獨特的國族認同。國家神道在日本的角色，多少就像是東正教在俄羅斯、天主教在波蘭、伊斯蘭什葉派在伊朗、伊斯蘭瓦哈比派（認主獨一派）在沙烏地阿拉伯，以及猶太教在以色列。無論某個宗教看起來多古老，只要發揮一點想像力並重新詮釋，幾乎都能搭配最新的科技裝備、結合最先進的現代制度。

有些國家則是創造出全新的宗教，以強調自己的獨特。其中最極端的例子，就在日本的前殖民地北韓。

北韓政權對國民灌輸一種稱為「主體思想」的國家宗教，其概

念混合了馬克思列寧主義、一些古代朝鮮傳統、一些關於朝鮮族獨特純潔性的種族主義信念，以及對金日成家族的神化。雖然沒人聲稱金日成家族是什麼大神的後裔，但金日成家族受到崇拜的程度，可能要超越史上所有神祇。而且，或許是注意到日本帝國最後仍然戰敗收場，北韓還曾長期堅持把核武也納入主體思想當中，將北韓的發展描繪成一種神聖的責任，值得做出無上的犧牲。[124]

# 宗教如同婢女，侍奉著國族主義

因此，無論科技如何發展，還是會受到宗教認同和儀禮儀式的影響，也同樣可能造成世界的動盪。雖然爭的是某個中世紀文本上的教條爭議，但動用的可能是最先進的核彈頭導彈和網路炸彈。只要人類仍然需要大規模合作、而大規模合作又仍然需要虛構的共同信仰，宗教、儀禮和儀式的重要性就不會消失。

遺憾的是，這一切都讓傳統宗教成為人類問題的一部分、而不是人類問題的解決方案。宗教依舊握有許多政治權力，可以鞏固國家身分認同，甚至也能點燃第三次世界大戰。但如果是希望解決、而非激起二十一世紀的全球性問題，傳統宗教能做的似乎就不多。雖然許多傳統宗教都宣稱信奉的是普世價值觀，放諸四海皆準，但無論在北韓、俄羅斯、伊朗或以色列，傳統宗教主要仍只是如婢女般侍奉著現代國族主義，於是宗教也就更難超越國界而解決核戰、生態崩潰和科技顛覆等等全球威脅。

因此，面對全球暖化或核武擴散等問題的時候，什葉派教士鼓勵伊朗人從狹隘的伊朗觀點出發，猶太拉比呼籲以色列人先關心以

色列有何好處，東正教神父也敦促俄羅斯人以俄國利益為重——畢竟，我們是神選定的國家，所以對我們國家有利的事，就是神所喜悅的。

當然，也有一些睿智的宗教人士拒絕過度膨脹的國族主義，他們懷有更普世共通的願景。但很遺憾，他們近來在政治上並沒有什麼權力。

於是，我們就這樣陷入左右為難。人類現在形成單一文明，而核戰、生態崩潰和科技顛覆等問題，也只能從全球的角度來解決；但同一時間，國族主義和宗教仍然將人類文明分裂成許多不同的陣營，而且常常是敵對陣營。這種全球問題與地方認同之間的衝突，現在正危及全球最大規模的多元文化實驗：歐盟。歐盟的基礎在於承諾要建立普世的自由主義價值觀，但現在卻因為融合及移民的困難，正處於崩潰邊緣。

# 第9堂課

# 移民

文化可能就是有高下之別

雖然全球化已經大大減少了世界上的文化差異,卻也同時讓人更容易碰到陌生人,且因為彼此的不同而產生摩擦。當然,古代盎格魯撒克遜人的英格蘭與印度帕拉王朝(750-1174)之間的差異,會遠大於現代英國和現代印度之間的差異;但在阿佛列大帝(849-899)的時候,可沒有英國航空公司提供德里和倫敦之間的直飛航班。

現在有愈來愈多人跨過國界,追求工作機會、安全保障、以及更美好的未來,但也就挑戰著政治體系和過去人口流動不明顯時所塑造的集體身分認同,並需要決定如何面對、或同化、甚至驅逐這些陌生人。目前最深切感受這個問題的地方,就在歐洲。歐盟成立的時候,承諾要超越法國、德國、西班牙和希臘文化間的差異,但現在卻可能正是因為無法調和歐洲人與非洲、中東移民間的文化差異,而趨於崩潰。諷刺的是,一開始也是由於歐洲成功建立了繁榮的多元文化體系,才會吸引這麼多移民前仆後繼。敘利亞人比較想移民到德國,而非沙烏地阿拉伯、伊朗、俄羅斯或日本,原因並不是德國比其他地方更近或更富裕,而是因為德國在歡迎和接納移民方面的紀錄,遠遠更佳。

隨著難民和移民潮愈來愈強,歐洲人內部也開始有不同反應,引發對歐洲身分認同及未來的激烈討論。有些歐洲人要求歐洲關閉大門——這些人是背叛了歐洲多元文化和寬容的理想,或者只是做出明智的選擇,希望避免衝突和災難?也有些人反而呼籲把門開得更大——這些人是忠於歐洲核心價值,或是不負責任的給歐盟加上了不可承受之重?

關於移民問題的討論,最後常常演變成只剩雙方無謂的叫囂,

而非真正聽取對方的意見。為了把事情說清楚，我們或許可以把移民比作一項協議，協議內容分為三條：

第一條：地主國允許移民進入。

第二條：做為回報，移民至少必須接受地主國的核心規範和價值觀，甚至需要放棄某些自己原本的傳統規範和價值觀。

第三條：如果移民同化到一定程度，就會慢慢成為地主國平等而正式的一員，而「他們」也就成為「我們」。

以上三條協議內容，就帶出三項不同的爭論；另外還有第四項爭論，是關於協議如何履行。但現在要談移民問題時，常常是把四項爭論混為一談，最後就是沒人知道重點在哪，因此最好把這些爭論一一分開。

## 爭論一：親移民與反移民之辯

移民協議的第一條只說了地主國允許移民進入，但這究竟該是一種責任、還是一種施捨？地主國是有義務向所有人敞開大門，或是有權選擇讓哪些人進入、甚至完全拒絕移民？

親移民主義者似乎認為各國皆有道德上的責任，不僅應該接收難民，還應該接收那些因為國家貧困而希望追求工作和更美好未來的人。特別在這樣一個全球化的世界裡，人人都對全人類有道義責

任,如果推卸這些責任,就是只想著自己、甚至就是種族主義。此外,許多親移民主義者強調:想徹底阻止移民是不可能的事,不管蓋起多少城牆和圍籬,絕望的人都能找到突破口。所以,與其把這一切逼到暗處,成為充斥著人口販運、非法勞工和無證兒童的龐大地下社會,還不如將移民機制合法化,公開處理。

但是反移民主義者會說:只要動用足夠武力,就能徹底阻擋移民;或許真的在鄰國遭受殘酷迫害的難民能夠例外放行,但除此之外,並無義務要敞開國門。像是土耳其或許就有道德義務,讓隔壁已經被逼到絕路的敘利亞難民跨越邊界。但如果這些難民接著想去瑞典,瑞典並沒有義務接收。至於如果是想追求工作機會或福利的移民,則應由地主國來決定是否要接收、又要以什麼條件來接收。

反移民主義者強調:每個人類群體最基本的一項權利,就是抵禦入侵,不論入侵的是軍隊或移民。瑞典人是靠著過往的辛勤工作及無數犧牲,才建立起了繁榮的自由民主政體;如果敘利亞人自己沒有選擇這麼做,問題可不能算到瑞典人頭上。如果瑞典選民不希望接收更多敘利亞移民,無論原因為何,都有拒絕的權利。而且就算他們願意接收某些移民,大家也要知道這是一種施恩,而非履行什麼義務。換言之,獲准進入瑞典的移民不論得到怎樣的對待,都該心存感激,而不是彷彿成了主人、還想做出各式要求。

此外,反移民主義者還會說:任何國家都能自己決定想要怎樣的移民政策,除了可以要求身家清白、學有專精,甚至也能要求宗教正確之類。如果說以色列這樣的國家只想接收猶太人、波蘭這樣的國家也只願意接收信基督的中東難民,雖然令人反感,但這完全是以色列選民或波蘭選民的權利。

　　麻煩的是，人類很多時候就是希望魚與熊掌兼得。許多國家會對非法移民睜一眼閉一眼，甚至願意引進短期外勞，就是為了運用外國人的活力、才幹和廉價的勞力。但接下來，這些國家卻拒絕讓這些人的地位合法化，嘴上說著自己不希望接收移民。長遠看來，這可能會形成階級社會，上層階級的一群正式公民，剝削著無權無勢的下層階級外國人；今日在卡達和其他幾個波灣國家正是如此。

　　只要這項「親移民與反移民之辯」未有定論，移民問題所衍生的後續爭論也都難有定論。由於親移民主義者認為，人類有權根據自己的意願遷徙到另一個國家、而地主國有接收的義務，所以一旦這樣的遷徙權遭到侵犯、地主國不負起接收的義務，親移民主義者就燃起熊熊的道德怒火。而聽到這種說法，則會讓反移民主義者瞠目結舌。他們認為移民是特權、接收是恩惠。不過就是拒絕外人進入自己的國家，難道這樣就成了種族主義或法西斯主義？

　　當然，就算允許移民是恩惠而非義務，等到新移民在地主國逐漸落地生根，地主國就得對這些新移民及其後代擔負各種責任。所以，現今美國的反猶太主義說「我們在 1910 年幫了你的曾祖母一個大忙，讓她進了這個國家，所以我們現在想怎樣對待你都行」，這是絕對說不通的。

## 爭論二：入境隨俗與頑固守舊之辯

　　移民協議的第二條提到，移民獲准入境後，有接受當地文化的義務。但接受程度要有多高？移民從父權社會來到自由社會，就得成為女權主義者嗎？如果原本的社會篤信宗教，現在就得接受世俗

的世界觀嗎？傳統的服裝規範和飲食禁忌都得全部拋棄？

反移民主義者常常會把這些標準訂上天際，但親移民主義者則會把標準降低。

親移民主義者會說：歐洲本身就非常多元，各個原生族群都有原本就非常多樣的意見、習慣和價值觀，也正因如此，才讓歐洲生機勃勃，格外強大。所以，為什麼要逼迫移民遵守某些只存在於想像、其實很少歐洲人真正照辦的身分認同？在英國公民都幾乎不上教堂的時候，真的要逼移民到英國的穆斯林變成基督徒嗎？如果這些移民來自印度的旁遮普邦，他們真的得放棄咖哩和印度香料，支持炸魚薯條和約克郡鹹布丁嗎？如果要說歐洲有任何真正的核心價值，應該就是一種寬容與自由的開放價值觀，但這也就意味著歐洲應該對移民表現寬容，並且允許移民在不損害他人自由及權利的前提下，自由自在的維持自己的傳統。

反移民主義者也同意，寬容和自由是歐洲最重要的價值觀；所以他們開始指責許多移民群體（特別是來自穆斯林國家的移民）不寬容、厭女、恐同、反猶太。他們認為，正因為歐洲重視寬容的態度，所以不能讓太多不寬容的人移民進來：意見偏執的群體如果人數不多，寬容的社會還能夠接納，然而此類極端主義者的數量一旦超過一定門檻，社會就會產生質變——歐洲接收了太多來自中東的移民，最終就會成為中東的模樣。

有的反移民主義者還想得更遠，認為國家社群絕不只是一群能夠彼此包容的人，所以光是要求移民遵守歐洲的寬容標準還不夠，還必須變成英國、德國或瑞典文化的各種獨特樣貌，無論這些樣貌為何。畢竟，地方文化允許移民進入時，就已經冒著巨大的風險、

承擔巨大的代價，我們絕不該要求地方文化自我摧毀。既然地方文化提供了完全平等的對待，就有權要求完全的同化。如果移民無法接受英國、德國或瑞典文化裡的某些怪癖，請他們改去別的地方。

這個爭論裡的兩項議題，在於對「新移民是一群不寬容的人」有不同意見，以及對於「歐洲身分認同」也有不同想法。如果新移民確實都抱持著令人難以忍受的不寬容態度，遲早就算目前支持移民的自由主義歐洲人，也會開始反彈。相反的，如果多數移民面對宗教、性別和政治事務時，態度上也展現出自由和寬容，就會讓這個目前反對移民最有力的論點失去力量。

然而，歐洲身分認同的議題仍然有待解決。寬容是一種普世價值。但到底，要移民到法國的人得接受哪些獨特的法國規範和價值觀，要移民到丹麥的人，又得認同哪些獨特的丹麥規範和價值觀？只要歐洲對這個問題還有不同想法，就很難得出明確的移民政策。相反的，只要歐洲對這些問題有了明確的想法，歐盟人口總數高達五億，要接收（或拒絕）幾百萬難民應該並非難事。

## 爭論三：歸化時間長短之辯

在移民協議的第三條裡提到，如果移民確實努力融入同化（特別是接受了寬容的價值觀），地主國就有義務視之為一等公民。然而究竟得花上多少時間，移民才能成為這個社會的正式成員？來自阿爾及利亞的第一代移民，到了法國超過二十年，卻仍然未被接納為完全的法國人，他們該感到委屈嗎？至於那些祖父母於 1970 年代來到法國的第三代移民，他們又該怎麼想？

　　親移民主義者通常認為應該迅速接納這些移民，而反移民主義者則希望要有更長的試用期。對於親移民主義者來說，如果第三代移民仍未被視為平等的公民，這是地主國沒有履行應盡義務；如果這造成了緊張局勢、敵意、甚至暴力事件，那是地主國咎由自取。而在反移民主義者眼中，這種過高的期望正是問題的一大根源。移民就該耐心等待別人的接納。如果你的祖父母遷徙過來才短短四十年，你現在就覺得還沒被當成當地人、竟然上街吵吵鬧鬧，那顯然是你的問題。

　　這個爭論的根本議題，在於個人和整體對於時間長短的感受不同。從人類集體的角度來看，四十年並不長。想要期望社會在幾十年內，就完全接納吸收外國來的群體，無異緣木求魚。歷史上確實有文明將外國人同化、視之為平等公民的例子，例如羅馬帝國、穆斯林哈里發、中國和美國，但這些轉型都花了幾個世紀，而不是短短幾十年。

　　但從個人的角度來看，四十年已如同永恆。如果是個青少年，在祖父母移民法國二十年後出生，那麼當初從阿爾及爾（阿爾及利亞首都）到馬賽的這段旅程，對他來說，就像是上古的歷史一樣久遠，畢竟他出生在法國，所有朋友也都出生在法國，他說的是法語而非阿拉伯語，這輩子也從沒去過阿爾及利亞。對他來說，法國是他唯一的家。但現在卻有人說法國不是他的家，叫他滾回他從未居住過的地方，這豈不是莫名其妙？

　　這就好像你拿了一顆澳洲尤加利樹的種子，種在法國。從生態學的角度來看，尤加利樹是一種入侵物種，需要經過許多世代，植物學家才會將它們重新歸類為歐洲本土植物。但是對於每棵樹自己

來說，當然覺得自己就是一棵法國樹。如果不用法國的水去灌溉，它就會枯萎；如果想把它剷起來，也會發現這棵樹已經深深扎根於法國的土壤，和當地的櫟樹和松樹殊無二致。

## 爭論四：義務履行程度之辯

除了以上三種關於移民協議的主要爭論之外，最根本的問題就是這種協議到底管不管用。雙方真的會履行義務嗎？

反移民主義者常常會說：移民並未遵守第二條，並非真心誠意想融入地主國，而且許多移民還是死守著不寬容、固執己見的世界觀，所以地主國自然不用遵守第三條（將移民視為一等公民），也大有理由重新考慮第一條（允許移民進入）。如果來自某特定文化的移民一直顯然不遵守移民協議，為什麼還要繼續讓更多人移民過來、製造更大的問題呢？

親移民主義者則會說：真正不履行義務的是地主國，絕大多數移民都是真心誠意想要融入及歸化，是地主國讓一切窒礙難行；而且就算移民已經成功同化，甚至到了第二代或第三代，還是會被視為二等公民。這樣一來，當然可能因為雙方都不履行承諾，形成惡性循環，而使得對另一方的懷疑和不滿日益加劇。

想解決第四項爭論，就必須先將前面三條協議內容清楚定義。如果我們不知道究竟接收移民是責任或恩惠、移民的融入同化究竟要到怎樣的程度、地主國應該多快將移民視為平等的公民，就不可能判斷雙方究竟是否已經履行了義務。

另外還有一個問題，是關於這些帳該怎麼算。評估這種移民協

議的時候，雙方總是盯著另一方違約的行為，而很少注意履約的部分。如果有一百萬個移民都是守法的公民，但有一百個加入了恐怖組織、攻擊了地主國，就所有移民而言，這到底是遵守了條款、還是違反了條款？或者，如果某位第三代移民曾走過某條街上千次，雖然不曾被騷擾調戲，但偶爾會有幾個種族主義者對她辱罵，這到底算是當地民眾接納了移民、還是拒絕了移民？

然而，在所有這些爭論的背後，還潛藏著更深層的問題，涉及我們對人類文化的理解。我們要討論移民問題的時候，究竟是假設所有文化本質上都平等，還是要承認某些文化可能比其他文化更優越？德國人要討論接收一百萬敘利亞難民的時候，如果認為德國文化在某些面向優於敘利亞文化，是否有道理？

## 從種族主義轉到文化主義

一個世紀以前，歐洲人一心認為某些種族（特別是白人種族）本質上就是比其他種族優越。1945 年以後，此類觀點愈來愈遭人唾棄，種族主義不僅被認為在道德上大有問題，在科學上也是信用破產。生命科學家（特別是遺傳學家）提出了極有力的科學證據，證明歐洲人、非洲人、中國人和美國原住民之間的生物學差異，小到可以忽略不計。

然而與此同時，人類學家、社會學家、歷史學家、行為經濟學家、甚至腦科學家，已經蒐集到豐富的資料，顯示人類的各種文化之間存在顯著差異。確實，如果所有的人類文化基本上都相同，哪還需要什麼人類學家和歷史學家呢？何必投入資源研究那些微不足

道的差異？派人到南太平洋和喀拉哈里沙漠做田野調查，實在太昂貴了，省下這些錢，研究住在牛津或波士頓的人，不就行了嗎？如果文化差異小到可以忽略，我們研究哈佛大學生的結果，套用到喀拉哈里沙漠狩獵採集者，應該也說得通。

只要思考一下，大多數人都會承認，人類文化之間就是有至少某些重大差異，從性偏好到政治習慣等等。那麼，我們該怎樣處理這些差異呢？文化相對主義者認為：差異並不代表有高下之別，我們也絕不應該對某種文化有偏愛。人類思考和行為的方式可能各有不同，但我們應該要欣賞這種多元性，並認為所有信仰和行為一律平等。

但不幸的是，這種寬容的態度在現實上行不通。如果講的是美食、是詩歌，人類確實很能接受多元，但如果講的是燒死女巫、殺嬰、又或是奴隸制度，大概很少人會說這些也是人類文化迷人的多樣性，應該受到保護，不該受到全球資本主義和可口可樂殖民主義的侵擾。

或者，讓我們想想不同文化如何看待陌生人、移民和難民。各個文化接納異己的程度各有不同，二十一世紀初的德國文化，就比沙烏地阿拉伯文化更能歡迎移民、更能寬容對待陌生人。穆斯林想移民到德國，會比基督徒移民到沙烏地阿拉伯更容易。事實上，就算是來自敘利亞的穆斯林難民，移民到德國也可能比移民到沙烏地阿拉伯更容易；自 2011 年以來，德國接收的敘利亞難民人數，要遠多於沙烏地阿拉伯接收的人數。[125] 同樣的，也有許多證據顯示，二十一世紀初的加州文化也比日本文化更歡迎移民。這樣一來，如果你覺得「歡迎移民、寬容對待陌生人」是件好事，是否也就代表你

認為至少在這方面，德國文化優於沙烏地文化、加州文化優於日本文化？

此外，就算理論上兩套文化規範不分高下，在實際的移民情境裡，仍然有理由認為地主國文化更優越。在某個國家適用的規範和價值觀，換個地方就可能窒礙難行。

## 冷國文化與熱國文化

讓我們仔細討論一個具體例子。為了不受固有偏見的影響，且讓我們假設兩個虛構的國家：冷國和熱國。這兩個國家在文化上有許多不同之處，其中包括對人際關係的態度，以及處理人際衝突的方法。

冷國的人從小就受教導，如果在學校、公司、甚至家裡，和別人發生衝突，最好就是忍住，千萬別大吼大叫、展現憤怒、或與對方針鋒相對，爆發怒火只會讓事情變得更糟。最好就是壓住自己的情緒，讓事情冷卻下來，並盡量和那個人離遠一點；如果不得不聯絡，就保持禮貌、長話短說，並避免敏感話題。

相較之下，熱國的人從小就受教導要把所有衝突都表現出來。遇到衝突的時候，千萬別憋著，千萬別壓抑。要把握機會，第一時間就把情緒表達出來——你可以生氣、可以大吼大叫，要讓對方明確知道你的感受。只有像這樣誠實又直接，才能讓雙方一起把問題給解決。寧可今天吼一吼，也不要讓問題拖個好幾年；儘管正面衝突絕不會愉快，但事後會覺得好多了。

這兩種方法各有利弊，也很難說哪個一定比較好。然而，如果

熱國人移民到冷國，在冷國的公司就職，會發生什麼事？

　　每次與同事有衝突，這個熱國人就會拍桌怒吼，認為這能讓大家把注意力集中在問題上，迅速解決問題。幾年後，出現了一個主管缺，雖然這個熱國人符合一切資格，但是老闆卻把職缺留給冷國人。被問到原因的時候，老闆的回答是：「沒錯，那個熱國人能力很強，但他人際關係不佳，脾氣暴躁，給身邊的人帶來不必要的緊張情緒，也影響了我們的公司文化。」其他移民到冷國的熱國人也面對著相同的命運，一直多半只能待在基層，甚至根本找不到工作。一切只因為冷國經理都會認為，只要是熱國人，大概都是脾氣暴躁的問題員工。也因為熱國人永遠無法升上高層，也就很難改變冷國的公司文化。

　　至於移民到熱國的冷國人，也會碰到同樣的問題。開始在熱國就職之後，很快就被說是態度冷冰冰、自以為了不起，幾乎交不到任何朋友。熱國人覺得他不真誠，不然就是缺少基本的人際關係技巧。他永遠無法升上高層，也就很難改變熱國的公司文化。在熱國的經理看來，冷國人多半都不友善、太害羞，如果是需要和客戶聯絡、或是和其他員工密切合作的職務，最好還是別找冷國人。

　　這兩個例子看起來都有種族主義的嫌疑，但其實都不是種族主義，而是「文化主義」。人類現在還是英勇對抗著傳統的種族主義，卻沒發現戰場已經轉移。傳統的種族主義正在消逝，世界現在卻滿是「文化主義者」。

　　傳統的種族主義一直堅定的以生物學理論，做為推論基礎。在1890 年代或 1930 年代，英國、澳洲和美國等國家普遍認為，是因為某些可遺傳的生物特質，才讓非洲人及中國人天生就不如歐洲人

來得聰明、進取、有道德。問題出在他們的血液裡，這沒得解決。這種觀點當時在政治上受到歡迎，科學上也得到廣泛支持。但是到了今天，雖然許多人仍然會提出這樣的種族主義主張，但已經完全無法得到科學支持，政治上也多半不再歡迎；然而，只要用文化詞彙來重新包裝，情況就不一樣了。現在再說黑人是因為基因不好、所以容易犯罪，這種說法實在太過氣；但說黑人是因為來自「反功能」（dysfunctional，或稱破壞性）的次文化，所以容易犯罪，這種說法可就跟上時代流行了。

例如在美國，某些政黨和領導人公開支持歧視政策，也常常發表言論，貶低非裔美國人、拉丁裔和穆斯林。但他們現在很少會把理由歸咎於 DNA，而會說這個問題是與文化有關。所以，川普總統把海地、薩爾瓦多和非洲某些地區稱為「屎洞國家」的時候，顯然要大家想的是這些地方的文化有劣根性，而不是這些地方的人民的基因組成有問題。[126] 還有一次，川普總統講到墨西哥人移民到美國，就說：「墨西哥讓人過來的時候，來的不是最好的，而是那些問題一堆的人，也把問題都帶過來了。這些人帶來了毒品、帶來了犯罪。這些人是強姦犯，大概也有一些是好人啦。」這種說法非常無禮，但他的立論是基於社會學，而不再是生物學。川普並沒有說墨西哥人的血液會阻礙一切的美好，只是說那些好墨西哥人通常不會跨過美墨的邊界。[127]

在這裡，辯論的重點其實仍落在人的身體，不論是拉丁裔的身體、非洲裔的身體、又或是華裔的身體。膚色就是會有影響。走在紐約街頭，如果你的皮膚裡有大量黑色素，無論走到哪裡都會得到警察格外的懷疑。然而，不管是川普總統和歐巴馬總統之類的人，

都會從文化和歷史的觀點，來解釋膚色的影響。警察一看到你的膚色，就警覺心大作，並非出於什麼生物學的理由，而是出於歷史上的印象。歐巴馬陣營大概會說這是警察有偏見，原因很不幸，就是因為美國歷史上曾出現蓄奴這樣的罪行；川普陣營則大概會說這是受到黑人犯罪率的影響，而原因也很不幸，是因為歷史上白人自由主義者與黑人社群犯下的錯。

不論如何，就算你對美國歷史一無所知，不過就是個從印度德里去美國的遊客，還是得面對這段歷史的影響。

# 文化差異確實存在

從生物學轉向文化，絕不只是改改術語，意義上沒什麼差別，而是一項重大的轉變，會帶來深遠的實際影響，而且好壞參半。

首先，比起生物學，文化有更大的延展性。因此，一方面，現代的文化主義者可能會比傳統的種族主義者更有包容心：只要那些「他者」願意接受我們的文化，我們也就願意視人如己。但是另一方面，「他者」需要融入及同化的壓力也就大得多，而且一旦未能做到，受到的批評也就更為嚴厲。

幾乎沒有人會怪黑人不去把白膚漂白，但就是有人會指責非洲人或穆斯林不改用西方文化的規範和價值觀。這裡不是說這些指責有道理。很多時候，本來沒有理由需要改採主流文化，而且也還有很多時候，這更是一項幾乎不可能的任務。來自貧民窟的非裔美國人，就算一心想要融入霸權的美國文化，卻可能遭到體制性歧視的阻擋；而且後來還要被指控自己不夠努力，只能怪自己。

　　從生物學出發與從文化出發，還有第二項關鍵區別：傳統的種族主義就是一種偏見，但文化主義者的主張偶爾是真有道理，就像前面舉的熱國與冷國案例。熱國人和冷國人確確實實擁有不同的文化，特別是應對人際關係的方式不同。但許多企業都很看重人際關係，於是如果某個來自冷國的員工，依照自己的文化傳承行事，卻因此遭到所屬熱國企業的懲罰，這家企業的做法有沒有倫理問題？

　　人類學家、社會學家和歷史學家都對這項議題非常不安。一方面，這聽起來和種族主義相似到令人心驚；另一方面，文化主義的科學基礎比種族主義更為穩固，就連人文與社會科學的學者，都無法否認文化差異的存在和重要性。

## 文化主義的三種誤判

　　當然，就算我們願意接受文化主義的某些論點，並不代表必須全盤接受文化主義的所有論點。文化主義的許多主張，都有三個常見的理論漏洞：

　　第一，文化主義者常把地方優勢與客觀優勢混為一談。例如在熱國的地方情境下，熱國解決衝突的方法通常很可能優於冷國的方式；這種時候如果是在熱國境內的熱國企業，對內向的員工有差別待遇，也是情有可原（但這對冷國移民來說就極為不利）。然而，這不代表熱國的方式在客觀上更為優越。或許熱國也能從冷國學到一些東西，而且如果情境有所轉變（例如某家熱國企業走向全球化，在許多不同的國家開設分公司），多元性就可能突然成為公司的重要優勢。

　　第二，針對明確的時間、地點及衡量標準，文化主義的種種主張可能就實際經驗而言很合理，但如果把主張放得太過籠統，就沒道理了。例如，說「比起熱國文化，冷國文化比較無法容忍公開爆怒」是一項合理的主張，但要說「穆斯林文化非常不寬容」就遠遠不那麼合理了。後面這種主張實在太不清楚，什麼叫做「不寬容」呢？是對人、或是對事？某種文化可能在宗教或政治觀點上，對少數族群非常不寬容，但對肥胖者或老年人非常寬容。而且，「穆斯林文化」又是什麼意思？我們講的是七世紀的阿拉伯半島嗎？還是十六世紀初的奧圖曼帝國？或是二十一世紀初的巴基斯坦？而且，衡量標準又在哪裡？如果我們想看的是對宗教上的少數族群是否寬容，於是把十六世紀的奧圖曼帝國，拿來和十六世紀的西歐比較，結論會是穆斯林文化實在太寬容了。但如果是拿塔利班控制的阿富汗，與現代的丹麥比較，結論就會截然不同。

　　第三，文化主義的許多主張，有一個最大的問題是：雖然這些主張都屬於統計性質，但是太常被拿來對個人做出預先判斷。如果某個熱國本國人和某個冷國移民，同時申請熱國企業的同一職位，經理可能更想雇用熱國人，因為覺得「冷國人態度冷冰冰的，很孤僻。」就算在統計上確實如此，但或許剛好這個冷國人就比這個熱國人更熱情、更外向？

　　文化很重要，但人類還是會受到個人基因和個人獨特經歷的影響，常常就和統計得出的刻板印象大不相同。對於公司來說，認為熱情的員工比冷酷的員工好，也很合理；但如果直接說，請個熱國的員工會比請個冷國的員工好，就沒什麼道理了。

　　然而，這一切都只是在修正某些特定的文化主義主張，而不是

全盤推翻文化主義。不同於種族主義只是不科學的偏見，文化主義的論點有時可能相當合理。如果我們查看數據，發現熱國企業的高層職位幾乎沒有任何冷國人，原因可能並非出於種族歧視，而是因為熱國人在熱國企業的環境裡如魚得水，更善於做出正確的決策，因而步步高升。

這時候，冷國移民該覺得憤憤不平，指控熱國違反了移民協議嗎？我們應該透過「平權行動」法案，強制熱國企業雇用更多的冷國高層經理人，希望藉此讓熱國脾氣暴躁的商業文化冷靜一點嗎？還是過錯其實在於冷國移民無法融入當地文化，所以我們應該推出更強力的措施，為冷國移民兒童灌輸熱國的規範和價值觀？

## 移民爭議，並非善惡兩端的對決

讓我們從虛構回到現實，可以看到現在歐洲關於移民的辯論，完全不是可清楚分成善惡兩端的對決。我們不該只因為支持移民，就把所有反對者斥為不道德的種族主義者；也不該只因為反對移民，就把所有支持者斥為不理性的叛國賊。關於移民的辯論，雙方其實都有道理，而最後的選擇能夠、也應該要透過正常的民主程序來決定。這也正是民主的意義。

無論民主機制最後得到哪種結論，我們都應該牢記兩項關鍵。第一，如果當地民眾並不樂意，任何政府都不該逼迫他們接受大量移民。接納移民是個長期且艱難的過程，想讓移民成功融入，就必須得到當地居民的支持與合作。但此規則有個例外：如果鄰國的難民已在生死關頭，即使當地民眾並不樂意，仍應開放邊境。

第 9 堂課　移民

　　第二，雖然國民有權反對移民，但必須意識到自己對非本國人仍負有義務。現在已是全球化的世界，無論喜歡與否，每個人的生活都與遠在地球另一端的民眾互相交織。是他們種植我們的食物、編織我們的布料；我們因為油價而發動戰爭，那些人可能會喪命；我們的環保法律太過寬鬆，那些人可能就會受害。我們不能光是因為那些人住在遙遠的彼方，就忽視我們對他們的道德責任。

　　歐洲究竟能否找出中道，既能繼續向陌生人敞開大門，又不會被價值觀不同的人影響到社會穩定？目前還很難說。如果歐洲能夠找到這樣一條路，同樣的公式就能複製到全球使用。然而如果歐洲失敗了，也就代表「光是靠著相信自由和寬容的自由主義價值觀，還不足以解決世界上的文化衝突」，這也代表「在面臨核戰陰影、生態崩潰和科技顛覆時，無法讓人類團結起來」。如果連希臘和德國都無法就未來命運達成共識，五億個富裕的歐洲人都無法接納幾百萬個貧困難民，人類哪有機會克服全球文明所面臨的更深層次的衝突呢？

　　有一件事，或許有助於歐洲和整個世界進一步整合，並保持邊界和心胸的開放：降低對恐怖主義的歇斯底里。歐洲對自由和寬容的這場實驗，如果只因為對恐怖份子的過度恐懼，就終至失敗，將會非常令人遺憾。這不但是讓恐怖份子得償夙願，更會讓極少數的狂熱份子擁有對人類未來過大的發言權。

　　會使用恐怖主義的人，其實是在人類社會中處於邊緣、力量弱小的一群。究竟恐怖主義是怎麼演變成全球政治的主宰？

# 第三部

# 絕望和希望

雖然各式挑戰前所未有、各方歧異激烈緊張，
但只要我們控制恐懼的程度，
虛心面對自己的想法，
必能成功應對。

第10堂課

# 恐怖主義

別讓驚悚短片給嚇倒了

恐怖份子是控制人心的大師。

恐怖份子真正奪走的性命，其實非常少，卻讓幾十億人深感驚恐，也讓歐盟或美國的龐大政體為之動搖。自 2001 年 9 月 11 日以來，每年喪命於恐怖份子手中的人數，在歐盟約五十人、美國約十人、中國約七人，而在全球則約達二萬五千萬人（主要在伊拉克、阿富汗、巴基斯坦、奈及利亞和敘利亞）。[128] 相較之下，每年喪命於車禍的人數，在歐洲約八萬人、美國四萬人、中國二十七萬人，全球達一百二十五萬人。[129] 糖尿病和血糖過高每年奪走約達三百五十萬人的性命，空汙則奪走約七百萬人的性命。[130]

所以到底為什麼，我們比較怕恐怖主義而不怕糖？為什麼政府會因為零星的恐怖攻擊就輸掉選舉，但長期的空氣汙染卻沒這種效應？

## 蒼蠅激怒公牛，讓公牛摧毀瓷器店

正如「恐怖主義」一詞的字面涵義所示，恐怖主義是一種軍事策略，意圖在改變政治局勢，但方式是傳播恐懼，而不是造成實質損害。會採用這種策略的，幾乎都是力量弱小、無法對敵人造成重大傷害的人。當然，所有軍事行動都會傳播恐懼，但是在傳統戰爭中，恐懼只是實質損害的副產品，通常也與造成損害的力量大小成正比。而在恐怖主義中，恐懼就是主角，恐怖份子的真正實力與所激發出的恐懼，完全不成比例。

想靠著暴力來改變政治局勢，並不總是容易。1916 年 7 月 1 日索姆河戰役開打才一天，已有一萬九千名英國士兵戰死、四萬人受

傷。等到 11 月戰役結束，雙方傷亡人數超過百萬，其中死亡達三十萬人。[131] 縱然屍橫遍野，歐洲的政治權力平衡卻幾乎毫無改變，要再過兩年、又是幾百萬傷亡之後，一切才終於畫下句點。

與索姆河戰役相比，恐怖主義簡直不足掛齒。2015 年 11 月巴黎恐攻，造成一百三十人死亡；2016 年 3 月布魯塞爾爆炸事件，三十二人死亡；2017 年 5 月曼徹斯特體育館爆炸事件，二十二人死亡。2002 年，巴勒斯坦對以色列的恐怖運動到達高峰，公車和餐廳幾乎天天遭到炸彈攻擊，當年造成以色列四百五十一人死亡。[132] 但在同年，五百四十二名以色列人死於車禍。[133] 只有少數恐怖攻擊造成的死亡人數上看百人，例如 1988 年泛美航空公司 103 號班機在蘇格蘭洛克比鎮上空爆炸，數百人死亡。[134]

911 恐怖攻擊則創下新紀錄，造成近三千人喪命。[135] 然而，這和傳統戰爭一比，仍然是小巫見大巫。就算把 1945 年以後，所有歐洲恐怖攻擊事件（包括所有國族主義者、宗教份子、左派和右派團體發動的恐攻）的傷亡人數加總，這個數字仍然遠遠不及任何第一次世界大戰之中、甚至也不那麼出名的戰役，例如第三次埃納河戰役（傷亡二十五萬人）或第十次伊松佐河戰役（傷亡二十二萬五千人）。[136]

那麼，恐怖份子哪能指望自己有什麼影響力？發動恐怖攻擊之後，對手的士兵、坦克和船艦數量絲毫不減，通訊網路、公路和鐵路完好無缺，工廠、港口和軍事基地也是不動如山。然而恐怖份子所指望的，正在於雖然幾乎無法減損對手的任何實質力量，但造成的恐懼和混亂，會讓對手全力出擊、過度反應。在恐怖份子的算計之中，激怒對手、讓對手動用其強大力量來反擊，所造成的軍事和

政治風暴，絕對會比恐怖份子自己所能造成的更為強大。每次形成風暴之後，許多後果都是始料未及：反擊行動中犯下的各種錯誤與暴行，造成輿論動搖，中立人士改變立場，權力平衡也出現轉移。

所以，恐怖份子其實就像一隻蒼蠅，希望摧毀一家瓷器店。蒼蠅力氣這麼小，連隻茶杯都動不了，該怎樣才能做到？最好就是找頭公牛，飛進牠的耳朵，開始嗡嗡作響，讓這頭公牛因恐懼和憤怒而發狂，在瓷器店裡橫衝直撞。這正是 911 事件後的情景，伊斯蘭基本教義派刺激了美國這頭公牛，摧毀了中東這家瓷器店。現在，伊斯蘭基本教義派在一片廢墟殘骸中，欣欣向榮。而世界上像這樣容易發怒的公牛，實在也不少。

## 既是驚悚片製作人、也是賭徒

恐怖主義是軍事策略的下下策，因為這其實是把決定權交到敵方手上。無論在恐怖攻擊前後，對手能動用的選項不會受到任何影響，完全能夠隨意挑選。一般來說，作戰時要不惜一切代價，避免這種情況。一旦發動攻擊，就不只是要激怒敵人、讓敵人反擊，而是要讓敵人承受重大的實質傷害、並降低敵人反擊的能力，特別是要消滅那些最危險的武器和選項。

舉例來說，日本在 1941 年 12 月突襲珍珠港，擊沉美軍太平洋艦隊，這不是恐怖主義，這是戰爭。日本並無法確定美國會如何報復，但有一件事是確定的：總之，美國在 1942 年絕對無法派出艦隊前往香港或菲律賓。

光是挑釁對手、卻不去消滅對手的任何武器或選項，其實就是

一種絕望的表現，可見自己實在已經沒有別的選項。如果還有任何其他選項，能夠造成嚴重的實質損害，任何人都不會選擇恐怖主義這種方法。如果說在 1941 年 12 月，日本居然只想挑釁美國一下，於是擊沉一艘平民客船，卻讓太平洋艦隊安安穩穩留在珍珠港，哪有這種可能？

而恐怖份子就是已經別無選擇。他們力量實在太小，不足以發動戰爭，只好演場戲，希望能夠刺激對手、讓對手過度反應。恐怖份子搬演駭人的暴力場景，抓住我們的想像力，讓這份想像力來對付我們自己。只要殺害極少數人，恐怖份子就能讓數百萬人擔心自己的生命安危。為了平息這些恐懼，各國政府對這場恐怖大戲也只好安排一場華麗的國力展示來回應，例如開始迫害整個族群、又或入侵其他國家。在大多時候，對恐怖主義的過度反應，其實比恐怖份子本身，還造成更大的危害。

因此，恐怖份子的思考方式並不像是軍隊裡的將領，反而是像戲劇節目的製作人。從 911 恐怖攻擊的公共記憶就可以證明，每個人下意識裡都懂這件事。如果你問大家，911 事件究竟發生了什麼事？很多人的答案會是基地組織（al-Qaeda）劫機撞毀了世界貿易中心的雙子星大樓。然而，911 事件攻擊的除了雙子星大樓之外，其實還有另外兩大目標，特別是成功攻擊了美國國防部五角大廈。為何沒什麼人記得這件事？

如果 911 行動屬於傳統軍事行動，最受關注的應該是五角大廈攻擊事件，不但摧毀了敵軍中央總部的一部分，也造成高層指揮官和分析人員的傷亡。但為什麼公共記憶印象更鮮明的是：他們摧毀了兩棟民用建築，造成了股票經紀人、會計師和櫃員的傷亡？

原因就在於，五角大廈是一座相對平坦而不起眼的建築，然而世貿中心是一座高大的陽具圖騰，倒塌下來會營造出逼人的視聽效果，絕對永生難忘、揮之不去。由於我們下意識知道恐怖主義就是一場戲，因此重點不在於它如何影響實際，而是如何影響情緒。

而正如恐怖份子，如果想要打擊恐怖主義，就該學學戲劇製作人的思路、而非軍隊將領。最重要的是，想要有效打擊恐怖主義，就必須先認清事實：恐怖份子所做的任何事，都不可能打敗我們；唯一可能打敗我們的，就是我們自己因為恐怖主義的挑釁，而過度反應。

恐怖份子其實是在進行不可能的任務：手上沒有軍隊，卻想用暴力來改變政治權力的平衡。為達目的，恐怖份子就向國家提出一項不可能的挑戰：要國家證明自己可以隨時隨地保護所有公民，免受政治暴力。恐怖份子希望在國家試著解決這項不可能的挑戰時，能讓政治重新洗牌，並讓恐怖份子拿到一些預料之外的王牌。

事實上，各國面對這種挑戰，常常都能成功擊敗恐怖份子。例如過去幾十年來，各國殲滅的恐怖組織不下數百。以色列也在 2002 年至 2004 年證明，就算是最激烈的恐怖行動，靠著蠻力也能鎮壓下去。[137]

恐怖份子都很清楚，這樣的對抗根本對自己不利。但正因為他們力量微弱、別無其他軍事選項，早就沒什麼可失去的，但可能獲得的收益卻又很大。三不五時，反恐運動造成的政治風暴，其實反而有利於恐怖份子，所以恐怖份子願意賭一把——他們就像一手爛牌的賭徒，希望對手重新洗牌。反正他們根本沒什麼好輸的，而且還有大贏一場的可能。

# 大空瓶裡扔進一枚小硬幣

　　但為什麼國家要同意重新洗牌？既然恐怖主義根本無法造成什麼實質損害，理論上國家大可理都別理，或是避開鏡頭與麥克風，祕密發動有力反擊。事實上，很多國家確實都是如此。但不時也有國家就是耐不住性子，反應的力度過猛，引發太多注意，正中恐怖份子下懷。為什麼國家要對恐怖主義的挑釁如此敏感？

　　國家之所以難以忍受這些挑釁，是因為現代國家的合法性正來自於保證公共領域不受政治暴力影響。只要某政權的合法性並非來自於承諾阻止各種災難，就算確實遇上可怕的災難，政權也能夠承受，甚至可以完全無視。但相對的，如果政權的合法性遭到破壞，就算只是一個小問題，也可能讓政權徹底崩潰。十四世紀，黑死病殺死了全歐大約四分之一到二分之一的人口，但沒有任何一位國王因此失去王位，也沒有任何一位國王為了克服這場瘟疫，做過什麼努力。原因就在於：當時並沒有什麼人認為，預防瘟疫是國王權責的一部分。但另一方面，當時的統治者如果允許宗教異端在領土傳播，不但可能掉了王冠，還可能掉了腦袋。

　　在今天，政府之所以處理家庭暴力和性暴力的力度，不及處理恐怖主義那般強大，就是因為即使有 #MeToo 等運動，但強暴案並不會削弱政府的合法性。例如在法國，每年通報在案的強姦案件超過一萬起，未通報的案件數更可能有數萬之譜。[138] 然而就歷史而言，國家並不是建立在消除性暴力的承諾上，因此對法國來說，強姦和虐妻並不構成太大的政治威脅。恐攻案件則與此相反，雖然發生頻率低得多，卻會被視為對法國的致命威脅，原因就在於經過這

幾個世紀，西方現代國家的合法性都建立於「明確保證境內不會容忍出現政治暴力」。

回到中世紀，公共領域充滿了政治暴力。事實上，想玩這場政治的遊戲，懂得使用暴力就像是入場券，沒有這種能力，就無法在政治領域發聲。許多貴族家族、城鎮、行會，甚至教堂和修道院，都擁有自己的武力。如果前任修道院院長過世，出現繼承爭議，地方派系（包括修士、地方強人）就常常使用武力來解決問題。

在這種世界上，恐怖主義完全發揮不了作用，只要力量不足以造成重大實質損害，就不會有人看得起你。如果在西元 1150 年，幾個穆斯林狂熱份子，在耶路撒冷殺害了幾位平民，要求十字軍離開聖地，非但不會讓人覺得恐怖，只會招來恥笑。想讓人把你當一回事，至少得先奪下一兩座固若金湯的城堡吧？對我們中世紀的祖先來說，恐怖主義實在算不上什麼，他們還有太多更大的問題需要處理了。

到了現代，中央集權國家讓轄內領土的政治暴力日益減少，而在過去幾十年裡，西方國家領土內幾乎已經完全見不到政治暴力。法國、英國或美國的公民無須擁有武力，也能爭取城鎮、企業、組織、甚至政府本身的控制權。就連幾兆美元、幾百萬士兵和幾千艘船艦、飛機和核彈的控制權，也能夠不發射一發子彈，就從一組政客手中轉移到另一組人手上。人類很快就習慣了這種「數人頭而不必打破人頭」的情形，也認為這就是天賦的權利。在這種時候，就算只是偶爾殺害幾十人的零星政治暴力行為，似乎也成了對國家合法性、甚至生存的致命威脅。這就像是大空瓶裡丟了一枚小硬幣，就是會發出許多噪音。

正因如此，才讓恐怖主義如此成功。國家體制創造了一個沒有政治暴力的巨大空間，結果就像是裝了回音板，不管是再小的政治暴力聲音，都會被回音放大。一個國家裡的政治暴力愈少，公眾受到恐怖主義行為的衝擊也就愈大。在比利時殺幾個人，得到的關注比在奈及利亞或伊拉克殺害幾百人，會來得更多。這也就形成了矛盾：現代國家正是因為防止政治暴力太成功，反而就特別容易受到恐怖主義的影響。

## 反恐行動要三管齊下

國家總是強調，不會容忍境內發生政治暴力；至於公民，也早已習慣了零政治暴力。於是，一場恐怖大戲就引發了公民內心對無政府狀態的恐懼，彷彿社會秩序就要徹底瓦解。人類是經過幾個世紀的浴血掙扎，才終於爬出暴力黑洞，但我們仍然感覺黑洞就在那裡，彷彿隨時會再次將我們吞噬。於是，看到發生幾件駭人聽聞的暴行，我們就想像自己再次落入深淵。

為了消除這些恐懼，國家只好上演一場安全大戲，與這場恐怖大戲打對臺。真正要對付恐怖主義，最有效的方式就是透過良好的情資、隱密的行動，打擊恐怖主義背後的金援網路。但這種事情在電視上不夠精采。公民既然看到世貿中心轟然傾頹，儼然一幕恐怖場景；國家想打對臺，場面就得至少一樣壯觀，最好再有更多的火焰、更多的濃煙。因此，國家採取的不是安靜而有效的行動，而是掀起一場猛烈的風暴，而常常這就正中恐怖份子下懷，是恐怖組織最希望成真的美夢。

所以，國家到底應該如何面對恐怖主義？成功的反恐行動，應該要三管齊下：

第一，祕密打擊恐怖組織的連結網絡。

第二，媒體必須維持正確態度，避免歇斯底里。恐怖大戲如果無法宣傳曝光，就不可能成功。但不幸的是，媒體往往會免費提供這種宣傳機會，著迷似的報導恐怖攻擊事件，並把危險過度誇大；因為比起報導糖尿病或空汙，報導恐怖主義的報紙銷量就是高出一截。

第三方面，則在於我們每個人的想像力。恐怖份子俘虜了我們的想像力，用來對付我們。我們總是一次又一次在腦中預演著恐怖攻擊，回想著 911 事件或最近的自殺炸彈攻擊。恐怖份子殺了一百人，接著就讓一億人都以為每棵樹後面都躲著一個殺人犯。每個公民都該負起責任，從恐怖份子手中把自己的想像力解救出來，提醒自己恐怖威脅的真實面向。正是因為每個人的內心恐懼，才讓媒體不斷報導恐怖主義，讓政府對恐怖主義反應過度。

恐怖主義能否得逞，就看我們怎麼反應。如果我們允許自己的想像力落在恐怖份子手中、並對自己的恐懼反應過度，恐怖主義就會得逞。如果我們把自己的想像力從恐怖份子手中拯救出來，並以安定冷靜的態度來面對恐懼，恐怖主義就會失敗。

# 當恐怖份子擁有大規模毀滅性武器

前面分析所適用的，是過去兩個世紀以來的恐怖主義，又或說是現今在紐約、倫敦、巴黎和特拉維夫街道上的恐怖主義。然而，

如果恐怖份子取得大規模毀滅性武器，不僅是恐怖主義的本質，就連國家和全球政治的本質都將發生巨變。如果光是一小撮狂熱份子構成的小規模組織，就能摧毀整座城市、屠殺數百萬人口，全球就不再有任何公共領域得以免於政治暴力。

　　因此，雖然現在的街頭恐怖主義多半只是作戲，但未來的核武恐怖主義、網路恐怖主義或生物恐怖主義，威脅將更為嚴重，政府也就必須更提出更強烈的回應。

　　正因為如此，我們應該非常小心，辨別究竟面對的是這種假設的未來情景、或是目前為止所見的實際恐怖攻擊。雖然我們也擔心恐怖份子有朝一日可能取得核彈，而摧毀了紐約或倫敦，但光是因為這份擔心，並不該讓我們一看到某個恐怖份子，用自動步槍或卡車殺死十幾名路人，就變得歇斯底里、反應過度。而各國應該更加小心的一點，就是不該一看到任何異議團體，就加以迫害，一心認為這些團體有朝一日可能會試圖取得核武，或是可能會駭入自動駕駛車、把自駕車變成一隊殺手機器人。

　　同樣的，雖然政府確實應該監督激進團體，設法防止這些團體取得大規模毀滅性武器，但是政府在防範核武恐怖主義和其他威脅的時候，力度也該有所平衡。過去二十年間，美國在反恐戰爭上虛擲數兆美元及大量政治資本。小布希、前英國首相布萊爾、歐巴馬等政治領袖或許會認為，就是因為英美不斷追捕恐怖份子，才讓恐怖份子只能想著如何活下去、無暇思考如何取得核彈；所以，他們有可能已經拯救世界免遭某場 911 核浩劫。雖然確實有這種可能，但這種反事實的假設 ——「如果我們沒有發動反恐戰爭，基地組織就會取得核武」，本來就難以判斷是否為真。

但我們能夠確定，在反恐戰爭的過程中，美國及其盟友不僅在全球造成巨大破壞，也付出了大筆經濟學家所稱的「機會成本」。資金、時間和政治資本一旦投入打擊恐怖主義，就不可能用來應對全球暖化、愛滋病和貧困問題，不可能用來為撒哈拉以南的非洲，帶來和平與繁榮，也不可能用來與俄羅斯和中國建立更好的關係。如果到了哪天，紐約或倫敦被上升的大西洋海平面淹沒，或是俄羅斯對外的緊張關係引發戰爭，大家就有可能開始指責小布希、布萊爾和歐巴馬，指責他們把重點放錯了地方。

## 不要擺錯重點

關於每件事情的輕重緩急，總是當局者迷，但後見之明就容易許多。

不過，我們也經常針對已經發生的災難，責備領導者沒能防患未然，卻不知道有多少災難已成功遭到阻擋，而實屬萬幸。例如，我們回顧1990年代柯林頓執政，會怪罪當時輕視了基地組織的威脅。然而在1990年代，很少有人擔心的會是伊斯蘭恐怖份子劫持客機衝撞紐約摩天大樓、引發全球衝突，多半都是擔心俄羅斯崩潰瓦解，讓廣闊的領土無人控管，幾千枚核彈和生化炸彈也陷入無主狀態。又或是擔心前南斯拉夫的血腥戰爭，蔓延到東歐其他地區，引發匈牙利與羅馬尼亞、保加利亞與土耳其、或是波蘭與烏克蘭之間的衝突。

事實上，當時還有許多人對德國統一感到更加不安。納粹德國垮臺才過了四十五年，很多人還是對德國感到戒慎恐懼。一旦擺脫

蘇聯威脅，德國不會成為主宰全歐陸的超級霸主嗎？還有中國呢？在震驚於蘇聯集團崩潰的情況下，中國當時也可能放棄改革，回歸強硬的毛澤東路線，最後成為放大版的北韓。

我們今天可以拿這些可怕的場景來說笑，是因為我們都知道這些場景並未成真。俄羅斯政局穩定，東歐有大半國家已經和平加入歐盟，統一的德國獲譽為自由世界的領導者，中國也成為全球的經濟發展引擎。這一切之所以成真，至少有部分得感謝美國和歐盟當年所採行的建設性政策。如果美國和歐盟在 1990 年代，把重點放在伊斯蘭極端主義份子、而不是前蘇聯集團或中國，真的是更明智的選擇嗎？

我們就是無法為每種可能性都做好準備。因此，雖然我們確實需要扼制核武恐怖主義，但這不該是人類最重要的議題。此外，光是理論上可能出現核武恐怖主義，並不足以構成我們對一般恐怖主義過度反應的理由。這些都是不同的問題，應該要有不同的解決方案。

假設，儘管我們不斷努力，最後卻還是讓恐怖組織得到了大規模毀滅性武器，我們很難想像到時各方會有怎樣的政治角力，但絕對會與二十一世紀初的恐怖活動和反恐行動，大不相同。

如果到了 2050 年，全球充斥核武恐怖份子和生物恐怖份子，那些深受其害的人回顧 2018 年的世界，必定感到不可思議：這些人的生活如此安全，怎麼還會覺得自己大受威脅？

當然，人類目前面對的危險並不僅來自恐怖主義。許多專家和一般大眾都很擔心，第三次世界大戰已經迫在眉睫，簡直就像看著一部百年前曾經上演的電影。2018 年就像是當時的 1914 年，大國

之間局勢緊張，全球問題無比棘手，似乎正把我們拖向全球戰爭的邊緣。如果說我們對恐怖主義是過度恐懼了，這種擔心爆發大戰的焦慮，又是否比較合理？

第11堂課

# 戰爭

永遠不要低估人類的愚蠢

# 很難再有「成功的戰爭」

過去幾十年是人類歷史上最平靜的時代。早期農業社會，人類暴力大約占所有死亡人數的 15％，在二十世紀約占 5％，而在今日只占了 1％。[139] 然而自從 2008 年全球金融危機以來，國際形勢急速惡化，好戰心態捲土重來，軍費開支不斷膨脹。[140] 專家或大眾都擔心，正如 1914 年奧匈帝國皇儲斐迪南大公遭到刺殺，後續便引發第一次世界大戰，2018 年在敘利亞沙漠的某些事件、或在朝鮮半島的不明智舉動，也可能點燃全球衝突的引線。

有鑑於全球緊張局勢日益升高，加上華盛頓及平壤等地領導人的人格特質，會有這種擔心也是其來有自。不過，2018 年和 1914 年之間有幾項關鍵差異。特別是在 1914 年，戰爭對全球各地的菁英其實是很有吸引力的選項，因為當時有許多具體實例證明，如果能打一場成功的戰爭，就能促進經濟繁榮，提升政治權力。但相較之下，到了 2018 年，成功的戰爭簡直成了瀕臨滅絕的物種。

從亞述人和秦朝的時代開始，各大帝國通常都是憑仗暴力征服而建立。1914 年也是如此，各主要強權都是因為打了成功的戰爭，才得到當時的地位。舉例來說，日本帝國擊敗中俄兩國，於是成為地區強權；德國擊敗奧匈帝國和法國，於是在歐洲居領導地位；英國則是在全球打出一系列精采的小型戰爭，於是創造出全球最大、最繁榮的帝國。就像在 1882 年，英國入侵占領埃及，而且在決定性的泰勒凱比爾戰役，只損失了五十七名士兵。[141]

在我們這個時代，西方國家如果占領某個穆斯林國家，後果只會是一場噩夢；但想當初，在泰勒凱比爾戰役後，英軍幾乎沒有受

到任何武裝抵抗，就控制了尼羅河谷和重要的蘇伊士運河，超過六十年。而當時其他歐洲強權也模仿英國，不論是在巴黎、羅馬或布魯塞爾的政權，打算踏上越南、利比亞或剛果的土地時，唯一擔心的只是有沒有別人先到。

即使是美國，強權地位也是因為有軍事行動撐腰，而不只是因為經濟實力。美國在 1846 年揮軍入侵墨西哥合眾國的領土，占領加利福尼亞、內華達、猶他、亞利桑納、新墨西哥等地，也控制了科羅拉多、堪薩斯、懷俄明和奧克拉荷馬的部分地區。最後簽下的和約，也使先前美國併吞德克薩斯共和國的舉動成為定案。美墨戰爭中，約有一萬三千名美國士兵死亡，但國土增加了二百三十萬平方公里（超過法國、英國、德國、西班牙和義大利的總面積），[142]這可說是近一千年期間最划算的交易。

因此在 1914 年的時候，華盛頓特區、倫敦和柏林的菁英，都很清楚怎樣叫做一場「成功的戰爭」，從中又能獲得多少利益。相較之下，2018 年的全球菁英有充分理由認為，這種「成功的戰爭」應該已經絕跡了。雖然某些第三世界獨裁者和非國家行為體（non-state actor）仍然能靠著戰爭而蓬勃發展，但各大國似乎已經不知道怎樣才能做到這點。

對於現在還在世上的人來說，記憶中最重大的一場勝利，就是美國打敗蘇聯；但這場勝利卻不是憑藉任何重大的軍事交鋒。接著在第一次波灣戰爭中，美國曾經短暫嘗到過去那種老派軍事榮光的甜美滋味，但食髓知味的後果，就是接下來在伊拉克和阿富汗的軍事活動慘不忍睹，浪費幾兆美元。

中國這個在二十一世紀初崛起的大國，則是自從 1979 年入侵

越南失敗之後，便竭力避免一切武裝衝突。此外，中國的崛起完全就是因為經濟因素，模仿的不是 1914 年以前、日德義三國的那種帝國體制，而是 1945 年以後的日德義三國的那種經濟奇蹟。在這些案例中，都是不耗一顆子彈，就促進了經濟繁榮，取得了地緣政治的影響力。

就連在中東這個全球戰火最頻仍的地區，各個地方勢力也不知道怎樣才能發動一場成功的戰爭。伊朗戰爭讓伊朗長期浴血，而且可說是毫無所獲；從此，伊朗也開始避免任何直接的軍事對抗。伊朗雖然資助從伊拉克到葉門的各種地方運動，並派遣革命衛隊協助在敘利亞和黎巴嫩的盟友，但到目前為止，一直很小心不入侵任何國家。伊朗最近成為該地區的霸主，靠的不是任何在戰場上的輝煌勝利，而是自然而然成就了這種局勢：兩個主要敵人（美國和伊拉克）困於戰場，難以脫身，讓它們對中東這個泥沼的興趣大減，於是讓伊朗坐享豐厚的戰果。

以色列也是如此。以色列最後一場成功的戰爭是在 1967 年。在那之後，雖然以色列繁榮興盛，但在過程中發生的諸多戰爭，絕非助力，而是負荷。多半時候，雖然占據了領土，卻造成沉重的經濟負擔與綁手綁腳的政治責任。以色列的情形很像伊朗，之所以地緣政治地位提升，並非透過發動成功的戰爭，而是透過避免軍事的冒進所致。於是，雖然戰爭發生在伊拉克、敘利亞和利比亞，讓以色列過去的敵人元氣大傷，但以色列就是保持冷眼旁觀。沒有捲入敘利亞內戰，可說是以色列總理納坦雅胡最偉大的政治成就（至少到 2018 年 3 月為止）。只要有心，以色列國防軍短短一週，就可以奪下大馬士革；但這樣對以色列到底有什麼好處？如果以色列國

防軍真想征服加薩走廊、推翻哈瑪斯（巴勒斯坦伊斯蘭抵抗運動）政權，更是輕而易舉；但以色列也一再拒絕這個選項。以色列政客雖然手握強大軍力、也總是發表鷹派言辭，但心知肚明，發動戰爭幾乎是無利可圖。正如美、中、德、日、伊朗等國，以色列似乎也瞭解，到了二十一世紀，最成功的策略就是坐壁上觀，就讓其他人去為自己打仗吧。

## 普丁不是成吉思汗

到目前為止，二十一世紀強權成功侵略的唯一例子，就是俄羅斯攻下克里米亞。在 2014 年 2 月，俄羅斯軍隊進犯鄰國烏克蘭，占領克里米亞半島，該地區後來併入俄羅斯聯邦。俄羅斯幾乎沒有發動任何戰鬥，就取得了在戰略上極為關鍵的領土，讓鄰國心生恐懼，也讓自己再次躋身世界強國之列。

然而，這次的征服行動可說是有兩個特殊情況，才得以成功：首先，不論是烏克蘭軍隊或當地居民，對俄羅斯都無意強烈反抗；而且，其他強國並未直接介入干涉這場危機。這些情況在全球其他地方應該很難重現。如果成功戰爭的先決條件在於敵方無意抵抗，這種發動條件自然很少能得到滿足。

事實上，俄羅斯在克里米亞取得成功之後，想在烏克蘭其他地區依樣畫葫蘆，碰上的反抗就遠遠更為強烈，例如在烏克蘭東部的戰爭就陷入僵局，徒勞無功。更糟糕的是（對俄羅斯來說），這場戰爭激發了烏克蘭的反俄情緒，讓烏克蘭從盟友變為死敵。就像是美國在第一次波灣戰爭嘗到甜頭，就不自量力，企圖染指伊拉克；

俄羅斯也可能是因為在克里米亞取得成功，就誤以為自己有能力吞下烏克蘭。

整體而言，二十一世紀初期，俄羅斯在高加索和烏克蘭掀起的戰爭，實在稱不上非常成功。雖然提升了俄羅斯做為大國的聲望，但不信任感和仇恨感也水漲船高。就經濟而言，更是絕不划算，光是靠著克里米亞的旅遊景點、以及盧甘斯克（Luhansk）和頓涅茨克（Donetsk）殘破的蘇聯時代工廠，這場戰爭根本入不敷出，更別談還有外國抽離資金、國際祭出制裁的成本。

想看出俄羅斯這種政策的局限，只要比較近二十年來中國的狀況，便一目瞭然。中國維持和平，經濟就大幅邁進；俄羅斯號稱取得勝利，但經濟就停滯不前。[143]

雖然莫斯科嘴上總是說得漂亮英勇，但俄羅斯菁英自己很清楚這些軍事投機行動究竟花了多少成本、帶來多少收益，所以現在才會一直小心翼翼，不讓局勢繼續升溫。俄羅斯一直遵守校園霸凌的原則：「要打就挑最弱的，而且別打太凶，免得老師出手。」如果普丁發動戰爭的時候，真是以史達林、彼得大帝或成吉思汗為榜樣，俄羅斯坦克應該早已衝向喬治亞和烏克蘭的首都，甚至是一路衝向華沙和柏林。只不過，普丁既不是成吉思汗，也不是史達林。他似乎比誰都知道，軍力在二十一世紀的作用有限，而且一場成功的戰爭必定是一場懂得克制的戰爭。就算在敘利亞，雖然俄羅斯空襲轟炸毫不留情，但普丁一直盡量減少派出地面部隊，把近距交戰的事都留給別人，而且也避免讓戰火蔓延到鄰國。

事實上，從俄羅斯的觀點，近年種種舉動雖然看似侵略，但並非打算開啟新一波全球戰爭，只是想加強目前薄弱的防禦。俄羅斯

大可指出，在 1980 年代末和 1990 年代初簽訂和平條約之後，俄羅斯就是被視為戰敗國，而美國及北約趁著俄羅斯積弱不振，便無視於承諾，將北約版圖擴大到東歐、乃至一些前蘇聯的共和國。西方還進一步不顧俄羅斯在中東的利益，以可疑的藉口，入侵塞爾維亞和伊拉克；於是俄羅斯清楚瞭解，必須倚靠自己的軍力，才能讓勢力範圍免受西方侵犯。從這個角度來看，俄羅斯近來之所以發動這些軍事行動，除了普丁該負責，柯林頓和小布希也同樣難辭其咎。

## 普丁也不是史達林

當然，俄羅斯在喬治亞、烏克蘭和敘利亞的軍事行動，仍然可能只是序幕，後續還藏著更大膽的帝國擴張計畫。而且，就算普丁目前並未認真打算征服全球，目前的「成功」也可能會讓他的野心膨脹。但還是要記得，普丁手中的俄羅斯國力，仍遠遠不及史達林手中的蘇聯；除非有中國等其他國家加入，否則連一場新的冷戰都無力維持，全面的世界大戰就更別提了。俄羅斯有一億五千萬人，根據購買力平價來計算，國內生產毛額（GDP）為四兆美元，然而都不及美國（三億二千五百萬人，十九兆美元）或是歐盟（五億人，二十一兆美元）。[144] 如果將美國和歐盟合計，人數足足是俄羅斯的五倍多，GDP 更高達十倍。

近來的科技發展，則讓實際差距甚至更大。蘇聯在二十世紀中葉達到頂峰，當時重工業是全球經濟的火車頭，而蘇聯的集權制度也有利於大規模生產曳引機、卡車、坦克和洲際彈道飛彈。時至今日，資訊科技和生物科技的重要性超越了重工業，但這兩方面都是

俄羅斯的弱項。雖然俄羅斯在網路戰的能力令人印象深刻，但民間資訊科技產業動力不足，經濟絕大部分仍依靠礦產資源，特別是石油和天然氣。雖然這可能足以讓少數特權階級致富、讓普丁長期掌權，但並不足以在數位科技與生物科技的軍備競賽勝出。

更重要的是，普丁統治下的俄羅斯，缺乏能夠放諸四海的意識型態。在冷戰期間，蘇聯除了擁有能夠派向全球的強大紅軍，共產主義也有全球吸引力。相較之下，「普丁主義」對古巴、越南或法國知識份子來說，實在沒有意義。雖然世界上確實可能正流傳威權式的國族主義，但就其本質，很難建立有凝聚力的國際社群。舉例來說，不論是波蘭共產主義或俄羅斯共產主義，至少在理論上都會同樣致力於爭取所有工人階級共同的利益；但如果是波蘭國族主義和俄羅斯國族主義，光是從定義上，利益就必然會彼此衝突。普丁崛起，刺激波蘭國族主義高漲，也就只會讓波蘭比從前更加反俄。

因此，雖然俄羅斯不斷釋出堪稱全球規模的假消息和策劃顛覆活動，希望拆散北約和歐盟，卻不太可能執行全球規模的軍事征服行動。我們有理由相信，即便俄羅斯接管了克里米亞、入侵喬治亞和烏克蘭東部，但這些應該只是獨立事件，而非揭開新戰爭時代的前兆。

## 「在戰爭中取勝」已成為失傳的藝術

到了二十一世紀，為什麼各大強權想要打出一場成功的戰爭，竟如此困難？原因之一是經濟本質的改變。在過去，經濟資產主要在於實質物資，因此可以很直觀的透過征服，而使自己壯大。只要

在戰場上擊敗敵人，就能掠奪一座又一座城市，把敵國平民放上奴隸市場販售，並占領深具價值的麥田與金礦。羅馬販賣希臘和高盧俘虜，於是經濟繁榮；十九世紀美國占領加利福尼亞的金礦、德克薩斯的牧野，於是國力興盛。

但到了二十一世紀，占領已經賺不了大錢，只剩蠅頭小利。在今日，主要的經濟資產是科技和企業知識，不再是麥田、金礦，甚至不再是油田；而知識就是無法用戰爭來掠奪。如果是像伊斯蘭國這樣的組織，或許仍然能靠著在中東劫掠城市和油井，而過上好日子（伊斯蘭國從伊拉克各銀行劫掠超過五億美元，2015 年又靠著銷售石油再取得五億美元）[145]，但是對於像中國或美國這樣的大國來說，這種金額實在微不足道。

根據購買力平價來計算，中國每年 GDP 超過二十兆美元，實在不太可能為了區區十億美元就開戰。如果真花上幾兆美元，來和美國開打，要怎樣才能支付所有相關費用、承擔所有戰爭損害、補償所有流失的商機？而且，人民解放軍獲勝後，難道要劫掠矽谷那些有錢的個人和企業？像是蘋果、臉書和谷歌這些企業，雖然確實價值數千億美元，但這些價值靠著武力根本搶不著。畢竟，矽谷雖然叫矽谷，但可沒有矽礦。

理論上，如果戰爭獲勝，讓勝利者得以重新調整全球貿易體系（例如英國擊敗拿破崙、美國擊敗希特勒之後的情況），一場成功的戰爭就仍然能夠帶來巨大的利潤。然而由於軍事科技的改變，二十一世紀很難再重現這樣的盛況。

出現原子彈之後，世界大戰不會有贏家，只會是集體自殺。也就難怪，自從廣島核爆以來，超級大國之間從來不曾直接開戰，參

與的都是（對本國來說）低風險的衝突，幾乎不可能有理由動用核武。事實上，就算只是攻擊像北韓這樣的二流擁核國家，也是讓人想極力避免的選項。光是想像金正恩家族面臨戰敗時的可能反應，就令人不寒而慄。

## 網路戰也是高損害、低利潤

對於還傾慕著帝國主義的人來說，網路戰只讓事情雪上加霜。在維多利亞女王和馬克沁機槍那個古老而美好的年代，英軍在遙遠的沙漠裡大肆屠殺非洲原住民，完全不用擔心是否可能危及曼徹斯特與伯明罕的和平。就算是到了小布希的年代，美國在巴格達和費盧傑（Fallujah，清真寺城市）恣意破壞，伊拉克人也無力對舊金山或芝加哥進行報復。然而，就算現在美國攻擊的只是擁有一般網路戰能力的國家，戰火也可能在幾分鐘之內，就延燒到加州或伊利諾州。惡意軟體和邏輯炸彈，可能會讓達拉斯的空中交通中斷、火車在費城相撞、密西根州電網停擺。

在那個屬於征服者的偉大年代，戰爭是一種低損害、高利潤的事業。1066 年的黑斯廷斯戰役，征服者威廉只花了一天，折損幾千兵力，就取得整個英格蘭。相反的，核戰和網路戰則是高損害、低利潤的科技。這些工具雖然能讓你摧毀整個國家，卻無法打造有利可圖的帝國。

因此，在這個劍拔弩張、氣氛詭譎的世界上，或許最能維持和平的方式，就是各個大國都不知道怎樣打出成功的一場仗。成吉思汗或凱撒大帝可能一時衝動，就入侵他國；但到了今日，不論是土

耳其總統艾爾多安、印度總理莫迪、或是以色列總理納坦雅胡，這些國族主義領導人雖然嘴上說得厲害，對於實際發動戰爭卻非常謹慎。

當然，如果有人真的找出在二十一世紀的情景發動成功戰爭的公式，地獄之門可能會倏然大開。也就是因為如此，俄羅斯在克里米亞的成功，就成了一個特別可怕的預兆。讓我們希望這就只是一個例外。

# 愚蠢進行曲

很遺憾，就算戰爭在二十一世紀無利可圖，也無法保證和平。我們絕不能低估人類的愚蠢。無論是在個人、還是在集體層次，人類都常常做出自我毀滅的舉動。

在 1939 年，戰爭對於軸心國來說，大概也是弊大於利，但世界仍陷入戰火。第二次世界大戰令人意想不到的一件事，就是戰敗國戰後居然進入前所未有的興盛。不論是德國、義大利或日本，在軍隊遭到徹底殲滅、帝國徹底崩潰二十年之後，富裕程度都是前所未見。但他們一開始究竟為何要開戰？為什麼要讓數百萬人承擔不必要的傷亡和破壞？

就日本來說，這一切都只是出於一個愚蠢的誤判。1930 年代，日本的將領、經濟學家和新聞工作者都認為，如果無法奪下朝鮮、滿洲和中國沿海地區，日本的經濟注定會陷入停滯。[146] 但是他們都錯了。事實上，日本著名的經濟奇蹟，是在日本輸掉了所有對大陸的征服行動之後，才展開。

　　人類的愚蠢是歷史上最重要的力量之一，但我們常常忽略了這股力量。政客、將領和學者把世界視為一盤巨大的棋局，彷彿每一步都經過仔細的理性計算。在某種程度上，也確實如此。歷史上很少有領導人真的因為瘋了，就隨意移動小兵和騎士。不論是東條英機、海珊或金正日，他們走的每一步其實都有合理的理由。但問題在於，世界比棋盤複雜得多，而人的理性並不足以完全理解，於是就算是理性的領導人，也經常做出非常愚蠢的決定。

　　所以，我們究竟該多害怕發生世界大戰？太過害怕或太過放心都是不智的。一方面，戰爭絕非無法避免。冷戰最後和平告結，就證明只要人類做出正確的決定，就算是超級大國間的衝突，也能夠和平收場。因此，如果一心認為第三次世界大戰無法避免，會是一種非常危險的心態。這會形成一種自我實現的預言：只要各國開始覺得戰爭無法避免，就會強化軍力、形成激烈的軍備競賽，拒絕在任何衝突中妥協，並懷疑任何善意都只是陷阱。這樣一來，戰爭就真的無法避免了。

　　另一方面，一心認為戰爭不可能發生，也是太過天真。就算戰爭對每個人來說絕對都是災難一場，但就是沒有任何神祇或任何自然律，足以阻止人類的愚蠢。

　　想治療人類的愚蠢，辦法之一可能就是謙遜。人一旦認為自己的國家、宗教和文化是全世界最重要的，就會覺得自身利益應該比其他任何人、甚至全人類更重要，於是讓各個國家、宗教和文化間的關係變得更加緊張。我們要怎樣才能讓國家、宗教和文化看清現實，讓它們瞭解自己在這個世界上的真實地位？

第12堂課

# 謙遜

## 世界不是繞著你轉

# 一個中心，各自表述

許多人都以為自己是世界的中心、自己的文化是人類歷史的關鍵。

許多希臘人相信歷史始於荷馬、索福克里斯（Sophocles）和柏拉圖，也相信所有重要的想法和發明都誕生於雅典、斯巴達、亞歷山大港或君士坦丁堡。

中國國族主義者則會提出抗議，認為歷史是從黃帝和夏代、商代開始的，而且不管西方、伊斯蘭或印度有什麼成就，中國都做得更早，而且更好。

印度本土主義者才不相信中國說了什麼，他們相信，就連飛機和核彈都是由印度先賢發明的，什麼孔子或柏拉圖，都只能瞠乎其後，愛因斯坦和萊特兄弟則更不用說了。舉例來說，你可知道是帕德馬吉（Bhardwaj）發明了火箭和飛機，眾友仙人（Vishwamitra）不但發明、甚至發射過導彈，卡納德（Acharya Kanad）是原子理論之父，而且梵文史詩《摩訶婆羅多》早就精確描述過核武？ [147]

對虔誠的穆斯林來說，在先知穆罕默德之前的所有歷史，多半毫無重要性，而在《古蘭經》之後的所有歷史，則是以伊斯蘭社群（ummah）為中心。然而，土耳其、伊朗和埃及的國族主義者是主要的例外，他們認為即使在穆罕默德之前，自己這個國家早就是全人類所有善的起源，而在《古蘭經》之後，主要也是自己這個國家保留了伊斯蘭的純淨，傳播了伊斯蘭的榮耀。

不用說，英、法、德、美、俄、日和其他無數國家也都相信，如果不是自己這個國家非凡的成就，全人類早就活得野蠻無知、毫

無道德。過去有些人甚至異想天開，以為就連物理定律，也是靠著自己這套政治制度和宗教習俗，才得以維繫。例如十五世紀的阿茲提克人就堅信，如果不是他們每年獻祭，太陽將不再升起，整個宇宙也將瓦解。

　　他們這些說法都是錯誤的。一方面是故意無視歷史，一方面也多少就是種族主義作祟。在人類殖民世界、馴化動植物、建造第一座城市、發明文字和金錢的時候，這些宗教或國家都還不存在。不論道德、藝術、靈性和創造力，都是人類 DNA 裡固有而普遍的能力，起源的時間地點是早在石器時代的非洲。因此，不管是黃帝時代的中國、柏拉圖時代的希臘、或是穆罕默德時代的阿拉伯，都是後來的事，也都不是發源地；要說這些時間地點才是起源，完全就是太過自我中心。

　　就我個人而言，對這種自我中心的言論，實在再熟悉不過，因為我所屬的猶太族群，也認為自己是全世界最重要的一群。不論你隨便說出人類的哪項成就或發明，猶太人都會很快跳出來居功。而且因為我和猶太人如此親近，我知道他們是真心如此相信。

　　我曾經上過以色列某位瑜伽老師的課，這位老師在第一堂課就很認真的說：瑜伽是由先知亞伯拉罕發明的，而且所有基本的瑜伽動作都源於希伯來字母的形狀！例如，三角式（trikonasana）是模仿希伯來字母 א，平衡竿式（tuladandasana）是模仿希伯來字母 ד。老師還說，是亞伯拉罕將這些姿勢教給某個庶出的兒子，這個兒子後來前往印度，才教了印度人瑜伽。我請這位瑜伽大師提出一點證據的時候，得到的回答是一段《聖經》經文：「亞伯拉罕把 gifts（財物）分給他庶出的眾子，趁著自己還在世的時候，打發他們離開他的兒

子以撒,往東方去。」(〈創世記〉25:6)你覺得這些 gifts(禮物)是什麼?這不是再清楚不過了嗎?就連瑜伽也是猶太人發明的!

當然,沒有多少人相信是亞伯拉罕發明了瑜伽。但主流猶太教確實很認真的認為,整個宇宙之所以存在,就是為了讓猶太教的拉比,能夠研究神聖的猶太教經典,而如果猶太人不再研究,宇宙就會走上末路。也就是說,如果在耶路撒冷和布魯克林的拉比,不再討論《塔木德》,不管是中國、印度、澳洲、甚至是遙遠的星系,都會全部毀滅。這是正統派猶太教信仰的一項核心條款,如果任何人竟敢質疑這一點,就會被看作是個無知的愚人。

如果是世俗的猶太人,大概會對這個浮誇的主張有點懷疑,但就連他們也相信:猶太人是歷史的中心人物,是人類道德、靈性和知識的根本源頭。

雖然我的猶太同胞在人數和實質影響力上並不如人,但講到無所忌憚、厚顏行事,絕對不落人後。批評自己的民族,總比批評其他民族來得禮貌,因此我以下將以猶太教為例,說明這種自以為是的論述有多麼可笑;至於世界各地各個族群部落的大話,就留給世界各地的讀者自己來戳破了。

## 猶太教有如「佛洛伊德的母親」

我的著作《人類大歷史》最早是以希伯來文撰寫,預設讀者是以色列的大眾。希伯來文版於 2011 年出版後,以色列讀者最常問的問題,就是我談人類歷史的時候,為什麼很少提到猶太教?書中有相當篇幅談論基督宗教、伊斯蘭教和佛教,但是對猶太教和猶太人

卻只有三言兩語,是我故意忽視猶太教和猶太人對人類歷史的巨大貢獻嗎?還是我背後有什麼邪惡的政治考量?

　　這些都是以色列猶太人自然而然會想到的問題。以色列的教育從幼兒園開始,都教導「猶太教就是人類歷史上的超級巨星」。以色列兒童雖然完成了十二年的國民教育,卻對於全球歷史演進沒有一個清楚的概念。因為課程裡幾乎不提中國、印度或非洲;而雖然提了羅馬帝國、法國大革命和二次世界大戰,但都像是散開的拼圖碎片,成不了什麼整體敘事。

　　相對的,以色列教育體制教導的唯一具備連貫性的歷史,就是從希伯來文的《舊約》開始,到第二聖殿時期,接著談流亡時期的各猶太社群,再到猶太復國主義興起、大屠殺、以及以色列建國。多數學生離開學校的時候,都深信這就是全人類故事的主要情節。就連課堂上談到羅馬帝國或法國大革命,討論的焦點也放在羅馬帝國如何對待猶太人,以及猶太人在法蘭西共和國的法律位階和政治地位。人民被餵以這樣的歷史食糧,自然很難相信:猶太教對整個世界的影響,竟然微不足道。

　　然而,事實就是在人類物種的歷史上,猶太教的影響並不大。不同於基督教、伊斯蘭教或佛教等普世宗教,猶太教一直就是一種部落信仰,關照的只是一個小國、一小塊土地的命運,而對其他所有人民、所有國家的命運不太關心。舉例來說,猶太教根本不在乎日本發生什麼事、印度次大陸上的人民又如何。這樣一來,猶太教在史上的影響有限,也就不足為奇。

　　確實,猶太教催生了基督教、也影響了伊斯蘭教的誕生;基督教和伊斯蘭教兩者都是史上極重要的宗教。然而,基督教和伊斯蘭

教在全球取得的成就（以及犯下的許多罪孽）還是該歸於基督徒和穆斯林，而非猶太人。

舉例來說，十字軍東征造成大規模殺戮，並不能怪到猶太教頭上（基督教得負起百分之百的責任）；但同理，基督教提出「所有的人在神面前一律平等」，猶太人也就不該想沾光（平等的概念根本牴觸猶太教正統概念，因為就連在今天，猶太教仍然認為，猶太人從本質上就優於所有其他人種）。

猶太教在人類故事中的角色，就有點像佛洛伊德的母親在現代西方歷史中的角色。無論是好是壞，佛洛伊德就是深深影響了現代西方的科學、文化、藝術和民間智慧。沒有佛洛伊德的母親，我們就不會有佛洛伊德，而且他的個性、抱負與想法，也很有可能深受他與母親的關係所影響（佛洛伊德也一定會肯定這種說法）。但在撰寫現代西方歷史的時候，沒人會認為值得花上整整一章，來描寫佛洛伊德的母親。

同樣的，如果沒有猶太教，就不會有基督教；但在撰寫世界歷史的時候，猶太教並不值得花上太大的篇幅。真正關鍵的議題，是基督教拿著猶太教母親給它的一切之後，究竟做了哪些事。

## 猶太人對歷史的貢獻很有限

當然，猶太人是一個頗為獨特的民族，本身也有令人嘆服的歷史（事實上，大多數民族也都是如此）。猶太傳統自然也擁有各種高明的見解、崇高的價值（雖然也有許多有問題的概念，以及種族歧視、厭女和恐同的態度）。而更確切的是，從人數來看，猶太人

在過去兩千年間，對歷史發揮了遠超出其人數的影響力。但如果看的是全人類物種的歷史全局，自從智人在超過十萬年前出現以來，顯然猶太人對歷史的貢獻極為有限。早在猶太教出現的幾千年前，人類就已經殖民了整個地球、發展出農業、蓋起第一批城市，還發明了文字和金錢。

就算只看過去這兩千年，如果從中國人或美國原住民的角度來看歷史，要不是有基督徒或穆斯林的中介，幾乎看不到猶太教有何貢獻。希伯來文的《舊約》之所以能成為全球人類文化的基石，是因為得到基督教親切的擁抱、把它納入《聖經》之中。相較之下，在猶太文化裡遠比《舊約》更重要的《塔木德》，並未得到基督宗教的採納，因此只有猶太人較為熟悉這個文本，阿拉伯人、波蘭人或荷蘭人都少有聽聞，日本人和馬雅人更不在話下。（但這點十分令人遺憾，因為《塔木德》遠比《舊約》更為體貼慈愛。）

你能想出《舊約》啟發了哪些偉大藝術作品嗎？太容易了，例如米開朗基羅的大衛像、威爾第的歌劇《拿布果》，還有西席・地密爾導演的電影《十誡》。那麼《新約》又啟發了哪些知名作品？很簡單，像是達文西的《最後的晚餐》、巴哈的《馬太受難曲》，或是超現實幽默表演團體蒙堤・派森的電影《萬世魔星》（*Life of Brian*）。真正的問題來了：你知道《塔木德》又啟發了什麼偉大作品？

雖然世界各地許多地區都有研究《塔木德》的猶太社群，但是《塔木德》從未真正影響了中國歷朝各代興衰、歐洲的航海開拓、民主制度成形、又或工業革命的展開。硬幣、大學、國會、銀行、指南針、印刷術和蒸汽機，都是外邦人（Gentiles，非猶太人）的發明。

# 倫理道德根植於演化之中

以色列人常常提到「三大宗教」這種說法，認為三大宗教為基督宗教（信徒有二十三億人）、伊斯蘭教（信徒十八億人），以及猶太教（信徒一千五百萬人）。然而，像是十億信徒的印度教、五億信徒的佛教，更別說像是神道教（五千萬人）或錫克教（二千五百萬人），都排不進「三大宗教」之列。[148]

從這種扭曲的「三大宗教」概念可以看出，以色列人常常認為「所有主要的宗教和倫理傳統都源自於猶太教，猶太教就是第一個傳播普世倫理的宗教」。但這就好像是說，在亞伯拉罕和摩西之前，所有人類都活在哲學家霍布斯（Thomas Hobbes）所稱的自然狀態，要到十誡之後，才衍生出當代所有的道德觀念。這是一種毫無根據而且自大傲慢的想法，直接無視了世界上許多最重要的道德傳統。

石器時代的狩獵採集部落，早在亞伯拉罕之前幾萬年，就已經有了道德規範。歐洲第一批殖民者，在十八世紀後期抵達澳洲的時候，當地的原住民部落雖然對摩西、耶穌和穆罕默德一無所知，但早有發展完善的倫理世界觀。這些基督教殖民者動用暴力，對原住民強取豪奪。要說他們比原住民更有道德，實在很難說得過去。

科學家指出，事實上「倫理道德」深深根植於演化之中，比起人類出現，還要早上幾百萬年。有社交行為的哺乳動物，例如狼、海豚和猴子，都有倫理規範，會透過演化而不斷修正，以促進團隊合作。[149] 舉例來說，幼狼玩耍的時候，就有「公平遊戲」的規則。如果某隻幼狼咬得太大力、或是在對手已經露肚投降之後還繼續攻擊，其他幼狼就不會再和牠玩了。[150]

在黑猩猩社群裡，高階成員也必須尊重低階成員的財產權。如果某隻年輕的母黑猩猩找到一根香蕉，就算是雄性首領，通常也不會拿來吃。違反這條規則，牠就很可能會失去首領地位。[151] 猿類不但會避免占低階成員的便宜，甚至有時還會積極提供協助。

例如在密爾瓦基郡立動物園，有一隻名叫奇多果（Kidogo）的雄性侏儒黑猩猩（巴諾布猿，通常由雌性擔任首領），患有嚴重的心臟病，讓牠身體虛弱、神智不清，剛搬到動物園的時候，既不知道自己在哪，也聽不懂人類照護員的指示。

其他侏儒黑猩猩發現牠的情況，就來幫忙了，常常會牽著奇多果的手，帶牠去該去的地方。奇多果迷路時，會大聲求救，一些猿類同伴就會趕來幫忙。而奇多果的主要協助者之一，正是整群侏儒黑猩猩裡、雄性地位最高的洛迪（Lody），不但會為奇多果帶路，還提供了保護。雖然幾乎所有社群成員都對奇多果十分友善，但有一隻叫墨非（Murph）的年輕雄性侏儒黑猩猩，卻常常會殘忍的作弄奇多果。洛迪發現之後，常常會把霸凌的墨非趕跑，或是把一隻手臂搭在奇多果身上保護牠。[152]

在象牙海岸的叢林裡，還有一件更感人的例子。有一隻暱稱奧斯卡（Oscar）的小黑猩猩，失去了母親，只能自力掙扎求生。其他母黑猩猩都有自己的孩子得照顧，所以並不願意收養照顧牠。奧斯卡的體重逐漸下降，健康和活力也日益衰退。但就在看似絕望的時候，雄性首領佛雷迪（Freddy）「收養」了奧斯卡，讓牠吃得好，甚至還背著牠到處走。經過基因測試也證明，佛雷迪與奧斯卡並無血緣關係。[153]

究竟出於怎樣的原因，讓粗暴的年長首領願意照顧這個孤兒，

我們不得而知。但顯然，猿類首領早就發展出這種傾向，願意幫助貧寒、窮乏、失怙的成員。而要再過了幾百萬年，才輪到《聖經》告訴古代的以色列人「不可苦待寡婦和孤兒」（〈出埃及記〉22:22）、以及先知阿摩司抱怨社會菁英「欺負貧寒的，壓碎窮乏的」（〈阿摩司書〉4:1）。

## 《聖經》時代之前，早已有倫理道德

就算是對於生活在古代中東的智人來說，《聖經》先知講的話也都早有先例。舉例來說，蘇美城邦、法老時代的埃及、巴比倫帝國都早已熟知「不可殺人」和「不可偷盜」的法律與道德規範。至於定期有休息日的做法，出現的時間也遠早於猶太的安息日。比起先知阿摩司譴責以色列菁英的種種壓迫行徑，巴比倫國王漢摩拉比更是早了一千年就提到，偉大的神祇指示他「在此地展現正義，摧毀邪惡和卑鄙，阻止強者剝削弱者。」[154]

與此同時的埃及（摩西還要再過幾個世紀才會出生），就曾有過「好口才農民的故事」，講的是一位貧窮的農民，財產被某個貪婪的地主偷走了，這位農民來到法老貪腐的官員面前，在官員無法保護他的時候，農民開始向他們解釋為何官員必須伸張正義、特別是為窮人抵禦富人。這位埃及農民提出了一個鮮活的比喻，說窮人微薄的財富就像他們的呼吸，而官員的貪腐就像是塞住了他們的鼻孔，令他們就要窒息。[155]

許多《聖經》時代的律法，都是來自美索不達米亞、埃及和迦南地區過去所通行的規範，比起猶大王國和以色列王國，要早上幾

世紀、甚至幾千年。要說《聖經》時代的猶太教，到底讓這些律法有何不同，大概就是把這些律法從適用於所有人類的普世規範，變成主要針對猶太人的部落規範。

猶太人的倫理道德，最初就只是單純做為部落內的事務規範，而且在某種程度上，到今天仍然如此。不論是《舊約》、《塔木德》或是許多（雖然並非全部）拉比，都認為猶太人的生命比外邦人的生命更有價值。[156] 例如，若是為了拯救一個猶太人的性命，可以允許猶太人不遵守安息日規定，但如果是要拯救一個外邦人的性命，就不得褻瀆這項規定。（《巴比倫塔木德》，Yoma 84:2）

有些猶太賢者認為，就算是著名的那句誡命「愛人如己」，也只適用於猶太人，絕對沒有哪條誡命要你去愛外邦人。實際上，〈利未記〉的原文說：「不可報仇，也不可埋怨你本國的子民，卻要愛人如己。」（〈利未記〉19：18），便讓人懷疑這裡的「人」指的只是「本國」的那些成員。此外，由於《聖經》還命令猶太人滅掉像是亞瑪力人和迦南人：「其中凡有氣息的，一個不可存留；只要照耶和華你神所吩咐的，將這赫人、亞摩利人、迦南人、比利洗人、希未人、耶布斯人都滅絕淨盡，」（〈申命記〉20：16-17），這種懷疑的可能性更是大增。這是人類歷史上最早有紀錄的例子之一，把種族滅絕視為必須執行的宗教義務。

基督徒挑選了猶太人的某些道德規範，將之轉化為普世通用的誡命，再把這些誡命傳播到世界各地。事實上，正是因為如此，才讓基督宗教從猶太教分裂出來。儘管許多猶太人至今仍相信所謂的「選民」比其他國家民族更接近神，但基督宗教的奠基者聖保羅，在他著名的〈加拉太書〉當中就提到：「並不分猶太人、希臘人，

自主的、為奴的，或男或女，因為你們在基督耶穌裡都成為一了。」
（〈加拉太書〉3：28）

我們必須再次強調，雖然基督宗教有巨大的影響力，但這絕非人類首次宣揚普世的倫理道德。《聖經》絕不是人類倫理道德的唯一準則（這其實是一種幸運，因為《聖經》實在有許多種族歧視、厭女和恐同的態度）。

早在保羅和耶穌之前，孔子、老子、佛陀（釋迦牟尼）和筏馱摩那，雖然對迦南地或以色列的先知毫無所知，卻早已建立起普世可遵行的道德規範。

孔子說「己所不欲，勿施於人」，相較於長老希列（Hillel the Elder）這位著名拉比表示「愛人如己是《妥拉》（摩西五經）的本質」，孔子要早了五百年。當時，猶太教仍然要求用動物獻祭、系統性滅絕整個人類族群，但是佛陀與筏馱摩那，已開始要求信眾非但不要傷害所有人類，也不要傷害任何有知覺的生物，包括昆蟲。因此，要說猶太教及其後續的基督宗教和伊斯蘭教，創造了人類的倫理道德，絕對是說不通的。

## 盲信的誕生：一神論

那麼一神論呢？難道，猶太教首創一神信仰，在世界上任何其他地方都前所未見（雖然後來多半是由基督徒和穆斯林傳到四方，而非猶太人），不值得我們特別給點讚揚嗎？

其實，就連猶太教是否首創一神信仰，也還有疑問。史上最早有明確證據的一神論，約可追溯到埃及法老阿肯那頓（Akhenaten）

在西元前 1350 年推動的宗教革命；另外，像是摩押王米沙（King Mesha）所立的摩押石碑等文獻，都指出《聖經》時代的以色列宗教與摩押這些鄰國的宗教，並無太大的不同。米沙描述他偉大的神「基抹」（Chemosh）的時候，與《舊約》描述耶和華的方式，幾乎一模　樣。然而，「猶太教為世界帶來一神論」這種想法真正的問題，在於這件事情根本不值得引以為傲。就倫理的角度而言，一神論簡直是人類歷史上最糟糕的概念。

　　一神論幾乎不會讓人類的道德標準有任何提升；難道你真的相信，光是因為穆斯林只信一個神，本質上就會比相信多神論的印度教徒更有道德嗎？基督宗教的征服者，真的比異教徒的美洲原住民部落更有道德？

　　一神論有一點影響毫無疑問，就是讓許多人比以前更不寬容，於是導致宗教迫害與聖戰蔓延、肆虐各方。在多神論者的眼中，不同民族崇拜不同的神靈、進行各式各樣的儀禮和儀式，完全沒有問題。因此，多神論者也很少光是因為他人宗教信仰不同，就加以鬥爭、迫害或殺害。相對的，一神論者相信只有自己的神是唯一的真神，也相信這個神要求所有人都要服從祂，因此，隨著基督宗教和伊斯蘭教傳播到世界各地，各種宗教戰爭、聖戰、宗教裁判和宗教歧視的發生率，也節節上升。[157]

　　例如，讓我們比較一下西元前三世紀印度阿育王，與羅馬帝國晚期基督教皇帝的態度。阿育王所統治的帝國，有著各式各樣的宗教、教派和大師。阿育王自稱「天親仁顏王」，也就是說，他受到諸神的寵愛，並親切對待所有的人。大約在西元前 250 年，阿育王發布一道寬容的皇家敕令，宣布：

天親仁顏王敬重諸宗教修士暨居士……重視諸宗教精髓均應發展成長。精髓發展方式不一，然言語均應有所約束，不對自身宗教溢美、不無故對他人宗教貶抑……虔誠逾分而讚頌自身宗教、或為「發揚己身宗教」而貶抑他人宗教，唯傷自身宗教矣。故，宗教往來為善，宜聆聽敬重彼此教義。天親仁顏王囑望眾人深明他人宗教之良善教義。[158]

五百年後，較晚近的羅馬帝國，雖然曾與阿育王的印度同樣多元紛呈，但在基督宗教接手後，羅馬皇帝對宗教的態度大不相同。從君士坦丁大帝和他的兒子康士坦提烏斯二世開始，皇帝關閉了所有非基督教的神廟，禁止各種所謂的「異教徒」儀式，違者處死。而在狄奧多西大帝（Theodosius，字義為「由神所賜」）統治時，西元 391 年頒布了狄奧多西諭令，除基督教和猶太教以外，一切宗教成為非法（猶太教在先前也曾受到各種迫害，但一直都是合法宗教）。[159]

根據新法，就算民眾只是在家裡敬拜羅馬天神朱庇特、或密特拉神（Mithras），也可能遭到處死。[160] 而為了掃除全帝國一切異教的痕跡，這些篤信基督教的皇帝也禁止了奧運競技。於是，在舉辦超過一千年之後，最後一屆古代奧林匹克運動會，就在大約四世紀末或五世紀初，畫下句點。[161]

當然，並非所有一神信仰的統治者，都像這位「由唯一的神所賜」的狄奧多西大帝一樣不寬容；也有許多統治者雖然不信一神論，卻也不像阿育王一樣心胸開放。但不論如何，一神論者既然堅持「只有我們的神是唯一真神」，也就傾向於助長盲信。但只要講

到這一點，猶太人就會淡化自己傳播這種危險概念的角色，而把責任丟給基督徒和穆斯林承擔。

## 猶太教物理學？基督教生物學？

一直要到十九世紀和二十世紀，我們才看到猶太人在現代科學大展長才，對全人類有了非凡的貢獻。不只有愛因斯坦和佛洛伊德這些知名人物，科學界所有諾貝爾獎得主約有 20 % 是猶太人（雖然猶太人占世界人口的比例不到 0.2 %）。[162]

但該強調的是，這些是個別猶太人自身的貢獻，而不是出於猶太教的宗教或文化所致。在過去兩百年間，大多數重要的猶太科學家，都不是在猶太宗教領域裡過活。事實上，猶太人就是在放棄了猶太經典研習學校、轉向實驗室之後，才開始在科學領域發揮傑出的貢獻。

西元 1800 年以前，猶太人對於科學的影響十分有限。講到中國、印度或馬雅文明的科學進步，猶太人當然影響不大。而在歐洲和中東，雖然邁蒙尼德（Maimonides）等猶太思想家，對外邦同事頗有影響，但整體來說，猶太人的影響力大致上就是與人口比例相當。而在十六世紀到十八世紀期間，猶太教對科學革命來說，也算不上有什麼重要性。除了斯賓諾莎（因為惹了麻煩而遭猶太社群驅逐）之外，幾乎找不到哪個對於催生現代物理學、化學、生物學或社會科學至關重要的猶太人。我們並不知道，愛因斯坦的祖先在伽利略和牛頓的時代做了什麼事，但很可能他們比較有興趣研究的是《塔木德》，而不是光。

　　一直要到十九世紀和二十世紀，世俗化和猶太啟蒙運動讓許多猶太人接納了外邦的世界觀和生活方式，才產生了巨大變化。接下來，猶太學者開始進入德、法、美等國的大學和研究中心，把來自貧民區的重要文化遺產發揚光大。猶太科學家之所以成就非凡，主因之一就在於猶太文化極為重視教育。至於其他因素還包括：這個受迫害的少數族群希望證明自己的價值，以及在其他組織（例如軍隊和政府行政機構中）的反猶太氣氛較濃，猶太人不易出頭。

　　然而，雖然猶太裔科學家從猶太經典研習學校帶來了嚴格的紀律、以及對知識價值的深信不疑，但並未從猶太經典帶來任何具體的想法和見解。愛因斯坦是猶太人，但相對論並不是什麼「猶太教物理學」。不管多麼相信猶太律法神聖不可侵犯，又與 $E = mc^2$ 有什麼關係呢？相較之下，達爾文是一名基督徒，甚至一開始是在劍橋讀書，打算成為英國國教的牧師；但這能代表演化論是基督教的理論嗎？要說相對論是猶太教對人類的貢獻，就像是說演化論是基督教的貢獻，一樣荒謬。

　　同樣的，不管是 1918 年諾貝爾化學獎得主哈柏（Fritz Haber）發明了從氮氣和氫氣合成氨的哈柏法、1952 年諾貝爾生理醫學獎得主瓦克斯曼（Selman Waksman）發現鏈黴素等抗生素、或是 2011 年諾貝爾化學獎得主謝赫特曼（Dan Shechtman）發現「準晶體」，都很難說是和猶太教有什麼關係。對於像佛洛伊德之類的人文與社會科學學者而言，或許猶太背景對他們的見解會有比較深的影響。但即使是這些人，比較常見的仍然是他們如何與猶太背景斷離、而非連結。佛洛伊德關於人類靈魂的觀點，與卡羅（Joseph Caro）拉比或是約哈南（Yochanan ben Zakkai）拉比的觀點截然不同，也不是因為仔

細閱讀了猶太律法書《完備之席》(*Shulhan Arukh*)，才發現伊底帕斯情結。

　　總而言之，雖然猶太人重視學習，可能有助於猶太科學家取得卓越成就，然而仍然是外邦思想家所奠下的基礎，才讓愛因斯坦、哈柏和佛洛伊德成就斐然。科學革命絕非出自猶太人的計畫，猶太人是從猶太經典研習學校進到大學之後，才在科學革命裡找到了發揮的空間。事實上，猶太人習慣的是透過閱讀古代文本，以尋求所有問題的答案，但現代科學則要從觀察和實驗中，取得解答，所以對猶太人來說反而是重大阻礙。如果說真有什麼要素是存在於猶太教本身、能夠帶來科學突破，那麼為什麼從 1905 年到 1933 年間，有十位世俗的德國猶太人獲得了諾貝爾化學、生理醫學和物理獎，但同一時期卻沒有任何一位極端正統派猶太人、或者位於保加利亞或葉門的猶太人，能摘下諾貝爾桂冠？

## 當心集體傲慢

　　為了避免被懷疑是「討厭自己出身的猶太人」或是反猶太主義者，我想強調，我並不是說猶太教是某個特別邪惡或狡詐的宗教，我只是要說：猶太教在人類歷史上並不特別重要。許多世紀以來，猶太教就是一小群受迫害的少數人的簡單宗教信仰，喜歡閱讀和思考，而不是征服遙遠的國度、並焚燒異教徒。

　　反猶太主義者通常認為猶太人非常重要，以為猶太人控制了全世界、或控制了銀行體系、或至少是掌控了媒體，而且從全球暖化到 911 恐攻，都是由於猶太人的錯。這種反猶太的偏執，其實也就

像猶太人的狂妄，同樣荒唐。猶太人可能算是很有意思的民族，但只要從宏觀層面，就會發現猶太民族對世界的影響非常有限。

在整個歷史上，人類創造了幾百個不同的宗教和教派。而光是其中幾個：基督教、伊斯蘭教、印度教、儒教和佛教，就影響了數十億人（但不見得總是好影響）。至於絕大多數的信仰，例如西藏的苯教（Bon），非洲的約魯巴教（Yoruba）和猶太教，影響力則要小得多。就我個人而言，我寧願自己的前人不是什麼殘酷的世界征服者，而是某些不重要、不管別人閒事的小人物。許多宗教都一邊讚頌謙遜，一邊卻也想像自己是全宇宙最重要的事物；一邊要求個人要謙和，一邊又展現出集體的傲慢。不論任何信仰的人，如果能更認真思考「謙遜」的概念，都能獲益良多。

在所有形式的謙遜當中，或許最重要的就是在神的面前謙遜。每次講到神，人們往往都自稱卑微，但轉頭就以神之名，對同胞作威作福。

# 第13堂課

# 神

**不要妄稱上帝的名**

# 神有兩種

世上真的有神嗎？這可能得看你想到的是哪個神。神對你的概念，指的是宇宙間的奧祕、還是掌管人世的秩序制定者？

有時候，我們說到「神」，講的是宇宙間有某種包羅萬有、令人敬畏的謎團，是人類智慧無法理解的。對於全宇宙最令人費解的諸多奧祕，我們通常都用這種神來解釋。舉例來說，為何世間存在萬物、而非一片虛無？到底是什麼力量制定了物理基本定律？意識是什麼？又來自何方？我們對這些問題的答案一無所知，於是就對這種無知冠上了神的名。這種宇宙奧祕的神，最基本的特徵就是：我們沒辦法真的對祂有什麼具體描述。這種神是屬於哲學家的神；每當我們在黑夜裡，坐在營火邊，仰望夜空、思索著人生的意義，我們所談的神，就是這一種。

但在其他時候，我們想到的神，可能就是個嚴肅而貼近人世的秩序制定者；這對我們來說可都太熟悉了。大家似乎都胸有成竹，清楚知道這位神對時尚、食品、性和政治有何看法，我們以這位可能在天上發怒的神為名，訂定了上百萬條規則與法令、引發了無數大小衝突。如果女性穿短袖襯衫、兩個男人發生性關係、青少年手淫，都可能引發祂的雷霆之怒。有些人說，祂不喜世人飲酒；又有些人說，祂明確要求我們在每週五晚上或每週日早上飲下葡萄酒。早有無數書籍，巨細靡遺的寫出祂所喜悅或不喜悅的事物。對於這種在人世間制定秩序的神，最基本的特徵就是：我們對祂的描述真是再具體不過。這種神屬於十字軍、聖戰者、審判者、厭女者和恐同者；每當我們站在燃燒的柴堆邊，對著正綁在柱上燃燒的異教徒

丟擲石塊、施以凌虐，我們想的神，就是這一種。

　　有信仰的人被問到世上究竟有沒有神，常會先說到宇宙如此奧祕、人類的智慧又如此有限，說到目前科學仍無法解釋宇宙大霹靂的成因，他們就嘆服讚道：「這一定是神的作為。」但這就像是魔術師在觀眾不知不覺中，妙手抽換了一張牌，這些信徒的說法，也是用「秩序制定者」替換了「宇宙奧祕」，把宇宙間各種奧祕都冠上「神」的名號，接著就開始以此譴責比基尼和離婚行為。「我們不知道宇宙大霹靂是怎麼回事，所以你不能公開露出頭髮，而且必須投票反對同性婚姻。」這種推論不但沒有邏輯，還根本自相矛盾。其實，宇宙間的奧祕愈是難解，這位神也就愈不可能在意到底女性該怎麼打扮、人類該怎麼進行性行為。

　　至於「宇宙奧祕」要怎麼變成「世俗秩序制定者」，常都是依靠某本神聖的經典來構成連結。這本經典會寫出最雞毛蒜皮的規定，而信徒會號稱這一切都是為了榮耀宇宙的奧祕。而且據說，這本經典的編寫者創造了空間和時間，但祂不惜紆尊降貴，為我們帶來啟發──只不過經典裡主要規定的，都是該行什麼神祕的寺廟儀式、飲食上該有什麼禁忌。

　　事實上，並沒有任何證據能夠證明《聖經》、《古蘭經》、《摩門經》、《吠陀經》或其他任何神聖經典背後的編寫者，就是那個決定了 $E = mc^2$、質子的質量為電子的 1,837 倍的神祕力量。就目前所知的科學知識而言，所有這些神聖文本，都是由智人發揮想像力而寫成的，都只是祖先所發明的故事，是要讓各種社會規範和政治結構合法化。

　　對於「存在」的奧祕，我個人至今仍然為此讚嘆不已，也充滿

好奇。但我也從來想不清楚,這份奧祕與猶太教、基督宗教或印度教那些瑣碎煩人的法則,有何關係。當然,這些法則在幾千年來協助建立並維護了社會秩序,但從根本上來說,這些法則與世俗國家政體及制度的法規,並無不同。

《聖經》十誡中的第三條,要人不可妄稱神的名。許多人對此的理解非常幼稚,以為這代表不能把「耶和華」這幾個字說出來。例如在惡搞電影《萬世魔星》裡就有個著名場景,原本是對妄稱神名的人進行審判,但審判者講到「如果你再說耶和華……」,就被旁人丟了石頭。

就深層涵義來說,這條誡命是要告誡我們:不該用神的名義,來為自己的政治利益、經濟野心或個人仇恨找藉口。但現在,常有人是自己恨某個人,就說「神恨他」;自己想要某片土地,就說「神想要這片土地」。

如果我們能真正更忠誠的遵守第三條誡命,世界應當會變得更加美好。你想對鄰國發動戰爭、偷走他們的土地?別用神當理由,去找另一個藉口吧。

到頭來,一切都是語義學的問題。我用「神」這個字的時候,想到的會是伊斯蘭國、十字軍東征、宗教裁判所、以及寫著「神討厭同性戀」的標語的那種神。所以如果我想的是宇宙奧祕,就寧願使用其他詞彙,以避免混淆。如果是伊斯蘭國或十字軍東征的神,便會極度在意各種名字問題,特別是自己那個最神聖的名字;但如果是宇宙奧祕的這種神,祂才不在意我們這些猿類,究竟給了祂什麼稱呼。

## 無神論的倫理基礎

當然，宇宙奧祕並無助於我們維持社會秩序。常有人說，我們必須相信某位神祇，說祂賜給人類的法則必須得到遵循，如果我們不聽話，就會道德淪喪、就會社會動盪。

確實，對某些社會秩序而言，對神祇的信仰至關重要，偶爾也會帶來正面的影響。而且就算是同一個宗教，對某些人激發的是仇恨和偏執，也可能對其他人激發的是慈愛和同情。例如在 1960 年代初期，衛理公會牧師麥基爾文納（Ted McIlvenna）注意到他社區裡 LGBT（女同性戀、男同性戀、雙性戀、跨性別）民眾的困境。他開始研究整體社會男女同性戀者的處境，並首開先例，邀請神職人員與同運人士，於 1964 年 5 月在加州的懷特紀念度假中心舉辦為期三天的對話。這些與會者後來成立「宗教與同性戀理事會」（CRH），除了同運人士外，還有來自衛理公會、路德教派、聯合基督教會等的牧師。這是美國首次有一個組織，敢在官方名稱寫出 homosexual（同性戀）一詞。

在接下來的幾年裡，CRH 採取各種活動，來對抗歧視和迫害，從舉行扮裝派對、到採取法律行動等等，不一而足。CRH 成了加州同權運動的種子。麥基爾文納牧師和其他參與運動的神職人員，都很熟悉《聖經》裡提到對同性戀的告誡禁令，但他們認為，比起遵守《聖經》的字面意義，忠於基督的慈悲精神應該更為重要。[163]

然而，雖然神祇能夠啟發我們發揮同情心，但就算沒有宗教信仰，我們仍然能做出各種合乎道德的作為。如果說我們非得要靠著某個超自然的存在，才能做出有道德的作為，等於是認為道德其實

並不自然。但哪裡是這樣呢？我們本來就自然而然具備某些道德。從黑猩猩到老鼠，一切有社交行為的哺乳動物，都有道德規範，會阻止像是偷盜或謀殺之類的行為。

至於人類，雖然不是所有人類都信奉同一個神，甚至有些人根本不信神，但所有人類社會都有自己的道德觀。雖然基督教徒不信印度教的諸多神祇，仍會以慈善行事；雖然穆斯林不視基督為神，仍然重視誠實待人；雖然丹麥和捷克是世俗國家，但也不會比伊朗或巴基斯坦等宗教國家，更加暴戾。

道德的重點並不是「遵守神聖的誡命」，而是要「減少痛苦」。所以，想讓自己是個有道德的人，並不需要相信任何神明或神話故事，只要好好瞭解「痛苦」的深義就行。如果你真的明白某項行動會如何給自己或他人造成不必要的痛苦，自然就不會去做。

## 己所不欲，勿施於人

人類確實不斷有謀殺、強姦和偷盜等行為，但這是因為他們對於所造成的苦痛，還不夠瞭解。他們一心滿足自己當下的色慾或貪婪，而沒想到自己對他人的影響、甚至是對自己的長期影響。（有些審訊者在刑求逼供的時候，雖然刻意要讓對方感受巨大的痛苦，但對於自己，也得要運用各種方式來減輕罪惡感，好讓內心與自己的作為有所區隔。）[164]

你可能會有不同的意見，認為每個人當然不希望自己感受到痛苦，但除非有什麼神祇提出要求，否則何必去管別人痛不痛苦呢？答案很明顯：因為人是社交的動物，自己的幸福與否，有很大程度

取決於自己與他人的關係。沒有愛、沒有友誼、沒有群體的支持，誰快樂得起來？如果過著孤獨、自我中心的生活，幾乎肯定會感到痛苦。所以，想要快樂的話，你至少得關心你的家人、朋友，以及所屬社群裡的其他人。

說到這裡，如果是完全陌生的人呢？為什麼不把陌生人殺了，奪取他們的東西，來讓我自己和我的部落過得更好？許多思想家都已經提出完整詳細的社會理論，告訴我們這種行為從長遠來看，將會是反效果。沒有人會想活在一個陌生人老是被搶被殺的社會裡。這種社會不但讓人時時面臨危險，也無法形成各種靠著互信才能形成的便利機制，例如做生意。一般來說，商人可不會自投羅網、拜訪盜匪窩吧？正因如此，不論是從古代的中國到現代的歐洲，許多與宗教完全無關的理論家，都一再說明「己所不欲，勿施於人」的黃金守則。

但我們並不需要久遠複雜的長篇大論，也能有很自然的理由，支持人類應該對彼此同情慈愛。讓我們暫時放下做生意這回事。就更直接的層面而言，傷害別人也總是會傷害到自己。世上所有暴力行為，必然始於一個人心中的暴力欲望，於是早在擾亂他人的平和幸福之前，就已經擾亂了這個人自己的平和幸福。人會去偷盜，必然是因為心中先有了許多貪婪和嫉妒。人會去殺人，必然是因為心中先有了各種憤怒和仇恨。而貪婪、嫉妒、憤怒和仇恨，可不是什麼令人愉快的情緒。每當你怒火中燒或滿腹妒火，哪能體驗快樂與和諧？所以，早在你殺害任何人之前，這份憤怒已經扼殺了你心中的平和。

事實上，你可能根本不會去殺害那個你仇恨的對象，但心中的

怒火卻悶燒連年。這種時候，你雖然沒有傷害任何別人，卻傷害了你自己。所以，如果說我們應該設法克制自己的憤恨，最自然的考量也是為了自己好，而不是因為什麼神祇的旨意。與其殺害某個深惡痛絕的敵人，還不如從一開始心中就毫無憤恨，感受必然更佳。

## 信眾的行為決定了神的價值

對某些人來說，如果深信有某個神，要求我們「連左臉也轉過來由他打」，可能有助於遏制他們心中的憤恨，而這也是宗教信仰對世界和平與和諧的重大貢獻。但不幸的是，對於其他某些人來說，宗教信仰反而是在煽動他們的憤恨、為憤恨找藉口，特別是如果有人竟敢侮辱他們的神，或忽視祂的期望。所以，對於「世俗秩序制定者」這種神來說，信眾的行為就決定了神的價值。如果信眾安分平和，不管信哪個神，實在沒什麼差別。

同樣的，各種宗教儀式和聖地的價值，也要看它們是激發出怎樣的感受與行為。如果參觀某座寺廟神殿，會讓人感受到和平與和諧，那再好也不過；但如果某座寺廟神殿是造成暴力和衝突，那到底要它做什麼？這座寺廟神殿顯然就是功能失調。如果有棵生病的果樹只長刺不長果，各方何必搶得頭破血流？同理，如果有座功能失調的寺廟神殿，只製造衝突敵意、無法帶來平和安詳，又何必為它打得你死我活？

就算不上任何宗教場所、不信任何神祇，也可以是一種選擇。正如過去幾世紀所證明的，我們不需要稱神的名，也能過著道德充滿的生活。靠著世俗主義，就能為我們提供所需的所有價值。

# 第14堂課

# 世俗主義

面對自己的陰影

如果說你相信「世俗主義」（secularism），這究竟是什麼意思？
有人會說，世俗主義就是否認宗教，所以要定義世俗主義的時候，
就是看這些人不相信什麼、不去做什麼。這樣說來，所謂世俗主義
就是不信有神或天使、不上教堂不拜廟，不行儀禮、不做儀式。若
是如此，世俗主義的世界似乎就是一片空洞虛無、不談道德，像是
一個空箱子，等著裝些什麼進去。

然而，很少人會像這樣從負面來定義自己的身分。會說自己是
世俗主義者的人，對世俗主義會有一種截然不同的看法。對他們來
說，世俗主義是非常正面積極的世界觀，其實有一套連貫一致的價
值準則，而不只是在反對這個或那個宗教。

事實上，許多世俗主義的價值觀，在各個宗教傳統裡也同樣適
用。有些宗教教派堅稱，所有的智慧與良善都是自己教派說的才算
數，但是世俗主義的主要特徵之一，就在於沒有這種想壟斷一切的
念頭。世俗主義並不認為道德和智慧是在某個時間和地點，從天上
降下來；世俗主義認為道德和智慧是由所有人類自然傳承而成。這
樣一來，當然也就至少有某些價值觀是普世共有、同時存在於世界
各地的人類社會，不管是穆斯林、基督徒、印度教徒和無神論者，
都會共同信奉這些價值觀。

宗教領袖常常向信眾提出非黑即白的選擇題：你要嘛是個穆斯
林，否則就不是。而如果你是穆斯林，就必須對其他所有宗教教條
堅決說不。相反的，世俗主義者一點也不介意同時兼有多種身分。
對於世俗主義者來說，就算你說自己是穆斯林、每天向真主阿拉祈
禱、吃清真食品、上麥加朝聖，只要你願意遵守世俗的道德準則，
當然也就可以成為世俗社會的一員。而世俗的道德準則（事實上有

數百萬穆斯林、基督徒、印度教徒、無神論者也都接受了這樣的準則），其實也就是重視真相、同情、平等、自由、勇氣和責任的價值觀，也構成了現代科學和民主制度的基礎。

一如所有道德準則，世俗主義的準則也是一種理想，而非社會現實。就像是基督宗教的社會和機構常常不符合基督宗教的理想，世俗主義的社會和機構也經常與世俗主義的理想相去甚遠。中世紀的法國雖自稱是基督教國度，卻充斥各種不那麼基督教的作為（問問受壓迫的農民就知道了）。至於現代法國雖然自稱是世俗國家，但從法國大革命時期的羅伯斯比爾（Maximilien Robespierre，主張男性普選權）開始，對於自由的定義，實在也定義得非常的自由（問問女性就知道了）。這並不代表世俗主義者（不論在法國或其他地方）就沒有道德方向、缺乏道德承諾，只是讓我們知道，想要實現理想並不容易。

## 世俗主義追求真相

所以，世俗主義眼中的理想究竟為何？世俗主義最重視的就是**真相**（truth）：真相必須是基於觀察和證據，而非單純只憑相信。世俗主義努力不把真相與相信混為一談。如果你非常相信某個故事，或許能反映出許多關於你的心理、你的童年、或是你的大腦結構等等有趣的事；但這一切仍然無法證明這個故事為真。（通常，正是因為故事本身並不真實，才更需要有強烈的信仰。）

此外，世俗主義不特別尊崇某個團體、某位個人或某本書籍，不會認為只有它能夠判斷真相。相反的，只要真相以任何方式展現

出來（遠古的骨骼化石、遙遠的星系影像、各種統計資料表格、又或是各種人類傳統文明流傳下來的文本），世俗主義就願意尊崇。正是這種對真相的承諾，推動了現代科學，讓人類能夠破解原子、解譯基因體、追溯生命的演化過程、理解人類本身的歷史。

## 世俗主義重視同情

世俗主義重視的另一項則是**同情**（compassion）。世俗主義的倫理並不在於聽從這個或那個神的教誨，而在於深刻理解各種苦痛。舉例來說，世俗主義之所以禁止殺人，並不是因為什麼古代典籍記載不該殺人，而是因為殺戮的行為會給眾生造成巨大的苦痛。有些人之所以不殺人，只是因為「神這麼說」，但這種理由其實令人相當不安，也頗為危險。這些人不殺人的理由只是因為「聽話」，而不是出於自身的同情憐憫，那麼如果他們相信自己的神命令他們去殺死異教徒、女巫、通姦者或外國人，他們會怎麼做？

當然，世俗主義的各種倫理準則既然沒有某些絕對必須遵守的神聖誡命，實行上也就常常面臨各種困難。如果某一行為會傷害某個人，但對其他人有利，該怎麼辦？對富人多徵稅來幫助窮人，是否合乎道德？我們能不能發動血腥的戰爭，以消滅某個殘酷的獨裁者？我們是否該不限人數，讓所有難民都進入我們的國家？世俗主義碰上這些問題，並不會問「神怎麼指示？」，而是仔細權衡其中各方的感受，檢視各種觀察結果和可能性，找出造成傷害最少的中間路線。

讓我們以對性的態度為例。世俗主義如何決定是該支持或反對

強姦、同性戀、人獸交和亂倫？方法就是檢視其中各方的感受。強姦顯然不合道德，原因不在於違反什麼神聖誡命，而在於有人受到傷害。相較之下，兩個男人之間的愛情關係並不會傷害到其他人，所以並無理由禁止。

那麼，人獸交呢？我曾參與過許多公開或私下關於同性戀婚姻的辯論，總會有些社會賢達問道：「如果兩個男人都能結婚，為什麼不讓一個男人和一頭山羊也能結婚？」

從世俗主義來看，答案實在再明顯不過。健全的婚姻關係需要情感、理智、甚至精神靈性上的深度；缺乏這種深度，婚姻只會讓人覺得沮喪、孤單，在心理上發育不良。兩個男人當然可能滿足彼此的情感、理智及精神靈性上的需求，但和一頭山羊，卻無法達到這種效果。

因此，如果你認為婚姻制度的目的，是促進人類福祉（世俗主義正是如此認為），根本不可能問出這種荒謬的問題。這種荒謬的問題，只有把婚姻視為某種奇蹟般的儀式的人，才想得到。

那麼，父女戀又怎麼說呢？既然兩個都是人類，還有什麼理由反對？然而諸多心理學研究都指出，這種關係會對孩子造成巨大、而且通常無法挽回的傷害，並且會反映及加劇父親的破壞性傾向。根據演化結果，智人的心理運作就是很難讓浪漫關係與親屬關係攜手共存。所以，我們也不用等上帝或《聖經》告訴我們不該亂倫，只要讀讀相關的心理學研究，就知道了。[165]

世俗主義之所以看重科學真相，深層原因正在於此。重點不在於滿足好奇心，而是為了瞭解怎樣最能減少世間的痛苦。如果少了科學研究照亮路途，我們的同情通常也只能盲目。

# 世俗主義主張平等、自由、勇敢

重視真相、重視同情，也就帶出世俗主義的第三項主張：平等（equality）。雖然說在政治上和經濟上該不該人人平等，還有不同的意見，但世俗主義基本上就是會質疑所有預設的階級制度——不論受苦的人身分為何，總之痛苦就是痛苦；不論發現知識的人身分為何，總之知識就是知識。硬要說某個國家、某個階級或某一性別的經歷或發現，就是高人一等，很有可能會讓人變得既冷酷又無知。

世俗主義的人當然也會為自身民族、國家和文化的獨特，而感到自豪，但他們知道「獨特」並不等於「優越」，所以除了覺得該對自己的民族和國家盡一份特殊義務，也會認為自己該對全人類負起一些責任。

而如果沒有思考、調查及實驗的自由（freedom），我們也就不可能尋求真相，走出痛苦。因此，世俗主義珍惜自由，不會把至高的權威加諸於任何特定的文本、機構或領導者，讓它們判斷什麼是真實、什麼是正確。人類應該要永遠能夠自由自在的提出質疑、再次檢查、聽取第二意見、嘗試不同的道路。世俗主義推崇伽利略，因為他敢於質疑地球是否真的是宇宙不動的中心；推崇在 1789 年衝進巴士底獄的平民大眾，因為他們擊倒了路易十六的專制政權；推崇羅莎・帕克斯（Rosa Parks），因為她有勇氣坐在公車的白人保留席上。

要對抗偏見及壓迫的政權，需要很大的勇氣（courage）；要承認自己的無知、走進未知領域，需要更大的勇氣。世俗主義的教育告訴我們，如果自己不知道某件事，應該要勇敢承認自己的無知，積

極尋找新證據。就算覺得自己應該已經略知一二，也不該害怕質疑自己的想法、對自己再次檢查。

很多人害怕未知，希望每個問題都有明確的答案。比起任何暴君，或許對未知的恐懼，更容易讓我們嚇得四肢發軟。在歷史上，一直有人擔心：除非我們完全相信某些說一不二的答案，否則人類社會就會崩潰。但事實上，現代歷史已經證明：比起要求所有人無異議接受某些答案的社會，如果某個社會有勇氣承認自己的無知、提出困難的問題並試圖回答，這種社會通常不但更為繁榮，也更為和平。

那些擔心自己會失去真理的人，往往比習慣從多個不同角度看待世界的人，更為暴力。而且，「無法回答的問題」也通常比「不容質疑的答案」，對人更有益。

## 世俗主義強調責任

最後一點，世俗主義重視責任（responsibility）。世俗主義不相信有什麼更高的權柄，會負責照顧世界、懲罰惡人、獎勵公正，甚至保護我們免遭饑荒、瘟疫或戰爭。因此，不管人類是做什麼或不做什麼，都得由我們這些血肉之軀自己負起責任。如果世界充滿苦難，就是該由人類負起責任，找出解方。

現代社會的種種巨大成就，很令世俗主義自豪，例如許多流行病絕跡、免受大饑荒之苦、世界大部分地區一片和平。這些成就並不需要歸功於什麼神的護祐，而是出自於人類培養了自己的知識和同情心。但也因為完全相同的原因，對於現代社會種種的犯罪和失

敗（從種族滅絕到生態退化），人類也同樣責無旁貸。我們不該祈求奇蹟，而該問問自己能做些什麼。

真相、同情、平等、自由、勇氣、責任，是世俗主義的主要價值觀。但也如前面提過，這些價值觀並非世俗主義所獨有。猶太人也重視真理真相、基督徒也重視同情、穆斯林也重視平等、印度教徒也重視責任，諸如此類。對於世俗主義的社會和制度來說，會十分樂意承認這些關聯，也願意擁抱虔誠的猶太人、基督徒、穆斯林和印度教徒，但是有一項前提：若世俗主義的規則與宗教教義發生衝突，宗教教義必須讓步。

舉例來說，宗教如果想得到世俗主義社會的接納，正統派猶太教就必須把非猶太人也一視同仁；基督徒不能把認定為異端的人綁上柱子焚燒；穆斯林必須尊重言論自由；而印度教徒也必須放棄基於種姓的歧視。

相對的，世俗主義也不會要求信教人士否認他們的神祇、或是放棄傳統儀禮儀式。世俗主義要判斷人的好壞，看的是他們的實際行為，而不是他們愛穿什麼衣服、愛行什麼儀式。就算某個人穿著某種最詭異的宗教服飾、行的是某種最特異的宗教儀式，但他的實際作為，仍然可能完全是出於對世俗主義核心價值的堅定承諾。

舉例來說，還是有許多猶太教徒科學家、信仰基督教的環保主義者、穆斯林女權主義者，以及信奉印度教的人權運動者。只要他們忠於科學真相、同情、平等、自由，就是這個世俗主義世界的正式成員，也絕對沒有理由要求他們卸下小圓帽、十字架、頭巾或是額上的紅點（tilaka）。

出於類似原因，世俗主義的教育並不代表要進行反面灌輸、教

導孩子不要相信神、不要參加任何宗教儀式；而是要教導兒童區分真相與信仰，培養他們對所有受苦生物的同情，欣賞全球所有居民的智慧和經驗，要能自由思考、不害怕未知，以及為自己的行為和整個世界負起責任。

## 史達林是世俗主義者？

也因此，要批評世俗主義缺乏倫理道德或社會責任，完全是說不通的。事實上，世俗主義的主要問題恰恰相反，是把倫理標準設得太高。多數人都難以遵守如此嚴格的標準，而大型社會的運作也不可能追求無窮無盡的真相和同情。特別是面臨戰爭或經濟危機等緊急狀況，就算還無法得知真相為何、怎樣做才最能維持同情，社會還是必須迅速有力做出回應。這時需要的是明確的指導方針、吸引人的口號、鼓舞人心的吶喊。光靠著還無法肯定的質疑，實在難以讓士兵投入戰鬥，或難以推動激進的經濟改革，於是也就讓世俗主義的運動一再轉變為武斷的教條。

舉例來說，馬克思一開始只是認為，所有宗教都是壓迫性的欺詐，並鼓勵追隨者自己去調查瞭解全球秩序的本質。但在接下來幾十年間，迫於革命和戰爭的壓力，馬克思主義也日趨強硬。等到史達林主導的年代，蘇聯共產黨的官方說法已經是「全球秩序對一般人而言實在太複雜，所以最好永遠相信黨的智慧，叫你做什麼就去做」，就算黨把幾百萬無辜人民關進監獄或處決，也在所不惜。這看起來大概是很醜惡，但黨的思想家從來就不厭其煩的解釋著：革命不是野餐，而且如果想吃煎蛋捲，就是得打破幾顆雞蛋。

因此，到底是否該把史達林看成一個遵守世俗主義的領導者？重點在於，我們究竟如何界定世俗主義。如果用最低標準的反面定義：「世俗主義不信神」，那麼史達林絕對是世俗主義者。但如果用正面定義：「世俗主義拒絕所有不科學的教條，致力於追求真相、同情和自由」，那麼馬克思就是一位傑出的世俗主義者，但是史達林則否。史達林讓我們看到的是一個沒有神祇、卻極端教條主義的「史達林主義」宗教，而他就是該教的先知。

## 緊抱教條，絕非世俗主義

史達林主義並非唯一的例子。在政治光譜的另一端，資本主義也同樣是以一種開放的科學理論開始，但逐漸變成一種教條。許多資本主義者不斷呼喊「自由市場」和「經濟成長」的口號，卻無視現實已經有了怎樣的改變。過度虔誠的資本主義信徒，並不理會現代化、工業化或民營化有時會造成可怕的結果，都將之視為「成長中的痛苦」，保證只要再成長一點，一切就會變好。

一般來說，中間路線的自由派民主主義者，會更忠於世俗主義對真相和同情的追求。但是就連他們，有時也會先放下這些追求，擁抱能夠提供安慰的教條。因此，一旦面對殘酷獨裁統治、或是國家動盪不安，自由主義者常展現其堅毅不搖的信念，深信「普選」這個神奇的儀式，必定能扭轉乾坤。他們在伊拉克、阿富汗和剛果等地揮軍血戰、投入數十億美元，堅信只要戰後能夠舉行普選，就能讓這些地方如同丹麥，而且擁有更燦爛的陽光。

但這種做法已一再失敗，而且就算在早有普選傳統的地方，也

偶爾會選出專制民粹主義者，最後的結果與許多獨裁統治的政權也相去無幾。而如果你想質疑普選究竟能否達到所聲稱的效果，雖然不會被送到勞改營，但各種教條上的霸凌，卻很可能會像是一桶冰水般，淋到你頭上。

　　當然，各種教條會造成的傷害人小不一。就像某些宗教上的信念能讓人受益，世俗主義也有某些教條能帶來好處。舉例來說，特別是人權相關的理論。「人權」其實只存在於人類發明出來、再告訴彼此的故事之中。在過往對抗宗教偏執和專制政府時，這些故事也給推上神壇，成了不證自明的教條。然而，雖然人類並非真的天生就有生命權或自由權，但正是出於對這個故事的信念，讓我們得以限縮專制政權的力量、保護少數民族，也讓數十億人免於遭受貧窮和暴力的肆虐。因此，「人權」這個故事對人類的幸福和福利的貢獻，可能比史上任何其他教條都來得多。

　　然而，這仍然就是一個教條。所以，聯合國《人權宣言》第 19 條講到「人人有權享有主張和發表意見的自由」——如果我們把這看成一項政治主張（「人人都應該要有主張和發表意見的自由」），這絕對合理；但如果我們因此相信每一位智人天生就有「發表意見的自由」、因此任何審查制度都是違反自然律，那就等於視而不見人類社會的真相。如果你定義自己是個「擁有不可剝奪之自然權利的個體」，就無法真正認識自己，也無法理解是哪些歷史力量，塑造了你的社會和你的心靈（其中就包括你對「自然權利」的信念）。

　　在二十世紀，人民忙於對抗希特勒、史達林、以及他們的追隨者，這種無知可能還沒什麼關係。但是到了二十一世紀，由於生物科技和人工智慧正試圖改變人類的定義，這種無知就可能變得後果

嚴重。如果我們堅信人類有生命權，是否就代表我們該運用更多生物科技，以克服死亡？如果我們堅信人類有自由權，是否就該發展更強大的演算法，用來解開並實現我們所有隱藏的願望？如果每個智人都享有平等的人權，那麼「超人類」是否就該享有超級人權？

就算自認相信世俗主義，只要對於「人權」存有這種教條式的信念，就會發現很難對這些問題有更深入的討論。

在過去幾個世紀裡，「人權」這項教條被形塑為一種武器，用來對抗宗教裁判所、法國舊制度、納粹和 3K 黨。然而，面對超人類、半機械人和超高智能電腦等議題，卻是顯得措手不及。曾經，種種追求人權的運動，對抗著宗教偏見和人類暴君，精采的論點攻守有據；但現在要對抗的是過度的消費主義和科技烏托邦，就顯得無力招架了。

## 認真面對自己的陰影

世俗主義並不是史達林主義者那樣的教條主義，也不該與西方帝國主義所造成的苦果、或者工業化的失控後果相提並論。然而，世俗主義確實仍須負起部分責任。

各種世俗主義的運動和科學機構提出的承諾，讓幾十億人為之著迷，以為這能讓人類更為完美，並利用地球慷慨的恩惠，為人類這個物種帶來利益。不過，這些承諾雖然克服了瘟疫和饑荒，但也帶來了勞改營、造成了冰帽融化。或許有人會說，這都是因為人們誤解並扭曲了世俗主義的核心理想，操弄了科學上的真正事實。這說的絕對沒錯，然而所有能夠發揮影響力的運動，都有這種問題。

　　舉例來說，基督宗教曾犯下許多罪行，例如宗教裁判所、十字軍東征、對世界各地本土文化的壓迫，以及對女性的消權。對於這種說法，基督徒可能深覺遭到冒犯，認為之所以有這些罪行，都是出於對基督教的徹底誤解所導致。耶穌所講的只有愛，而宗教裁判所是對祂種種教導的可怕扭曲。

　　對於這種辯解，我們雖然能夠同情，但也不能真讓基督宗教如此輕鬆就脫了干係。基督徒面對宗教裁判所和十字軍東征等事件，不能只說大感震驚，就一口撇清，而是應當問問自己一些非常棘手的問題。他們這個「充滿愛的宗教」，究竟是怎樣讓自己得以被這樣扭曲誤用，而且不是一次兩次，而是前科累累？某些新教徒會聲稱這一切得怪天主教的狂熱份子。但我建議這些人可以去找本書，看看新教殖民者在愛爾蘭或北美洲有哪些作為。

　　同樣的，馬克思主義者也該問問自己，馬克思的想法是怎麼走向勞改營；科學家該想想，科學研究計畫為何如此輕易就讓自己破壞了全球生態系的穩定；遺傳學家更該特別注意，思考納粹是如何劫持了達爾文的理論。

　　每一個宗教、意識型態和信條，都會形成陰影。無論你遵守的是哪一種信條，都該看到自己的陰影，避免自己天真的相信「我們不會這樣」。與大多數傳統宗教相比，世俗主義的科學至少還有一大優勢：並不害怕自己的陰影，原則上也願意承認自己的錯誤、指出自己的盲點。

　　但如果你相信的是「有某種超越一切的力量，會揭示絕對的真理」，那就無法允許自己承認任何錯誤了——因為這會讓你所相信的整套故事轟然傾頹。然而，如果你相信一切就是「充滿缺點的人

類，試圖追尋真相」，你就能夠坦然承認，過程中可能會有失誤。

也正因如此，非教條式的世俗主義知道自己並不完美，因此各種承諾就顯得溫和保守多了，希望達到的目標可能只是讓情況稍有好轉、讓最低工資微幅提升幾美元、或將兒童死亡率略降幾個百分點。至於其他教條式的意識型態，其特徵就在於過度的自信，以致總是矢言達成不可能的目標。這些領導人對於「永恆」、「純淨」和「恢復」總是夸夸其談，似乎只要制定某個法律、建起某座廟宇、又或征服某片土地，就能大手一揮，拯救整個世界。

## 反省是成長的起點

如果真要做出某些人生最重要的決定，就我個人而言，我更願意相信那些自承無知的人，而不是那些聲稱自己全知全能的人。如果你希望自己的宗教、意識型態或世界觀能夠領導世界，我要問的第一個問題就是：「你的宗教、意識型態或世界觀，過去犯下最大的錯誤是什麼？當時它弄錯了什麼事？」如果你無法提出一個認真的答案，至少我就無法相信你。

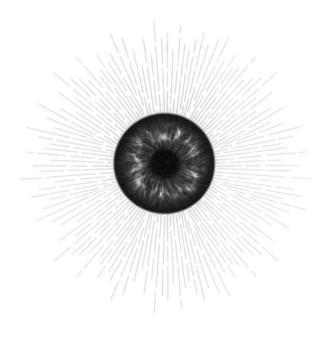

# 第四部

# 真相

全球所面臨的困境，讓你覺得困惑而不知所措嗎？
那麼你就走對路了。
全球的發展已經變得太過複雜，任何個人都難以理解。
但這樣一來，你要怎樣才能得知關於這個世界的真相，
避免成為政治宣傳和錯誤資訊下的犧牲者？

# 無知

## 你知道的比你以為的少

　　前面幾堂課討論的是當今時代，某些最重要的問題和發展，從誇大其詞的恐怖主義威脅、到遭輕忽小看的科技顛覆。如果你覺得這一切實在有太多資訊，叫人難以思考，你的感覺一點也沒錯。沒人能夠全面思考這一切。

　　在過去幾個世紀裡，自由主義對「理性的個人」賦予無比的信任，認為個人是獨立的理性能動者，而現代社會也是以這種只存於神話想像中的生物為基礎。民主的基礎，就是認為選民能做出最好的選擇；自由市場資本主義認為顧客永遠是對的；信仰自由主義的教師也會要學生自己去思考。

　　然而，對「理性的個人」加諸如此信任，是個錯誤的決定。後殖民主義和女權主義思想家指出，「理性的個人」可能只是西方沙文主義的幻想，頌揚的是上流階級白人的自主權和權力。如前所述，行為主義經濟學家和演化心理學家已然證明，大多數人類決策是基於情緒反應和直觀推斷，而非理性分析；然而，人類的情緒和直觀推斷雖然可能適合處理石器時代的生活形式，但到了這個矽晶時代卻是嚴重不足。

## 知識的假象

　　而且不只「理性」，就連「個人」也只是一種神話想像。人類很少真的自己思考，而是以群體為單位來思考。英語諺語有云，要養活一個孩子，得靠全部落共同努力。而要發明工具、解決衝突或治癒疾病，也是一樣的道理。沒有人能夠知道興建大教堂、製造原子彈或飛機所需的一切知識。智人之所以能夠勝過所有其他動物，

成為地球的主人，靠的不是個人的理性，而是能夠群體思考的這種獨特能力。[166]

　　每位個人對世界的瞭解其實少之又少，而且隨著歷史發展，甚至是所知愈來愈少。石器時代的狩獵採集者知道怎麼自己做衣服、怎麼生火、怎麼獵兔子，也知道如何逃離獅子的追捕。我們以為自己懂得的知識比前人更多，但其實做為個人而言，我們的所知並不如過去。

　　現代人幾乎所有需求，都有賴於他人的專業知識來提供。例如有一項實驗，就能叫人知道自己有多無知：這項實驗先請受試者評估自己有多懂拉鍊，而大多數人都是自信滿滿，畢竟誰每天不用拉拉鍊？但接下來，實驗請受試者盡可能詳細描述：拉鍊運作時的每個步驟。這時，大多數人都毫無頭緒。[167]

　　這就是斯洛曼（Steven Sloman）與芬恩巴赫（Philip Fernbach）所謂「知識的假象」（knowledge illusion）。雖然每個人其實懂得很少，卻以為自己懂得很多，原因就在於：我們把存在於其他人腦中的知識，也看做自己的知識。

　　這不一定是壞事。人類對群體思維的依賴，使我們成為世界的主人，知識的假象讓我們能夠繼續愉快過生活，而不會陷入無謂的努力、試圖自行理解身邊的一切。從演化的角度來看，智人相信別人的知識，實在是一件再好不過的事。

　　然而，人類有很多特性都是如此，在過去很有道理，但到現在卻成了問題；知識的假象也現出了不足之處。

　　世界正變得愈來愈複雜，而人們就是無法意識到，自己對一切有多麼無知。因此，有些人高談闊論如何因應氣候變遷和基因改造

作物,但其實對於氣象學或生物學,幾乎一無所知;有些人強烈主張該如何應付伊拉克或烏克蘭,卻其實連這些國家在地圖的哪裡,都找不到。

人類很少能認清自己的無知,因為他們就是一直待在如同回聲室的同溫層裡,往來的都是思想相近的朋友,接受的都是肯定自己意見的新聞訊息。各種信念只是不斷增強,鮮少遭到挑戰。[168]

## 群體思維陷阱

光是為民眾提供更多、更好的資訊,大概也無法讓情況有所改善。科學家希望,只要有更好的科學普及教育,就能消除大眾錯誤的觀點;學者也希望,如果能把準確的事實和專家報告呈現在公眾眼前,就能改變大眾對於歐巴馬健保改革或全球暖化的看法。然而這些希望,其實都誤解了人類實際的思維方式。

人類大部分觀點的塑造,都是透過群體思維、而非個人理性,而我們之所以會堅持這些觀點,是因為出於對群體的忠誠。光是拋出一項又一項的事實、指出他們個人的無知,可能適得其反。大多數人並不喜歡接收太多事實,而且當然也不喜歡覺得自己很愚蠢。可千萬別以為只要拿出統計數據,就能說服茶黨支持者,接受全球暖化的真相。[169]

群體思維的力量無所不在,所以就算某些觀點看起來是如此主觀武斷,也很難打破。舉例來說,美國右翼保守人士對於汙染和瀕危物種的關注,遠少於左翼進步人士;正因如此,路易斯安納州的環保法規就遠比麻薩諸塞州來得寬鬆。我們對此早就司空見慣,覺

得理所當然，但事實上這是很奇怪的一件事。

　　一般來說，保守人士應該是更加維護舊生態秩序、保護祖先的土地、森林和河流；相較之下，進步人士則應該是更願意推動農村根本變革，特別是希望加速進步，提高人類生活水準。然而，經過各種莫名的歷史事件影響了政黨路線之後，似乎就讓保守人士自然而然不再擔心河流汙染和鳥類消失，而左翼進步人士反而是憂慮起對舊生態秩序的各種破壞。[170]

　　就連科學家，對於群體思維也同樣難以免疫。例如相信可以用事實改變輿論的科學家，自己就可能是科學群體思維的受害者。科學社群相信事實自有其效力，因此如果是忠於科學社群的人，就會認為只要擺出正確的事實，便能夠在公開辯論中獲勝。然而，早有許多實證，告訴我們情況不然。

　　同樣的，自由主義相信個人理性，但這種信念也可能是自由主義者群體思維的產物。在《萬世魔星》裡的一個高潮片段，就是有一群信眾眼冒愛心，把主角布萊恩誤認為彌賽亞。布萊恩告訴他的門徒：

　　你們不用跟隨我，不用跟隨任何人！
　　你們必須為自己思考！你們都是個體！你們都完全不同！

　　而激動的群眾也就齊聲高呼：

　　沒錯！我們都是個體！
　　沒錯！我們都完全不同！

英國喜劇天團蒙堤・派森在這裡是在諧擬 1960 年代的「反文化」潮流,但把這個觀點應用到一般對於理性個人主義的信念上,可能也同樣適用。現代民主國家裡,就是常有滿滿的群眾高呼:

沒錯!選民能做出最好的選擇!

沒錯!顧客永遠是對的!

## 權力黑洞

群體思維及個人無知的問題,不僅影響一般選民和顧客,就連各國總統或企業執行長也難以倖免。這些人雖然可能有龐大的情報機構或顧問團,但不一定能讓事情變得更好。

統治世界的時候,要找出各種真相真理,難如登天。畢竟,你就是太忙了。多數的政治領袖和商業巨賈永遠在趕行程,但如果想深入研究任何主題,就是需要很多時間,特別是需要有能夠浪費時間的特權。你需要試試那些看來可能沒用的路、走走那些好像是死巷的方向、為懷疑和無趣保留空間,讓各種想法的小小種子慢慢萌芽、綻放開花。如果你沒有浪費時間的餘裕,就永遠找不到真相。

更糟糕的是,強大的權力總是會扭曲真相和事實。所謂權力,其實就是要改變現實,而不是看清現實。手中拿著錘子,一切都看起來像釘子;手中握著強大權力,一切都好像正在等候你的介入。就算你自己設法抑制了這種衝動,周遭的人也絕不會忘記你手上握著這把巨大的錘子。任何人和你說話,都會有意無意的夾帶其他議題,因此你永遠無法完全相信他們說的話。就像是一位蘇丹,絕不

能相信自己的朝臣下屬，都會把真相告訴他。

因此，巨大的權力就像一個黑洞，會讓周遭的空間扭曲，而且愈接近、扭曲程度就愈大。每個語詞進入你的運行軌道之後，就會變得格外沉重，所有人都想討好你、安撫你，或是從你那裡得到些什麼。他們知道自己只能擁有你一兩分鐘的時間，又擔心自己說的內容不適當或太雜亂，於是最後講的不是毫無意義的空話、就是一派的老生常談。

幾年前，我曾受邀與以色列總理納坦雅胡共進晚餐，朋友警告我不該去，但我實在擋不住誘惑，以為或許有些天大的祕密，要在這種重要人物關起門的時候，才能聽到。但結果實在太令人失望，席間約有三十人，每個人都想引起大人物的注意，耍耍聰明、拍拍馬屁，求些什麼東西。如果真有哪位知道任何重要的祕密，只能說他們守口如瓶的功夫太高。但這件事怪不了納坦雅胡，怪不了任何人，而是權力彷彿黑洞、形成一股巨大引力的錯。

如果你真的想要得知真相，就需要逃出權力這個黑洞，允許自己浪費許多時間，在它周邊四處遊蕩。革命性的知識很少能夠抵達權力中心，因為權力中心正是由現有知識所建構，周邊有舊秩序的守護者把關，而各種會造成困擾、打破慣例的想法，也就通常會被拒於門外。

當然，擋下來的有許許多多確實就是垃圾。光是沒有受邀參加達沃斯世界經濟論壇，並不代表自己就是菁英，因而遭到排擠。這也正是為什麼，你必須在周邊浪費大把的時間——雖然周邊可能有某些絕妙的革命性見解，但多半就是充滿沒有道理的猜測、早經推翻的模型、純粹迷信的教條、荒謬可笑的陰謀論。

## 承認自己的無知

　　因此，領導者面對的是雙重的限制：如果待在權力中心，對世界的看法就會極度扭曲；但如果勇敢來到周邊，又會浪費許多寶貴時間。而且，情況只會日益惡化。在未來幾十年間，世界將變得比現在更加複雜。無論你是國王或是小兵，任何人類個體都會因而愈來愈不瞭解形塑世界的各種科技裝備、經濟潮流和政治動力。正如蘇格拉底在兩千多年前就已經觀察到的，在這種情況下，我們最好的選擇就是承認自己的無知。

　　然而，那道德和正義該怎麼辦？如果我們根本不瞭解這個大千世界，又要如何分辨是非、判斷邪正？

# 正義

## 我們的正義感可能已經過時

一如其他所有感受，人類的正義感也是從遠古演化而來。幾百萬年的演化過程，形成了人類的道德，很適合處理在小型狩獵採集部落中的各種社交和倫理問題。如果我和你一起去打獵，我抓到一頭鹿，而你空手而返，我該與你分享獵物嗎？如果你去採蘑菇，滿載而歸，但光是因為我比你強壯，我就可以把所有蘑菇都搶走嗎？如果我知道你打算暗殺我，我可以先發制人，在暗夜裡一刀劃過你的喉嚨嗎？[171]

如果光看表面，人類雖然從非洲大草原走到了都市叢林，情況似乎也沒什麼改變。有人可能會認為，我們今天面臨像是敘利亞內戰、全球不平等、全球暖化等問題，但都只是過去的老問題規模放大而已。然而那只是一種錯覺。規模本身就是個問題，而且從正義的觀點（一如其他許多觀點），人類已經很難適應現在的這個世界。

## 如何在全球化的世界實現正義？

這裡的問題並不在於價值觀。二十一世紀的公民，無論是有宗教信仰或相信世俗主義，都抱持許多價值觀。真正的問題是：如何在這個複雜的全球化世界裡，實現這些價值觀？

這其實是個數字問題。長久演化而為狩獵採集者，所建構出的正義感，應付的是生活環境周遭幾百個人的生活問題。如果要把這套正義感，應用到各大洲幾百萬人之間，我們的道德感就只能當機故障。

想要追求正義，除了要有一套抽象的價值觀，還必須能夠明確掌握因果關係。如果你去採蘑菇，要餵養小孩，我卻用暴力把整籃

蘑菇搶走，這意味你的一切辛勞將付諸流水，你的孩子必得挨餓入睡，而這當然是不公平的。這件事的因果關係很清楚，也很容易理解。但不幸的是，現代全球化世界天生就有一項特點：因果關係高度分化且複雜。

例如，我可能就是靜靜待在家裡，從來沒傷害過任何人，但對左翼運動人士來說，我完全就是以色列軍隊及西岸屯墾區殖民者的共謀。在社會主義者眼裡，我過著舒適的生活，是因為我也共同奴役了第三世界血汗工廠裡的童工。動物福利提倡者告訴我，我的生活交織著史上最醜惡的犯罪事件：綁架了幾十億隻家禽家畜，進行大規模的屠戮剝削！

這一切真的都該怪我嗎？這實在很難說。我現在的生存，需要依賴複雜到令人眼花繚亂的政經關係網路，而且全球因果關係盤根錯節，就連最簡單的問題也變得難以回答，例如：我的午餐來自哪裡、是誰製作了我穿的鞋，或是退休基金正拿著我的錢在做什麼投資。[172]

如果是原始的狩獵採集者，會很清楚自己的午餐從哪兒來（自己採集的）、誰做了她的鹿皮鞋（那個人正睡在二十公尺外）、自己的退休基金又在做什麼（正在泥地裡玩呢。那個時候，人類只有一種退休基金，叫做「孩子」）。

比起那位狩獵採集者，我實在無知太多了。我可能要經過多年研究，才會發現自己投票支持的政府，偷偷把武器賣給地球另一邊某個躲在幕後的獨裁者。但在我投入時間找出這個事實的同時，卻可能會錯過更重要的一些發現，例如我晚餐吃了蛋，但那些生蛋的雞現在怎麼了？

# 無知與冷漠也是一種罪行

目前整個社會體系架構的方式,讓那些不去費力瞭解事實的人得以維持幸福的無知狀態,而想要努力瞭解的人則需要歷經諸多艱難。如果全球經濟體系就是不斷以我的名義、在我不知情的狀況下偷走我的錢,我該如何避免?不管你是要以結果來判斷行為是否正義(偷竊是錯誤的,因為這會讓受害者痛苦),又或覺得結果並不重要、該從「無上義務」(categorical duty,或稱「定然責任」)來判斷(偷竊是錯誤的,因為上帝這樣說),都不會讓情況有所不同。這裡的問題,就是在於情況已經變得太過複雜,我們搞不清楚自己到底在做什麼。

過去訂出要人「不可偷盜」這項誡命的時候,所謂的偷盜,指的是用你自己的手,去實際拿走某項不屬於自己的東西。然而到了現在,如果要討論盜竊,真正重要的問題所談的,都是完全不同的情況。

舉例來說,假設我投資了一萬美元,購買某家大型石化公司的股票,每年得到5%的投資獲利。這家公司獲利極高,但原因是該公司躲避了外部成本,直接把有毒廢棄物排入附近河流,完全不顧對當地供水、公共衛生或野生生態可能有何影響。該公司財大氣粗,請了一大批律師,保護該公司不必擔心被告上法庭要求賠償,甚至還聘用政治說客,阻擋任何強化環保法規的意圖。

我們可以指控這家公司「偷了一條河」嗎?我的角色又如何?我從來沒闖入任何人的家裡,也從來沒有從任何人的錢包裡拿錢。我並不知道這家公司是如何獲利,甚至都快忘了自己的投資組合裡

有這家公司。那麼，我也犯了偷竊罪嗎？如果我們就是無法得知所有相關的事實，該怎樣才能說自己的行事都符合道德？

我們可以用「意圖的道德性」這樣的概念，來迴避這類問題：重要的是我的意圖，而不是我的實際行為或造成的結果。但在這個一切都緊緊相連的世界上，最重要的道德義務其實就是：人必須去「知道」各種事。

現代歷史最嚴重的罪行，不僅是出於仇恨和貪婪，更是出於無知和冷漠。美麗迷人的英國淑女，雖然從未前去非洲或加勒比海，但透過購買在倫敦證交所上市的股票和債券，就讓大西洋的奴隸貿易取得資金。接著，淑女在大約下午四點喝著下午茶，加入雪白的方糖，讓茶更為香甜，但這些方糖產於環境如地獄般的奴隸莊園，而她們當然也是一無所知。

在 1930 年代後期的德國，地方郵局經理可能是一位正人君子，不但很照顧手下的福利，而且如果有人的包裹遺失，他還會親自幫忙找。他總是第一個上班、最後一個下班，就算颳起暴風雪，他也會確保郵件準時送達。但令人感嘆，這樣的效率和體貼，正是納粹德國神經系統的重要細胞，不論是種族歧視的政治宣傳品、國防軍的招募要求，又或下達地方蓋世太保的殘酷命令，都因此而飛速傳達。對於那些不去真誠求知的人，他們的意圖就可說是有了缺陷。

然而，到什麼地步才算得上是「真誠求知」？每個國家的郵務人員，難道都該打開所送的郵件，如果發現是政府的政治宣傳品，就辭職或起身反抗？

現在回頭看 1930 年代的納粹德國，很容易就能對其中的道德下定論，但這是因為：我們已經知道整個因果關係鏈是如何串起。

要不是有這樣的後見之明，或許就難有這樣的道德定論。但令人痛苦的事實是：對於仍停留在狩獵採集者時期的人腦來說，世界已經變得太複雜了。

## 結構性偏見

當代世界大多數的不公不義，並不是來自個人的偏見，而是來自大規模的結構性偏見。但我們這種狩獵採集者的大腦，還尚未演化出能夠察覺結構性偏見的能力。每個人至少都會是某些結構性偏見的共犯，而我們就是沒有足夠的時間精力，去發現這些事實。

為了寫這本《21 世紀的 21 堂課》，讓我有機會好好做做這項功課。討論全球問題的時候，我常常可能犯下的錯誤，就是只看到全球菁英階層的觀點，而忽略了各種弱勢群體的想法。全球菁英掌控了話語權，因此我們不可能錯過他們的觀點。相較之下，弱勢群體通常遭到噤聲，我們也就很容易遺忘他們；並非我們懷抱惡意，只是由於純粹的無知。

例如，塔斯馬尼亞原住民有什麼獨有的問題、特有的觀點，我實在一無所知。甚至就因為我實在所知太少，在《人類大歷史》的第一版裡，我還曾誤以為，塔斯馬尼亞原住民已經全部遭到歐洲殖民者掃除而滅絕。但事實上，目前還有成千上萬的人口，保有塔斯馬尼亞原住民的血緣，也面對著許多當地獨有的問題——其中一個問題就是：常有人誤以為塔斯馬尼亞原住民已經滅絕，就連研究歷史的學者不也犯了這個錯？

而且，就算你本人屬於某個弱勢團體，對該團體的觀點有第一

手的認知，也不代表你就瞭解所有其他弱勢團體的想法。所有團體或子團體，都會有些自己才會遇到的玻璃天花板、雙重標準、充滿暗示的侮辱、以及體制上的歧視。如果是一位三十歲的非裔美籍男性，對於當個非裔美籍男性，就有長達三十年的獨到經驗。但是他仍然不會知道，當個非裔美籍女性、在保加利亞的羅姆人（Roma，一般誤稱為吉普賽人）、眼盲的俄羅斯人、或是在中國的女同性戀者，會是什麼滋味。

在這位非裔美籍男性的成長過程中，總是一再毫無明顯理由，就遭警察攔檢；而中國女同性戀者並不會碰上這種事。然而，出生在美國非裔社區的非裔美國家庭裡，代表他身邊都是和他很相似的人，他們會教他該知道些什麼，才能做為一位非裔美籍男性而存活下去、大展前程。但相較之下，中國女同性戀者並不是出生在女同性戀社區的女同性戀家庭裡，而且可能從來沒人教過她任何這方面的重要教訓。所以，就算是個在巴爾的摩長大的黑人，也不代表他就比較能理解在杭州長大的女同性戀者，會面臨哪些困難。

在過去的年代，這個問題並不那麼重要，因為不論地球另一邊遇上什麼困境，你大概都不用負什麼責任。只要你看到鄰居發生不幸的時候，還能有點同情心，通常也就夠了。然而，今日像是氣候變遷和人工智慧之類的重大全球議題，對所有人都會造成影響，不管你在塔斯馬尼亞、杭州或是巴爾的摩，都無法倖免，所以我們也就該把所有人的觀點都納入考量。

但誰真能做到？

哪有人能夠搞清楚，全球各地成千上萬的群體到底是組成怎樣的關係網路？[173]

# 縮小問題的規模？或是拒絕面對？

就算我們有這個打算，多半也已經再也搞不清楚世界上有哪些重大道德問題了。如果講的是兩個採集者、二十個採集者、又或是兩個鄰近部落間有何關係，大概我們還能夠理解。但如果是幾百萬個敘利亞人之間、五億個歐盟居民之間、又或是整個地球上所有群體和子群體之間的關係，人類就是無力理解。

面對規模如此龐大的道德問題，人類為了得以理解和判斷，有下列四種常用的方法。

第一是縮小問題規模：把敘利亞內戰，想像成兩個人在打架，一個是阿薩德政權、一個則是反抗份子，一個是壞人、另一個是好人。這樣一來，整個複雜的衝突史，就被替換成一套簡單明瞭的故事情節。[174]

第二是把重點集中在某個感人的故事，用它來代表整個衝突事件。如果你搬出整套統計和精確的數字，想要向大眾解釋事情有多複雜，大眾只會失去興趣；但如果搬出某個孩子的辛酸故事，不但能賺人熱淚、叫人血脈賁張，還能讓人誤以為自己一定站在道德正確的一方。[175]

很多慈善機構長期以來對這種方法，再熟悉不過。例如有一項實驗，請民眾捐款救助一名來自馬利共和國的七歲貧困小女孩。她的名字叫蘿琪亞，許多人被她的故事感動，打開了心門、也打開了錢包。然而，如果研究人員除了告訴你蘿琪亞的故事，也用統計資料指出非洲普遍的貧困問題，這時受訪者突然就變得比較不願意伸手協助了！

　　另一項研究，則是請人捐款給一位病童或八位病童。在只有一位病童的情境裡，民眾捐的錢還比較多。[176]

　　要應對大規模道德問題，第三種方法是編出各種陰謀論。想知道全球經濟究竟如何運作、又究竟是好是壞嗎？這太難搞清楚了。不妨換個方式，想像就是有二十位億萬富翁在背後操弄，控制了媒體、發動了戰爭，一切都是為了聚斂更多財富。

　　這類陰謀論，幾乎永遠都是一套毫無根據的幻想。當代世界就是太複雜，不僅難以明辨正義與公平，就算是想控制與管理，也是一大問題。不管是億萬富翁、中央情報局、共濟會或錫安長老會，就是沒人能真正搞清楚世界到底正在發生什麼事。但也因此，並沒有人能夠有效操弄一切。[177]

　　以上三種方法，都是拒絕面對世界究竟有多複雜。而第四種、也是最後一種方法，則是創造出一套教條，全心相信某種號稱全知的理論、號稱全知的機構、或是號稱全知的領導，接著是無條件的跟隨。

　　宗教和意識型態的教條，之所以在這個科學時代仍然深具吸引力，正是因為它們提供了一種避風港，讓我們得以不去面對令人沮喪的複雜現實。

　　而在第 14 堂課〈世俗主義〉也提過，就算相信世俗主義，也無法避開這種危險。就算你打定主意要抗拒所有宗教教條、一心追求科學真理，遲早還是會因為現實生活太過複雜，而不勝其擾，於是你決定造出某種教義，叫人別再追問下去。這些教義確實能讓人在智識上得到撫慰、在道德上感到安心，但這究竟算不算是正義，仍舊無法確定。

我們該怎麼做呢？是要接受自由主義的教條，相信只要把力量交給所有個別選民和顧客做決定，就能得到最好的結果？還是要推翻個人主義的路，重新拾取歷史上許多文化的做法，把力量交給某些社群團體，走向集體共同判斷的路？

然而，這樣的解決方案只是讓我們從「個人無知」的刀山，走向「群體偏見」的油鍋。在狩獵採集部落、鄉間聚落、甚至是城市社區，都還有可能共同思考大家所共同面對的問題。但是我們現在面對的是全球性的問題，而我們並沒有一個全球性的社群。不論是臉書、國族主義或宗教，距離要建立這樣的社群，都還有極遠的距離。所有現存的人類群體，都還只是一心追求自己的利益，而非理解全球的真相真理。不論是美國人、中國人、穆斯林或印度教徒，都無法建構「全球社群」，於是他們各自對現實的詮釋，也就都難以令所有人信服。

所以我們該放棄了嗎？人類會不會就是無法理解真相、不可能追求正義公平？我們是否已經正式進入後真相時代？

# 後真相

## 某些假新聞萬世永存

# 後真相始於政治宣傳

不斷有人告訴我們，現在是一個全新而駭人的後真相時代，我們身邊充滿各種謊言和虛假。相關例子簡直是隨手可得。像是在 2014 年 2 月下旬，一批沒有配戴任何軍章的俄羅斯特種部隊，入侵烏克蘭，占領克里米亞的重要據點。俄羅斯政府和普丁總統本人一再否認這些部隊屬於俄羅斯，說他們是「自衛團體」，大概是他們自己去軍用品店買了看起來像俄軍的裝備。[178] 講出這種荒謬言論的時候，普丁等人根本心知肚明自己在說謊。

俄羅斯國族主義者當然可以為這個謊言找藉口，說這是為了更崇高的理想：俄羅斯正在打一場正義的戰爭，連殺人都在所不惜，說謊哪有什麼關係？

在此，為入侵烏克蘭提供正當理由的崇高理想是「維護神聖的俄羅斯國族」。根據俄羅斯國族神話，俄羅斯是一個神聖的實體，雖然邪惡的敵人多次試圖入侵瓦解俄羅斯，但是這個神聖的實體已經撐過了千年之久，歷經蒙古、波蘭、瑞典、拿破崙大軍團、希特勒的德意志國防軍；到了 1990 年代，則是輪到北約、美國和歐盟打算摧毀俄羅斯，拆散其組成，於是刻意催生像是烏克蘭這種「偽國」。對於許多俄羅斯國族主義者來說，要說烏克蘭是一個獨立於俄羅斯的國家，根本是漫天大謊；相較之下，普丁正在推動「重建俄羅斯」這項神聖任務，過程裡說什麼謊，都只是小事。

烏克蘭的國民、外界觀察家和專業歷史學家，很可能對這種說法憤憤不平，並認為雖然俄羅斯的欺瞞手段早就如同軍火庫一般齊備，但這個謊仍然可說是「原子彈等級的謊言」。要說烏克蘭不是

一個現存的獨立國家，一方面是漠視了諸多歷史事實，例如在號稱俄羅斯一統的千年裡，基輔和莫斯科其實只有大約三百年屬於同一個國家。二方面也違反了俄羅斯過去曾經接受的許許多多國際法和條約，其中對於烏克蘭獨立的主權和邊界都有規定。而最重要的第三方面，這還忽略了幾千萬烏克蘭人對自己的看法。難道烏克蘭人竟然對自己的身分認同，沒有決定權？

俄羅斯國族主義者說有些國家其實是偽國，烏克蘭國族主義者當然也會同意，只是對他們來說，該算是偽國的絕不是烏克蘭，而是俄羅斯無端入侵烏克蘭之後，為了掩飾侵略行徑，所成立的「盧甘斯克人民共和國」和「頓涅茨克人民共和國」。[179]

不論你支持哪一方，看來我們都確實生活在一個可怕的後真相時代；會被偽造的不只是某些特定軍事事件，就連整個歷史和國家都可能被偽造。但如果這真是後真相時代，那個曾經一度幸福美好的「真相時代」，到底是什麼時候？1980 年代？1950 年代？1930 年代？而且，是什麼讓我們走向了後真相時代？是網際網路？社群媒體？還是普丁和川普上臺？

簡單回顧歷史，就會發現：政治宣傳和假資訊由來已久，甚至就連拒絕承認整個國家的存在、或刻意創造出整個偽國的習慣，也是源遠流長。1931 年，日軍就是假裝自己遭到攻擊，以此為藉口而入侵中國，接著又創立偽滿洲國，以合理化自己的侵略。至於中國自己，長久以來也一直否認西藏是個獨立國家。英國殖民澳洲，援引的法條是認定澳洲為 terra nullius（拉丁文，意為「無主之地」），這等於是把澳洲長達五萬年的原住民歷史，一筆勾消。

二十世紀初期，猶太復國主義者最愛談的口號，就是要讓「沒

有土地的人民（猶太人），回到沒有人民的土地上（巴勒斯坦）」。至於住在當地的阿拉伯人？那就不用太計較了。

1969 年，以色列前總理梅爾有一句名言，說巴勒斯坦人從來就不存在。就算到了今天，這種觀點在以色列仍然非常普遍。但這樣說來，過去幾十年的武裝流血衝突，豈不就是為了擊敗「不存在」的對手？

又譬如 2016 年 2 月，以色列國會議員博蔻（Anat Berko）就在國會殿堂上，公開質疑巴勒斯坦人民的現實和歷史是假的。她有什麼證據呢？她說因為阿拉伯文根本沒有 p 這個字母，所以怎麼可能有 Palestine（巴勒斯坦）？事實上，阿拉伯文的 f 就是 p，巴勒斯坦在阿拉伯文寫為 Falastin。

## 宗教神話——流傳千年的假新聞

其實，人類一直活在後真相的時代。智人就是一種後真相的物種，創造並相信虛構故事的能力愈高，就能發揮愈多能力。從石器時代以來，人類就是運用不斷自我強化的神話，來團結合作。智人之所以能夠征服地球，最重要的因素就是創造並傳播虛構故事的獨特能力。人類是唯一能與眾多陌生個體合作的哺乳動物，原因就在於：只有人類能夠創造出虛構的故事，並且把這些故事流傳出去，讓幾百萬人都相信。只要每個人都相信同樣的故事、遵守同樣的法律，就能有效彼此合作。

因此，如果你想指責臉書、川普或普丁帶出了全新而恐怖的後真相時代，請提醒自己：不過幾百年前，還有幾百萬的基督徒，把

自己鎖在一個不斷自我強化的神話泡泡裡，從來不敢質疑《聖經》在各種事實上是否真確；至於幾百萬的穆斯林，也對《古蘭經》有著絕不質疑的信念。幾千年來，人類社群網路裡，許多的「新聞」和「事實」其實都只是虛構，講述著奇蹟、天使、惡魔和女巫的故事，彷彿有無畏的記者從地獄最深處，給我們帶來第一手的報導。我們沒有任何科學證據指出「夏娃被蛇誘惑、所有異教徒死後的靈魂都在地獄燃燒」，也沒有任何科學證據證明「如果婆羅門與穢多成婚，會令宇宙的創造者震怒」，然而就是有幾十億人相信這些故事，一信就是幾千年。有些假新聞，就是能夠長長久久。

我知道，我把宗教神話等同於假新聞，可能會讓許多人不悅，但關鍵正在於此。如果只有一千個人，相信某個編造的故事、相信一個月，這是假新聞。但如果是十億人，相信某個編造的故事、相信一千年，這就成了宗教信仰，而且會警告所有其他人，不准說這是假新聞，否則就是傷害了信徒的感情（或是引發他們的怒火）。

但請注意，我並不否認宗教很有用，也不否認宗教可能帶來正面影響。而且還正好相反：無論好壞，虛構故事都是人類威力最強大的一項工具。例如宗教，透過信條將民眾聚集在一起，也就讓人類得以進行大規模合作。在宗教的啟發下，人類雖然組成了軍隊、蓋起了監獄，但也建起了醫院、學校和橋梁。亞當和夏娃從未真正存在，但沙特爾大教堂美麗依然。雖然《聖經》許多部分可能都是虛構，但仍然能夠給幾十億人帶來喜樂，也仍然能鼓勵人類體貼、勇敢、有創意，一如所有的小說作品，例如《唐吉訶德》、《戰爭與和平》、以及《哈利波特》。

同樣的，有些人可能因為我把《聖經》拿來和《哈利波特》相

比，而感到受冒犯。如果你是一位肯用科學思考的基督徒，可能會認為雖然《聖經》有各種錯誤和虛構，但這是因為《聖經》本來就不是要做為紀實敘述，而是一個藏有深刻智慧的隱喻故事——但請想想，《哈利波特》不也是如此？

至於如果你是基本教義派的基督徒，可能堅持認為《聖經》的字字句句都絕對真實正確。讓我們暫時假設確實如此，《聖經》就是唯一的真神所說的不可能出錯的真言。然而這樣一來，面對《古蘭經》、《塔木德》、《摩門經》、《吠陀經》、祆教的《阿維斯陀經》、埃及的《死者之書》，該怎麼解釋？難道身為基督徒的你不覺得，這些文本都是有血有肉的人類（或說是惡魔？）精心寫出的虛構故事？

看到羅馬皇帝奧古斯都與克勞狄烏斯，號稱有神性，你又怎麼想？羅馬元老院聲稱自己有權力把人變成神，接著又要帝國的子民去崇拜這些神。那不是虛構的故事嗎？而且事實上，至少就有一個例子：有某個假神親口承認自己出於虛構。前面曾經提到，日本軍國主義從 1930 年代到 1940 年代早期，十分依賴對天皇神性的狂熱信仰。及至日本戰敗，裕仁天皇也就公開承認這並非事實，自己終究是人、而非神。

也就是說，就算我們相信《聖經》是上帝的真言，也不能忽略還是有幾十億虔誠的印度教徒、穆斯林、猶太人、埃及人、羅馬人和日本人，千百年來都相信某些其他虛構的故事。最虔誠的宗教信徒都會認為，所有宗教（除了自己信的那一個）都是虛構的故事。同樣的，這並不代表這些虛構的故事必然沒有價值、甚至會造成傷害；它們仍然可能既美麗、又能鼓舞人心。

當然，並非所有宗教神話都同樣良善。1255 年 8 月 29 日，在英格蘭林肯鎮的一口井裡，發現了一位名叫休（Hugh）的九歲男孩屍體。雖然當時沒有臉書、也沒有推特，但很快謠言就傳了出去，說休是被當地猶太人所殺。故事如滾雪球般愈滾愈大，而當時聲名赫赫的史家派瑞斯（Matthew Paris）還寫出一篇血腥而詳細的描述，寫說在英格蘭各地許多重要的猶太人士，如何聚集到林肯鎮，誘拐了這個孩子，先把他養肥，再施以折磨，最後釘死在十字架上。

為了這樁傳說中的謀殺，十九名猶太人受到審判並處決。這種對猶太人橫加汙蔑的「血祭誹謗」（blood libel），在其他英格蘭城鎮也流行起來，導致一系列的集體迫害，有時整個猶太社群都遭到屠殺。最後到了 1290 年，全英格蘭的猶太人都遭到驅逐出境。[180]

故事還沒結束。猶太人遭逐出英格蘭一個世紀之後，英國文學之父喬叟，還在《坎特伯里故事集》放了一篇〈小修女院院長的故事〉，正是以林肯鎮的休，做為故事原型的血祭誹謗文章。而在這篇故事裡，最後是以將猶太人吊死告結。

從中世紀晚期的西班牙、到現代的俄羅斯，每次出現反猶太人運動，類似的血祭誹謗都會成為其中的骨幹。甚至是到了 2016 年的假新聞裡，都還有人盛傳希拉蕊是某個兒童販賣網路的首腦，將兒童做為性奴，關在某個知名披薩店的地下室。有夠多美國人相信了這則假新聞，而對希拉蕊的選情造成影響；甚至還有一個人居然拿了槍，衝到這家披薩店，要求檢查他們的地下室（事實證明，那家披薩店沒有地下室）。[181]

至於林肯鎮的休，並沒有人知道他究竟是怎麼過世的，但他最後是安葬在林肯大教堂，封為聖人。據稱他已經行過各種奇蹟，而

且在所有猶太人被逐出英格蘭已經幾個世紀過後，墳墓仍然吸引了絡繹不絕的朝聖者。[182] 直到 1955 年（納粹大屠殺發生十年之後），林肯大教堂才出面否認這樁血祭誹謗，並在休的墓旁，放上一則說明：「在中世紀、甚至更晚近的時期，猶太社群對基督宗教男孩進行『儀式性謀殺』的傳言，在整個歐洲甚囂塵上。這些虛構的傳言，讓許多猶太人無辜喪命。而林肯鎮也有自己的一樁傳說，傳說中的受害者在 1255 年葬於本大教堂。這樣的故事對全體基督宗教的教徒而言，也並非榮耀。」[183]

也就是說，這則假新聞倒也不過就為時短短的七百年罷了。

## 曾經的謊，永遠的「真相」

會用虛構故事來促進合作的，並不只有古代宗教而已。在更晚近的時期，每個國家都創造了自己的國族神話，而共產主義、法西斯主義、自由主義等運動，也精心塑造了能自我強化的種種信條。納粹的政治宣傳大師戈培爾，可能是現代把這套媒體戲法耍得最有成就的人，據稱用一句話就講出了自己的訣竅：「謊話說一次仍然是謊話，但說一千次，就成了事實。」[184]

希特勒在自傳《我的奮鬥》裡，也寫道：「不論政治宣傳手段再出色，只要沒把一項基本原則牢記在心，就無法成功：宣傳時必須只鎖定幾個重點，然後不斷一再反覆。」[185] 就算是現代兜售假新聞的那些人，誰能說得比這更好？

蘇聯的政治宣傳機器，對真相的操弄也不在話下，大到整場戰爭、小到幾張個人照片，歷史都同樣遭到重寫。1936 年 6 月 29 日，

官方媒體《真理報》頭版刊出一張照片，史達林滿臉微笑，抱著七歲的小女孩瑪克麗佐娃。這張照片成了史達林主義的象徵，將史達林擁為蘇聯國父，也大打「快樂的蘇聯童年」這個理想。蘇聯各地的印刷廠和工廠開始用這張照片，製成數百萬份的海報、雕塑和鑲嵌畫，從蘇聯國土的這頭到那頭，都有相關展示品。當時，就像是所有俄羅斯東正教教堂都要有聖母抱子像才算完整，所有蘇聯學校也都有史達林爸爸抱著小瑪克麗佐娃的畫像。

　　但很遺憾，在史達林的帝國裡，名聲往往會帶來災難。不到一年，瑪克麗佐娃的父親被誣指為日本間諜、托洛斯基派恐怖份子，遭捕下獄。他在 1938 年被處死，成為史達林恐怖主義幾百萬受害者之一。瑪克麗佐娃和母親遭流放哈薩克，母親也很快就莫名過世。事已至此，但當時全蘇聯還是有數不清的畫像，畫了國父抱著「人民敵人」的女兒，到底該怎麼辦？那有什麼問題！從那一刻起，瑪克麗佐娃就消失了。這個隨處可見的「快樂蘇聯兒童」，身分變成是來自塔吉克的十三歲女孩那坎葛娃，因為在棉花田裡辛勤採收而獲頒列寧勳章。（如果有人覺得畫面裡的女孩怎麼看都不像十三歲，可得知道：若提出質疑，就等於是散布反革命的謠言。）[186]

　　蘇聯政治宣傳機器效率極高，對內成功掩蓋俄共龐大的暴行，對外則打造出一派烏托邦的形象。今日，烏克蘭抱怨普丁成功欺騙許多西方媒體，隱瞞了俄羅斯在克里米亞及和頓巴斯（Donbas）行動的真相。然而如果要談欺騙的藝術，這和史達林一比，簡直是班門弄斧。1930 年代早期，西方的左翼記者和知識份子，還將蘇聯譽為理想社會；但在當時，烏克蘭和蘇聯其他國土還有幾百萬人，正因史達林造成的人為饑荒，而餓殍遍野。

到了臉書和推特的時代，雖然有時候很難決定要相信哪方的說法，但至少不會再有某個政權，能夠瞞著世界將幾百萬人屠殺。

除了宗教和意識型態，就連一般企業也得編造故事、製造假新聞。光是品牌塑造，常常就是把同一則虛假的故事，說了一遍又一遍，直到民眾信以為真。譬如想到可口可樂，你的腦中是浮現什麼畫面？是一群健康的年輕人，一起遊樂運動嗎？還是一群超重的糖尿病人，躺在病床上？大口灌下可口可樂，並不會讓你變年輕、不會讓你變健康、也不會讓你變得像運動員一樣，反而只是增加患上肥胖和糖尿病的機率。然而，可口可樂幾十年來投入幾十億美元，把自己和年輕、健康和運動聯繫在一起；幾十億人潛意識裡，也就這麼相信了。

# 後真相物種

事實是，智人從來就不是那麼在意真相。很多人認為，如果某個宗教或意識型態扭曲現實，追隨者遲早會發現，因為其他更講究事實的對手，終將勝出。只不過，恐怕這也只是另一個安慰人的神話。在實際運作上，人類合作的力量是取決於真相與虛構之間的微妙平衡。

太過扭曲現實，做起事來就會不切實際，於是力量遭到削弱。例如在 1905 年，有一個叫金吉卡提利（Kinjikitile Ngwale）的靈媒，自稱是蛇神洪果（Hongo）附身，要向德國東非殖民地的人民，發出革命的訊息：「團結起來，把德國趕出去！」為了更能鼓動人心，金吉卡提利還為信眾準備了魔藥，說是能把打來的德國子彈都變成

水（斯瓦希里語把水稱為 maji）。於是，「馬吉馬吉起義」（Maji Maji Rebellion）就此展開。然後就失敗了。因為在戰場上，德國的子彈並沒有變成水，而是無情的打在起義者缺少防備的身上。[187]

在此事件的兩千年之前，猶太人反抗羅馬的猶太大起義（Jewish Great Revolt），同樣是因為一心相信上帝會為猶太人而戰、幫助他們擊敗看似無敵的羅馬帝國。這次起義同樣失敗了，讓耶路撒冷遭毀、猶太人四處流亡。

但另一方面，如果不依靠某些神話，也就無法有效組織群眾。只靠著百分之百的現實，追隨者並不會太多。沒有神話，雖然無法組織起像是馬吉馬吉起義和猶太大起義這些失敗的例子，但也不可能組織起一些成功的起義，像是以馬赫迪（Mahdi）為名的伊斯蘭宗教運動、或是猶太人的馬加比（Maccabees）家族起義。

事實上，如果講到要團結人心，虛構的故事天生就是比真正的事實更具優勢。如果想測試群眾是否忠誠，與其要求他們相信某個事實，還不如要求他們相信某件荒謬的事。例如，頭頭表示「太陽從東邊升起、西邊落下」，就算屬下對他沒半點忠誠，也能鼓掌同意。但如果頭頭表示「太陽從西邊升起、東邊落下」，可只有真正效忠的屬下，才會願意鼓掌。同樣的，如果你所有的鄰居都相信這個荒謬的故事，大概在危機來臨時，也能團結一致。如果他們只願意相信確確實實的事實，哪能代表什麼呢？

可能有人會提出異議，認為至少在某些情況下，靠著協商達成共識，也可以有效組織人力，而不一定要透過虛構的故事或神話。像是在經濟領域，雖然每個人都知道金錢和企業只是人類訂出的體制，但讓眾人合作的力量卻是遠超過所有神祇或神聖典籍。

如果是某本宗教典籍，真正相信這個宗教的信徒會說「我相信這本書是神聖的」；但如果是美元，真正相信美元的人只會說「我認為其他人都相信美元是有價值的」。顯然，美元雖然只是人類創造出來的體制，但全球所有人都願意接受。如果是這樣，為什麼人類不能放棄神話和虛構故事，都用像是美元這種協議而成的體制來合作就好？

問題就在於，這些協議其實和虛構故事並沒有多大差異。雖然宗教經典和金錢乍看之下完全是兩回事，但事實上，概念卻十分相似。大多數人看到美鈔，並不會記得這只是一個人類協議而成的體制。雖然看到的就是一張綠色的紙、印著一個過世白人的頭像，但他們覺得這張紙本身就有價值，而不會提醒自己「其實這只是一張沒用的紙，只是因為別人覺得它有價值，所以我可以拿來用。」

用磁振造影儀掃描人腦，會發現人如果看到裝滿百元美鈔的手提箱，大腦中興奮起來的部分並不是負責「懷疑」的區域（「只是別人認為這很有價值」），而是負責「貪婪」的區域（「天啊！我想要這個手提箱！」）。

而如果是宗教典籍，在絕大多數情況下，人們也是先長期反覆接觸其他認為《聖經》、《吠陀經》、《摩門經》神聖不可侵的信徒，自己才開始認為這些典籍確實神聖。所以，我們學會尊重宗教典籍的方式，其實與我們學會尊重鈔票的方式，完全相同。

這樣說來，實際上「知道某事物只是人類的體制」和「相信某事物本身帶有價值」之間，並沒有嚴格區別。很多時候，人類對於這些區別就是不太在意、或是十分健忘。

再舉一個例子，如果我們坐下來好好進行深入的哲學討論，幾

乎每個人都會同意：「公司」的概念也是人類創造的虛構故事。像是「微軟」這家公司之所以成為公司，並不在於它擁有的建築、雇用的員工、或是持股的股東，而在於由立法者和律師所編織成的、錯綜複雜的法律虛構概念。但在絕大多數時候，我們並不會進行哲學探討，而是直接認定：一間公司就是一個確確實實的實體，就像是一頭老虎或一個人一樣。

## 吾愛真相，吾更愛權力

　　模糊了虛構和現實的界線，有助於完成許多目的，從單純的好玩、到嚴肅的生存，都有可能。像是如果要玩遊戲、或是讀小說，你至少都得有一段時間先放下現實。譬如要享受踢足球賽這件事，就得接受比賽規則，至少在九十分鐘之內，先忘記足球賽只是一項人類的發明。否則，二十二個人莫名其妙追著一顆球跑，豈不是太荒謬的事？足球賽一開始可能只是一項消遣，但後來就愈變愈嚴肅了，只要問問英國的足球暴徒或阿根廷國家隊球迷就知道了。足球也有助於建立個人身分認同、鞏固大規模的社群，甚至成為使用暴力的原因。

　　國家和宗教，可說就像是打了類固醇的足球俱樂部。

　　人類就是有這種了不起的能力，能夠同時既「知道」、又「不知道」。或者說得更精確些，人類如果真的好好思考，就能知道一些事情；但大多數時候，人類就是沒在想，所以也就不知道這些事情。像是只要你好好專心思考一下，就會發現錢是虛構的。但通常你就是沒去專心思考。

譬如讓人問到的時候，大家都知道足球只是一項人類的發明；但比賽踢得正火熱的時候，誰又在意這點呢？又譬如，只要用點時間專心思考，就會發現國家也是經過精心製作的故事。但戰火正熾的時候，誰又有這種精力和時間去思索？如果你追求的是最終的真相真理，就會意識到亞當和夏娃的故事也是一個神話；但我們有多常真正需要最終的真相真理呢？

真相和權力，這兩者雖然可以攜手共度一小段時光，但遲早都得分開。如果想要權力，到了某個地步之後，就得開始傳播虛構的故事；如果想要看清世界的真相，到了某個地步之後，就只能放棄對權力的追尋，因為你得要承認某些事實，而你承認的事實可能會讓盟友憤怒、讓追隨者傷心、讓社會和諧受到傷害。

在真相與權力之間，就是有一道鴻溝，這點實在算不上什麼祕密。想看出這點，只要找一個典型的美國 WASP（盎格魯－撒克遜白人新教徒），問問他對種族的看法；找一個主流以色列人，問問他對於以色列占領巴勒斯坦的看法；或是找個一般的小夥子，問問他對於父權的看法，就很清楚了。

人類歷史上，學者一直都會碰上這個問題：自己究竟是為當權服務、或是為真相服務？學者的目標，究竟是要讓所有人相信同一套故事而團結起來，或是要讓所有人知道真相，就算因此成為一盤散沙也在所不惜？到目前為止，那些既有學術派頭、手中又握有重權的人（不論是基督宗教的神職人員、儒家思想下的重要官員、或是共產主義的思想家），都是先注重團結，才講究真相。也正是因此，才讓他們權威赫赫。

對人類這個物種來說，喜歡權力大過於喜歡真相。我們往往把

比較多的時間精力拿來控制世界，而非理解世界；而且就算我們想要理解世界，通常也是為了事後比較容易控制世界。所以，如果你理想中的社會是以真相為上、無視於各種虛構神話，智人社群大概只會讓你失望，還不如去黑猩猩社群裡試試運氣吧。

## 唯有痛苦最真實

以上種種，絕不代表假新聞不是嚴重的問題，也不代表政客和神職人員可以光明正大撒謊，而且也不代表世上一切都是假新聞、想找出真相只會是徒勞、認真的新聞和政治宣傳都是一個樣。在所有的假新聞之下，都有真實的事實，也有真實的痛苦。像是在烏克蘭，俄羅斯士兵確實就在戰鬥，確實就有數千人喪命，也確實有數十萬人失去了家園。人類的痛苦常常是來自於相信了虛構的故事，但不論如何，痛苦本身仍然真實。

因此，我們不應該把假新聞視為常態，而該把它看得比原本認為的更嚴重，我們也該更努力區分虛構的故事與真正的現實。但別期望完美。

在所有虛構的故事當中，名列前茅的一項，就是否認世界有多複雜，一切只以絕對的純潔和極端的邪惡、非白即黑來思考。沒有任何政治人物絕無謊言、只說實話，但仍然有某些政治人物就是比別人好得多。舉例來說，雖然前英國首相邱吉爾，也會對事實加以各種修飾，但如果有得選，我還是會選擇邱吉爾、而不是史達林。同樣的，雖然沒有任何報紙絕無偏見和錯誤，但就是有某些報導確實努力在找出真相，但也有某些報紙就是洗腦的機器。如果我活在

1930 年代，希望自己也有足夠的理智，我會認定《紐約時報》就是比蘇聯的《真理報》和納粹的《先鋒報》更為可信。

所有人都該負起責任，花些時間精力來找出自己的偏見何在、驗證自己的資訊來源是否可信。如前幾堂課所述，我們不可能事事都自己去調查，所以至少該仔細調查自己最愛用的資訊來源，不管是報紙、網站、電視、或是某個人。

## 走出洗腦機

在第 20 堂課〈意義〉裡，我們會再深入探討如何避免洗腦、怎樣分辨現實與虛構，但這裡我想先提供兩條重要的黃金守則。

**第一條黃金守則**：如果你想要可靠的資訊，就該付費取得。目前，新聞市場的主流模式是提供「讓你感到興奮的新聞，而且不需任何費用；但請用你的注意力來交換。」雖然你無須付費，但得到的產品品質低劣。更糟的是：就連你自己，也在不知不覺中變成了產品。你的注意力先是被聳人聽聞的標題給抓住，接著就是被賣給廣告商或政客進行操作。

對新聞市場來說，一個遠遠更優秀的模式應該是「高品質的新聞，需要你付費取得，但不會濫用你的注意力」。在目前的世界，資訊和注意力是每個人關鍵的資產。只為了品質低劣的資訊（甚至是免費資訊）就放棄了自己的注意力，實在不是聰明的事。如果你願意付高價取得高品質的食物、衣服和座車，為什麼不願意付出一些代價，來取得高品質的資訊？

　　**第二條黃金守則**：如果覺得有某些問題似乎對你特別重要，就該確實努力閱讀相關科學文獻。所謂的科學文獻，指的是經過同儕審查的論文、由知名學術出版社發行的書籍、以及知名學院教授的著作。科學當然有其局限，也曾犯下許多錯誤；雖然如此，但在這幾個世紀以來，科學界仍然是我們最可靠的知識來源。如果你覺得科學界在某些事情的看法有誤，這種可能性絕對存在，但你至少該去弄懂自己到底在否定怎樣的科學理論，也要找出實證來支持自己的想法。

　　至於科學家，應該要更努力加入目前的公共議題討論。不論是醫學或是歷史，只要相關討論牽涉到自己的專業領域，科學家就不該害怕發聲。沉默並不代表中立，而是代表支持現狀。當然，繼續進行學術研究，把結果發表在只有少數專家閱讀的科學期刊上，這件事仍然十分重要。然而，同樣該受到重視的是透過科普書籍、甚至是運用藝術和小說，向大眾傳達最新的科學理論。

　　這是否代表科學家該開始寫科幻小說呢？事實上，這並不是個壞點子。在塑造人類對世界的看法上，藝術的表達其實扮演著關鍵角色；在二十一世紀，科幻小說可說是最重要的文類，塑造了大多數人對人工智慧、生物工程和氣候變遷的看法。我們絕對需要好的科學，但從政治角度來說，一部好的科幻電影，價值絕對遠遠超過刊在《科學》或《自然》期刊上的論文。

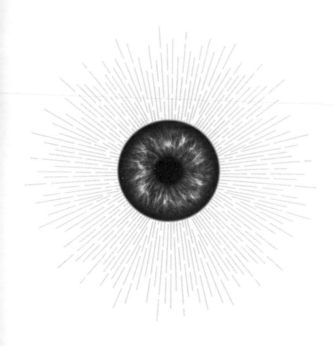

第18堂課

# 科幻小說

## 未來和電影演的不一樣

人類之所以能夠控制世界，是因為合作的能力高於任何其他動物，而之所以如此，又是因為能夠相信虛構的故事。這樣說來，詩人、畫家和劇作家的重要性，絕對不在士兵和工程師之下。

人之所以會去參戰、建造大教堂，是因為他們相信上帝；之所以相信上帝，是因為讀過關於上帝的詩、看過關於上帝的畫像、又或是因為關於上帝的戲劇令他們深深著迷。同樣的，我們現在對於「資本主義」這個現代神話的信仰，也是由好萊塢和流行產業的藝術創作所支持。我們相信只要買更多東西就會更開心，是因為在電視上親眼見過資本主義的天堂。

二十一世紀初，或許最重要的藝術文類就是科幻小說。很少人真會去讀關於機器學習或基因工程的最新論文，但是很多人會去看《駭客任務》、《雲端情人》之類的電影，以及《西方極樂園》、《黑鏡》之類的電視影集，正是這些電影和影集，塑造了我們對於現今科技、社會和經濟發展的理解。這也意味著，科幻小說描述科學現實的時候，必須更負責，否則就可能讓人有錯誤的想法，或是把注意力浪費在錯誤的問題上。

正如前一堂課提過的，現代科幻小說最糟糕的問題，或許就在於混淆了「智能」和「意識」的概念。因此，這些小說常常過度擔心機器人與人類可能開戰；但事實上我們真正該擔心的，是有一小群超人類菁英，靠著演算法帶來力量，而與大量低下階層、手無權力的智人，發生衝突。如果真要思考人工智慧（AI）的未來，比較值得參考的仍然是馬克思，而不是史蒂芬‧史匹柏。

確實，許多關於 AI 的電影實在與科學現實太過脫節，讓人覺得它們只是藉 AI 之名、但想談的完全是別的議題。像是 2015 年的電

影《人造意識》，表面上講的是一位 AI 專家如何愛上一個女性機器人，但遭到她的欺瞞和玩弄。事實上，這部電影所要描繪的，並不是人類對於 AI 機器人的恐懼，而是男性對於聰明女性的恐懼，特別是害怕女性解放，可能造成女性統治的結果。

只要任何講 AI 的電影把 AI 設定為女性、科學家設定為男性，這部電影就有可能討論的是女性主義，而非模控學（cybernetics）。到底為什麼要讓 AI 具有生物性別或社會性別？生物性別是多細胞生物的特徵，這對於無生命的機械人來說，哪有什麼意義？

## 活在盒子裡

科幻小說談到另一個主題的時候，見解遠遠較為深入：把科技用來操縱和控制人類的危險。在《駭客任務》刻畫出的世界裡，幾乎所有人類都監禁在網路空間，他們所感受到的一切，都是由一個主演算法所形塑。

《楚門的世界》則是專講一個人的故事，他在渾然未覺的情況下，成了某個電視實境秀裡的主角，完全不知道自己的所有親朋好友（包括母親、妻子和最要好的朋友）都是演員；發生在他身上的一切，都是精心設計的腳本；他所說和所做的一切，都由隱藏的攝影機記錄下來；熱情觀看的粉絲人數，達數百萬之譜。

然而，這兩部電影雖然概念精妙，但最後都還是縮了手，沒讓劇情設定發揮到最極致。像是《駭客任務》就仍然認為，困在母體（matrix）裡的人還有真正的自我，能夠不受任何科技操縱；而且在母體之外，還是有個真正的現實，只要主人翁夠努力，就能抵達。

這樣看來，母體只是人造的障礙，隔開了內在真實的自我與外在真實的世界。於是，經歷許多考驗和磨難之後，兩位主人翁——《駭客任務》的尼歐與《楚門的世界》的楚門，都成功超越並逃離了整個操縱網路，找到了真實的自我，抵達了真正的應許之地。

奇怪的是，最後這個真正的應許之地，在很多層面還是和編造出來的母體沒什麼不同。像是楚門最後離開攝影棚之後，一心想要與大學時代曾經心儀、但被導演安排離開節目的對象再相聚。如果楚門真的實現這種浪漫幻想，他的生活完全就會是《楚門的世界》所賣給全球數百萬觀眾的那個好萊塢美夢，而且還會再加上斐濟的假期。楚門走到現實世界後，到底會找到怎樣的生活？這部電影並沒有給我們任何提示。

同樣的，在尼歐吞下著名的紅藥丸、逃出母體的時候，也發現外面的世界與裡面沒有什麼不同。不論裡外，都有各種暴力衝突，人類也同樣受到恐懼、欲望、愛和嫉妒所驅動。這部電影最好是這樣結束：有人告訴尼歐，他所處的現實仍然只是個更大的母體，如果真想再逃到「真實的世界」，又要再挑一次藍藥丸或紅藥丸。

從目前的科技和科學革命看來，我們該擔心的，不是演算法和攝影鏡頭控制了真實的個人和現實，而是要擔心「真實」也是一個神話。人類害怕被困在一個盒子裡，但沒意識到自己早就受困在一個盒子裡（也就是人類的大腦），而且這個盒子外面還有一個更大的盒子，也就是人類的社會，充滿各種虛構的故事。就算你逃離了母體，唯一會發現的只是一個更大的母體。

俄國農民和工人在 1917 年反抗了沙皇，但最後都成了史達林的同路人；而你想找出這個世界用哪些方式操縱你的時候，最後也會

發現：自己的核心身分認同，只是神經網路形成的複雜幻象。

　　人類擔心，如果受困在某個盒子裡，就可能錯過世界上各式各樣的奇蹟美景。如果尼歐繼續困在母體裡、楚門繼續困在攝影棚，就永遠不會前往斐濟、巴黎或馬丘比丘。但事實上，你在生活中所經歷的一切，都只發生在你自己的身體裡、在你自己的思想中。不管是逃出母體、或是前往斐濟，並不會有任何區別。在你心裡，並沒有一個鐵盒子寫著巨大的紅字，警告你「到斐濟才能打開！」，並不會說等你終於到達了南太平洋，就能打開盒子、釋放出各種只有在斐濟才能擁有的感受，至於萬一這輩子沒能去斐濟，就會永遠錯過這些特殊的感受。

　　事實就是沒這種事。不管你在斐濟會有什麼感受，在世界上任何地方也都能感受得到，就算在母體裡也不例外。

## 心靈從來就受到各種操弄

　　或許，我們所有人都活在一個巨大的電腦模擬程式裡，就像是《駭客任務》的母體那樣。這樣一來，我們所有的國族、宗教和意識型態故事都會被推翻，但我們的心理體驗仍然是真實的。

　　如果哪天事實證明，人類歷史不過就是來自某個鋯石行星的老鼠科學家，在超級電腦上的精心模擬；這對於馬克思和伊斯蘭國來說，可真是顏面無光。但是就算如此，我們還是會希望這些老鼠科學家提出個解釋，告訴我們為何要有亞美尼亞大屠殺、為何會出現奧許威茲集中營。這種模擬怎麼有辦法得到鋯石大學倫理審查委員會的許可？就算毒氣室只是矽晶片裡的電子訊號，所有人感受到的

疼痛、恐懼和絕望,也不會有分毫的減輕。

疼痛就是疼痛,恐懼就是恐懼,愛也就是愛;就算在母體裡也不例外。無論你感受到的恐懼是來自外部世界的原子集合、或是電腦操縱的電子訊號,都無關緊要。重點是:那份恐懼就是真實的!所以,如果是想要探究你心靈的現實究竟如何,無論在母體內外,並不會有任何差別。

大多數的科幻電影其實講的都是一套非常古老的故事:心靈勝過物質。這套故事會說:在三萬年前,「心靈想像出一把石刀;手工製造出一把石刀;人類殺死猛獁象。」但事實上,人類之所以能夠主宰世界,主要並不是因為發明了刀子、殺死了猛獁象,而是因為能夠操弄人的心靈。心靈並不是自由塑造歷史行為和生物現實的主體,反而是被歷史和生物學塑造的客體。就算是我們最珍視的那些理想(像是自由、愛、創造力),也和石刀沒什麼不同,都是因為某個人想殺死猛獁象所形塑而成。根據目前最頂尖的科學理論及最先進的科技工具,心靈從來就受到各種操弄。事實上,就是沒有什麼「真實的自我」,等待從被操弄的殼裡面解放出來。

你可知道,這些年來你究竟看過多少電影、小說和詩歌,而這些產品又如何形塑磨鍊了你的愛情觀?浪漫喜劇之於愛情,正如色情片之於性愛,以及藍波之於戰爭。如果你覺得自己可以按下某個刪除按鈕,從潛意識和大腦的邊緣系統(limbic system)裡,消除好萊塢的所有痕跡,那麼你已經在欺騙自己了。

我們喜歡那個製造石刀的故事,但不喜歡自己在故事裡成了那把石刀。所以,如果把那個猛獁象故事改編成母體版本,會像是這樣:「心靈想像出一個機器人;手製造了一個機器人;機器人殺死

恐怖份子，但也想控制心靈；心靈殺死了機器人。」然而，這個故事是錯的。這裡的問題，並不在於心靈能否殺掉機器人，而在於一開始會去想像出機器人的那個心靈，早就是受到了過去各種操弄所生成的產品。所以，光是殺掉機器人，也無法讓我們得到自由。

# 迪士尼不再相信自由意志

2015 年，皮克斯動畫工作室和華特迪士尼影業，推出一部遠遠更符合現實、但也更令人不安的動畫大作，同時擄獲了男女老幼的心，票房一路長紅。

這部動畫片就是《腦筋急轉彎》，故事是關於一個十一歲小女孩萊莉，和父母一起從明尼蘇達州搬到加州舊金山，但她想念自己的朋友和家鄉，對新環境也不太適應，一心想回去明尼蘇達州。但萊莉不知道的是，另外還有一齣大戲正在上演。在這裡，萊莉並不是電視實境秀裡渾然未覺的主角，也不是身困於母體而不知情。相反的，萊莉自己就是母體，是有東西困在她身體裡面。

整個迪士尼帝國的建立，就是反覆講著同一則神話。在無數的迪士尼電影中，看到的都是主角面臨困難和危險，最後找到真實的自我，靠著自己的自由選擇，終於獲得勝利。《腦筋急轉彎》則很殘酷的撕裂了這則神話，用的是最新的人類神經生物學觀點，帶著觀眾參觀萊莉的大腦，而發現的就是她沒有什麼真實的自我，也從來不會做出什麼自由的選擇。事實上，萊莉就是個巨大的機器人，由　群互相牽制的生化機制所操控——電影裡把這些機制擬人化，成為一群可愛的卡通人物：開心的黃色樂樂（Joy）、憂鬱的藍色憂

憂（Sadness）、憤怒的紅色怒怒（Anger）、恐懼的紫色驚驚（Fear）、以及代表厭惡感的綠色厭厭（Disgust）。這些角色在總部透過巨大的電視螢幕，觀看著萊莉的一舉一動，操縱了各式各樣的按鈕和控制桿，以控制萊莉所有的情緒、決定和行動。

萊莉之所以沒能適應在舊金山的新生活，是因為總部搞砸了，甚至可能讓萊莉的大腦完全失去平衡。為了彌補錯誤，樂樂和憂憂在萊莉的大腦裡，踏上一場史詩般的旅程，搭上思考的列車、探索潛意識的監獄，也拜訪了萊莉內心的片場，看到一群藝術神經元正忙著製造出夢境。

我們跟著這些擬人的生化機制，進入萊莉大腦深處，卻一直沒遇到什麼靈魂、真實的自我、或是自由意志。事實上，整部電影故事情節的關鍵所在、也是讓一切真相大白的那一刻，已經再也不是萊莉找到某個唯一而真實的自我，而正是指出了萊莉的身分認同絕不僅在於任何單一核心機制，萊莉的幸福快樂需要依靠許多不同生化機制的交互作用。

一開始，電影讓觀眾以為萊莉的主要身分就是那個主角：開心的黃色樂樂。但最後發現這是大錯特錯，甚至可能會毀了萊莉的一生。正因為樂樂認為自己就是萊莉的真實本質，於是她會教訓所有其他內心角色，也就干擾了萊莉大腦裡的微妙平衡。最後，等到樂樂發現自己的錯誤，情緒才終於得到宣洩，也讓她（和觀眾）意識到萊莉不只是樂樂、憂憂或其他任何一個角色，而是透過所有生化角色的衝突和合作，共同產生的一個複雜故事。

真正讓人意想不到的，並不是迪士尼敢推出一部概念如此激進的電影，而是這部片子在全球都造成轟動。一大原因可能在於《腦

筋急轉彎》就是一部喜劇、有個快樂的結局,但也有可能是多數觀眾並未發現它在神經學上的意義,或是沒看出它潛藏著如此顛覆的意涵。

## 美麗新世界?

但如果說到二十世紀最帶著預言意義的科幻小說,情況就大不相同了。這部小說明擺著就是要顛覆,而且雖然成書在將近一世紀以前,卻是每年都變得與現實更貼近。

赫胥黎的《美麗新世界》成書於 1931 年,當時共產主義和法西斯主義在俄羅斯和義大利根深柢固,納粹主義在德國如日初升,軍國主義日本揮軍入侵中國,整個世界也陷入經濟大蕭條的泥淖。但赫胥黎的火眼金睛,看穿了這整片密布的烏雲,預想著在未來的社會沒有戰爭、饑荒和瘟疫,只有永續的健康、繁榮與和平。那是消費主義的世界,性、藥物和搖滾無所限制,只以幸福快樂做為最高價值。《美麗新世界》的基本假設認為:人類就是生化演算法,而科學可以破解這套演算法,再運用科技加以操縱。

在這個美麗新世界裡,世界政府運用最先進的生物科技和社交工程,讓每個人總是感到非常幸福滿意,沒人有任何反抗的理由。這就像是萊莉腦袋中的樂樂、憂憂、怒怒、驚驚、厭厭,都成了忠誠的政府特務,於是再也不用設置祕密警察、集中營、或是歐威爾《一九八四》裡面的仁愛部(Ministry of Love)。確實,赫胥黎的天才之處,就在於點出了如果想要控制民眾,依靠「愛」和「快樂」會比倚靠「恐懼」和「暴力」更為妥當可靠。

　　閱讀《一九八四》的時候，我們知道，顯然歐威爾描述的世界就是一場可怕的惡夢，唯一的問題是「我們怎樣才能避免變成這種可怕的狀態？」但閱讀《美麗新世界》時，其實更令人不安、也發人深省，因為你很難去指責把這一切變成反烏托邦的因素。畢竟，世界繁榮和平、人人滿意歡喜，這哪有什麼不好？

　　赫胥黎在小說的高潮情節，直接討論了這個問題。這裡有兩個角色，一個是蒙德（Mustapha Mond），西歐的「世界控制者」；另一個是野蠻人約翰，在新墨西哥的原住民保留區長大，是倫敦唯一仍然知道莎士比亞和上帝的人。

　　野蠻人約翰想要鼓吹倫敦市民，起身反抗控制著他們的體制，然而市民的反應極度冷漠，而警方將他逮捕，把他帶到蒙德面前。這位世界控制者與約翰聊得愉快，告訴他如果堅持反社會，就該搬去一處與世隔絕的地方，當個隱士。約翰質疑隱藏在這種全球秩序背後的想法，指責世界政府在追求幸福快樂的時候，不但抹滅了真與美，也抹除了生命中一切的英勇與高貴：

　　「我親愛的年輕朋友，」蒙德說道：「文明必然無須任何英勇與高貴，那些只是政治效率不彰的症狀。在像我們這樣秩序井然的社會裡，不會有人有任何機會表現英勇或高貴。要有這種機會，必定是因為局面極度動盪不安，像是發生戰爭、像是聯邦出現分裂、像是有誘惑需要抗拒、像是有所愛的對象需要爭奪或保護——在那些時候，顯然英勇或高貴的行為就有它的道理。然而，現在沒有任何戰爭。我們也盡最大努力，避免你過度去愛任何人。聯邦也並未分裂；你是如此受到制約，只會做自己該做的事。而在整體上而言，

你該做的事又做得如此愉快，能夠自然抒發許多自然的衝動，根本無須壓抑抵抗任何誘惑。即使真的因為某些不幸的機會、發生任何不愉快，都可以使用舒麻（soma，一種藥物），讓你如同度假，無須面對那些事實。用了舒麻，你就能平息憤怒、與敵人和好、充滿耐心、對長期受苦也能甘之如飴。在過去要達到這種程度，得付出極大的心力、歷經多年堅苦的道德訓練。但現在，只要吞下兩三錠半公克的舒麻，就能實現。現在，任何人都可以美德充滿。只要用一個瓶子，就能讓你把至少一半的道德隨身攜帶。不帶著眼淚的基督宗教──這就是舒麻。」

　　「但眼淚是必要的。你不記得奧賽羅說了什麼嗎？『若每場暴風之後，總有如斯平靜，願風狂吹，直到將死亡喚醒。』有個美國原住民老人，常跟我們說一個馬薩基少女的故事，想要娶她的小夥子，都必須到她的園裡鋤一上午的地。聽起來很簡單；但園裡有帶著魔法的蚊蠅，大多數的小夥子都受不了叮咬的疼痛。只有一個忍得住──最後他終於得到那個女孩。」

　　「真是動人的故事！但在文明國家裡，」世界控制者說：「你無須鋤地，就能得到女孩；此外，也沒有任何會叮咬你的蚊蠅。早在幾個世紀前，我們便已將蚊蠅都徹底趕了出去。」

　　野蠻人約翰點了點頭，但是眉頭緊皺。「你們將蚊蠅都趕了出去。沒錯，這就像是你們會做的事。把一切不愉快都趕出去，而不是學會忍受。若是堅定忍受著無情命運投來的石塊或箭矢，或是拿起武器，反抗如海般湧來的困難，心靈豈不更為高貴？……然而你們兩者都不做，既不忍受、也不反抗，而是把石塊和箭矢都一律廢除。這太容易了……你們真正需要的，」野人繼續說道：「是該有

所改變,要有帶著眼淚的某種東西⋯⋯難道戰戰兢兢的生活就全無意義嗎?」

「有很大的意義,」世界控制者回答道:「男女都必須不時讓腎上腺受到刺激⋯⋯這是完美健康的條件之一。所以我們要強迫執行V.P.S. 療法。」

「V.P.S. ?」

「強烈情感替代(Violent Passion Surrogate)療法。每月定期進行一次,讓整個身體腎上腺素氾濫,與恐懼和憤怒在生理上完全相同。這裡帶來的興奮效果,如同謀殺戴絲狄蒙娜、或是遭奧賽羅謀殺,而且全無任何不便。」

「但我喜歡這些不便。」

「我們不喜歡,」世界控制者說:「我們寧願行事舒服。」

「但我不想要舒服。我想要有神,我想要有詩歌,我想要有真正的危險,我想要有自由,我想要有良善。我想要有罪。」

「事實上,」蒙德說:「你在要求的,是不快樂的權利。」

「這麼講沒錯,」野蠻人語帶挑釁,說道:「我是在要求不快樂的權利。」

「更不用提要有變老、變醜、變得性無能的權利;患上梅毒和癌症的權利;食物匱乏的權利;汙穢長虱的權利;永遠擔心明天的權利;感染傷寒的權利;被一切無以言表的痛苦折磨的權利。」

接著是一段長時間的沉默。

「我要求這一切的權利,」野蠻人終於說。

蒙德聳聳肩,「悉聽尊便,」他說。[188]

# 解放自我

　　野蠻人約翰最後退到無人居住的荒野，成為一名隱士。經過多年住在原住民保留區裡、被莎士比亞和宗教洗腦，讓他受到制約，拒絕了所有現代帶來的恩惠。但是流言很快傳開，說到有這樣一個非比尋常的有趣人物，於是眾人群至，觀察他、記錄他的一切，讓他轉眼間聲名大噪。這一切不請自來的關注，令他感到作嘔，於是這個野蠻人決定逃離這個文明的母體，但方式不是吞下紅藥丸，而是上吊自殺。

　　不同於《駭客任務》或《楚門的世界》，赫胥黎質疑的是究竟會不會有人真想逃離，也就是質疑了逃離的可能性。既然你的大腦和「自我」都是母體的一部分，想逃離母體，就必須要逃離自我。

　　然而，這個可能性還是值得探索。在二十一世紀，「擺脫對自我的狹義定義」，也可能成為必須的生存技能。

# 第五部

# 生命意義

在這個困惑的年代，
舊的故事崩潰消失，
新的故事還無以為繼，
我們該怎麼生存下去？

第19堂課

# 教育

## 改變是唯一不變的事

人類正面臨前所未有的各種變革，所有舊故事分崩離析，至今也還沒有新故事足以代替。那麼，不論是我們自己或下一代，到底該做哪些準備，才能迎向各種前所未見的轉變、應付種種極端的不確定性？

今天出生的嬰兒，在 2050 年差不多就是三十出頭。如果一切順利，這個嬰兒可能到了 2100 年仍然活著，甚至到了二十二世紀還是個積極參與社會的公民。我們到底該教這個嬰兒什麼，才能幫助他在 2050 年或者二十二世紀的世界裡存活、甚至大展身手？他需要什麼樣的技能，才能找到工作、瞭解周遭的一切，走出生命的迷宮？

很遺憾，正因為沒人知道 2050 年的世界會是怎樣的景象（2100年就更不用提了），我們並不知道這些問題的答案。當然，人類對於未來的預測從來都不準確，然而今天又比過去更難準確預言。一旦科技讓我們得以設計和打造人類的身體、大腦與心靈，我們就更不可能準確預測任何事情了——就連過去以為永恆不變的種種，也不例外。

## 未來勢必大為不同

讓我們回到一千年前的 1018 年，當時的人對未來懂得不多，但十分相信人類社會的基本特徵，在未來不會有什麼太大的不同。如果 1018 年你住在中國，你應該會認為：到了 1050 年，大宋的國力大概就會耗盡了，契丹人可能再度從北方入侵，中原也可能爆發瘟疫，讓幾百萬人喪命。但你也很清楚，就算到了 1050 年，大多數人的工作仍然是農民或織工，皇帝還是要靠人類來組成軍隊和朝

廷，男人的地位還是比女人高，預期壽命還是大約只有四十歲，而且人體構造也絕不會有什麼不同。所以，在 1018 年的時候，大宋的貧窮人家會教小孩如何種稻或編織，有錢人家則是教男孩讀經寫字、騎馬射箭，教女孩三從四德、當個好妻子。畢竟毫無疑問，這些技能到了 1050 年還是很重要。

相較之下，我們對於中國或世界其他地方到了 2050 年，會是什麼樣子，實在一無所知。我們不知道到時候人類如何謀生，不知道軍隊或政府會如何運作，也不知道兩性關係會是什麼模樣。有些人到時候的壽命可能會比今天長得多，而且因為有了生物工程和直接的腦機介面，就連人體本身也可能有前所未見的改變。所以，現在孩子學的各種科目技能，絕大多數到了 2050 年可能再也沒有用途。

目前有太多學校的教學重點仍然在於填鴨。這在過去說得通，是因為過去資訊量本來就不高，而且就連那一點資訊，也不斷受到各種審查制度的阻絕。舉例來說，如果你住在 1800 年墨西哥的某個小鎮，就很難知道外面的世界到底是怎樣。畢竟，當時既沒有收音機、電視機，也沒有報紙或公共圖書館。[189] 就算你能夠識字、也能進入某家私人圖書館，架上多半也只有小說和傳道小冊，因為西班牙帝國嚴格審查當地印刷的所有文本，而且也只允許極少數通過審查的出版品由外界輸入。[190]

如果你當時住在俄羅斯、或印度、土耳其、或是中國的小鎮，情況大致上也是如此。等到現代學校出現，開始讓所有孩子都能學到讀寫技能，瞭解地理、歷史和生物的基本事實，其實是個極大的進步。

相對的，二十一世紀的情況是我們被大量的資訊淹沒，而審查

制度並沒有去阻絕資訊的打算,反而是忙於散布錯誤的資訊,或是用不重要的事情來分散我們的注意力。如果你現在住在墨西哥的小鎮,有一支智慧型手機,光是看維基百科、TED 演講、免費的線上課程,就可以花掉你大把的時間。現在沒有任何政府,有能力隱藏所有他們不喜歡的資訊;但另一方面,現在如果想用各種互相矛盾的報導、無關緊要的話題,來淹沒大眾,卻是簡單到令人心驚。

舉例來說,全球民眾現在如果想知道,敘利亞北部大城阿勒頗(Aleppo)遭轟炸的狀況、或是南極冰帽融化的最新情形,只要上網點一下,就能得到資訊——然而網路上眾說紛紜,實在難以判斷何者可信。除此之外,也因為只要點一下,就能得到無數其他資訊,也就令人難以專心;如果政治或科學看起來太複雜,我們很容易就會想轉去看些可愛的狗狗貓貓、名人八卦、或是色情影片。

## 別再填鴨了,4C才是王道

在這樣的世界裡,老師最不需要教給學生的,就是更多資訊。學生手上已經有太多資訊,他們需要的是能夠理解資訊、判斷哪些資訊才重要,而且最重要的是:能夠結合這點點滴滴的資訊,組成一個整體的世界觀。

事實上,西方自由主義教育的理想,在幾百年來一直是如此;但在今日之前,甚至許多西方學校也從未認真加以實現。教師只是把資料硬塞給學生,再鼓勵學生「自己思考」。出於對威權主義的恐懼,自由主義的學校反而特別害怕教學生**大敘事**(grand narrative)的本領,而認為只要給學生提供大量資料、加上一點自由,學生就

會創造出自己的世界觀；就算這一代學生還沒辦法消化一切、打造出一個有頭有尾有意義的故事，未來也總有時間，讓我們好好消化這一切。

但我們已經沒有時間了。我們在未來這幾十年所做的決定，將會影響「生命」本身的未來，而我們只能依據自己目前的世界觀，來做出這些決定。如果我們這一代無法對宇宙有整體的認識，人類的未來就等於只能依賴隨機的決定。

除了太強調提供資訊，大多數學校也太強調讓學生學習一套既有的技能，例如解微分方程式、用 C++ 寫電腦程式、判斷試管中的化學物質、或是要外國人學講中文。然而，由於我們並不知道 2050 年的世界和就業市場會是什麼模樣，所以我們也不會知道人類需要哪些特定的技能。我們可能投入大量的精力，教孩子如何用 C++、怎麼說中國話，但可能到了 2050 年，AI 比人類更會寫程式，谷歌翻譯程式也能讓外國人就算只會說「Ni hao」（你好），也能近乎完美的用國語、粵語或客家話來交談。

所以，我們該教什麼呢？許多教育專家認為，學校現在該教的就是 4C：**批判性思考**（critical thinking）、**溝通**（communication）、**合作**（collaboration）、**創意**（creativity）。[191] 更廣泛的說，學校應該別再太看重特定的工作技能，而要強調通用的生活技能。最重要的是能夠臨機應變、學習新事物，在不熟悉的情況下，仍然保持心理平衡。想跟上 2050 年的世界，人類不只需要發明新的想法和產品，最重要的是得一次又一次重塑自己。

這麼做的原因在於：隨著改變的腳步加速，除了經濟將會大改變，就連「做為一個人」的意義也可能不同。早在 1848 年，《共產

黨宣言》就聲言「一切堅固的事物都煙消雲散」，只不過，馬克思和恩格斯當時講的主要是社會和經濟結構。而到了 2048 年，或許智人的身體構造和認知構造也會煙消雲散，或是散成一片雲端的資料位元。

1848 年，幾百萬人失去了鄉間農場的工作，遷移到大城市，改到工廠裡上班。但他們到了大城市之後，大概性別並不會改變，也不會忽然多個第六感。而且只要在某間紡織廠找到工作，就能在這個行業待上一輩子。

然而到了 2048 年，人類可能要面臨的就是遷移到網路空間、流動的性別認同、以及電腦植入裝置所帶來的新感官體驗。就算你找到了一份有意義的新工作，譬如為 3D 虛擬現實遊戲設計最新的時尚流行，但可能只要短短十年，不但是這項工作、甚至是所有需要類似藝術創意的工作，都會被 AI 取代。所以你在二十五歲的時候，交友網站上的自我介紹可能是「二十五歲的異女，住在倫敦，時尚業」。但到了三十五歲，就變成「年齡調整中，非特定性別，新皮質活動主要在『新宇宙』虛擬世界，人生使命是要前往其他時尚設計師未曾踏足的境界。」再到了四十五歲，就連約會和自我定義，都成了過時的概念，只要等待演算法幫你找到（或是創造）完美的另一半就行了。還想要從時尚設計找到人生意義嗎？現在演算法的作品已經比你強太多了，如果再去回顧你在十年前最滿意的作品，只會讓你覺得丟臉到無地自容，再也沒有半點自豪的感受。而且你也才四十五歲，後面還有好幾個十年，等待你一再大大改變。

上面這個例子當然只是假設。沒有人真正知道未來的變化將是如何，而且任何的假設都可能與真正的未來，相去甚遠。如果某個

人向你描述二十一世紀中葉的世界，聽起來像是一部科幻小說，他很可能是錯的。但如果某個人向你描述二十一世紀中葉的世界，聽起來一點都不像是科幻小說，那他肯定是錯的。雖然我們還無法確定細節，但唯一能確定的就是：一切將會改變！

## 人生將是一連串的轉型

未來的重大改變，很有可能改變人類一生的基本架構，讓「不連續性」成為最顯著的特徵。

早從遠古時代開始，人的一生分為兩個階段：先是學習的階段，再來是工作的階段。你先在第一階段累積各種資訊、發展各種技能，建構起自己的世界觀，也建立起穩定的身分認同。就算你在十五歲的時候沒去上學，而是在自家的田裡工作，你仍然是在「學習」——學習怎樣讓稻子長得好、怎麼和大城市貪婪的米商談判、以及怎樣解決和其他稻農搶水搶地的問題。在人生的第二階段，則是靠著累積下來的技能，闖蕩世界、謀取生計，貢獻社會。當然，就算到了五十歲，你還是會在種稻、談判、協調方面學到新知，但都只是對已然千錘百鍊的能力，做點小小調整而已。

但是到了二十一世紀中葉，由於改變的速度加快、人類壽命延長，這種傳統模式也將無以為繼。人類一生之中的各個接續，可能出現裂痕，不同時期的人生也不再緊緊相連。「我是誰？」會變成一個比以往更加迫切、也更加複雜的問題。[192]

這很可能會帶來極大的壓力。因為改變幾乎總是會造成壓力，所以在一定年齡過後，大多數人都不喜歡改變。你十五歲的時候，

人生充滿變化，你的身體在成長、心智在發展、關係也在深化。一切都在改變，一切都如此新奇。你正忙著發明你自己。對大多數青少年來說，這一方面有點嚇人，但一方面也令人興奮。新的願景在你面前展開，整個世界等著你去征服。

但到了你五十歲的時候，你不想改變了，大多數人也都放棄了征服世界的夢想。這輩子能看的、能做的、能買或賣的，好像也就那樣。這時的你，更喜歡穩定。為了手上的這些技能、生涯、身分和世界觀，你已經投入太多時間心力，並不想重新再來過。為了某件事費過愈多心力，要放下它、為新的事物挪出空間，也就愈困難。你雖然還是可能喜歡有些新的體驗、有些小的調整，但對大多數五十多歲的人而言，並沒有準備好徹底改變自己的身分認同、以及改造性格的深層架構。

## 「穩定」是奢侈品

這件事可從神經學來解釋。雖然成年人的大腦並不像我們過去以為的那麼僵化，但和青少年的大腦相比，可塑性還是差了一截。要讓神經元重新連結、讓突觸重新搭上線，實在是難如登天。[193] 然而在二十一世紀，「穩定」會是我們無福消受的奢侈品。如果還想死守著穩定的身分、工作或世界觀，世界只會咻地一聲超越你，把你遠遠拋在後方。而因為人類的預期壽命應該會更長，你有可能有幾十年的時間，只能活得像一塊無知的化石一樣。想讓自己在這個世界還有點用（不只是經濟上，更重要的是在社會上），就需要能夠不斷學習、重塑自己；而且到時候，五十歲可能還算年輕。

　　等到改變成為常態，無論是個人或人類整體過去的經歷，參考價值都只會慢慢降低。無論是個人或整體，人類將愈來愈必須面對以前從未遇到的事物，像是超高智能機器、基因工程打造的身體、能夠精確操縱自己情緒的演算法、急速襲來的人為氣候災難，以及每過十年就得換個專業。面對前所未有的局面，到底該怎麼做才正確？現在被大量資訊淹沒，絕無可能全部吸收和分析，又該如何回應？如果不確定性已經不再是例外，而是常態，又要怎麼過下去？

　　想在這樣的世界過得順風順水，需要心態非常靈活、情感極度平衡。人類將不得不一再放棄某些自己最熟悉的事物，學會與未知和平相處。但麻煩的是，要教孩子擁抱未知、維持心理平衡，要比教他們物理方程式或第一次世界大戰的起因，來得困難許多。人的韌性不是光靠著讀書聽課就能培養出來。而且因為現在的教師多半也是舊教育體系下的產物，通常連他們自己的心態也還不夠靈活。

　　工業革命讓我們對教育的想法，就像是一條生產線。城鎮的中心有一座大型混凝土建築，分成許多相同的房間，每個房間再配有幾排桌椅。鐘聲響起，你就和另外三十個同年出生的孩子，一起進去某一間房間。每個小時都會有某個大人走進來，開始說話。而且是政府付錢叫他們這麼做的。有一個大人會告訴你，地球是什麼形狀，另一個告訴你人類的過去如何，再另一個告訴你人體是怎樣。

　　我們很容易對這種模式嗤之以鼻，而且幾乎所有人都會認為，就算這種教育模式在過去有些成就，現在也已經信用破產。但是到目前為止，我們還沒有找出可行的替代方案。至少，這種替代方案不能只適用於高檔的加州市郊富人區，而需要能夠擴大規模，即使在墨西哥鄉間也必須適用。

# 科技服務你、還是你在服務科技？

所以，如果有個十五歲的孩子，困在墨西哥、印度或阿拉巴馬州某間觀念過時的學校，我能給他的最好建議就是：不要太依賴大人。

多數的大人都是一片好意，但他們就是不懂現在這個世界了。在過去，「聽大人的話」會是相對安全的選項，因為在當時，他們確實懂那個世界，而且世界的變化並不快。但二十一世紀不一樣，變化的腳步愈來愈快，你永遠無法知道，大人告訴你的到底是永恆的智慧、還是過時的偏見。

那麼，到底你可以依賴什麼呢？也許是科技？這會是更冒險的選項。科技可以帶來許多幫助，但如果科技在你的生活裡掌握太多權力，科技就可能把你當作人質，只推動它想達到的目標。幾千年前，人類發明了農業；但這項科技只讓一小群菁英變得富裕，大多數人類反而淪為奴隸。大多數人發現自己得頂著炎炎烈日，拔草、澆水、收成，工作從日出到日落。這也可能成為你的命運。

科技並不壞。如果你知道自己想要什麼，科技能幫助你達成目標。但如果你不知道自己想要什麼，科技就很容易為你塑造目標，控制了你的生活。特別是隨著科技愈來愈了解人類，你可能愈來愈會發現，好像是自己在服務科技，而不是科技在服務你。有沒有看過街上的人像喪屍一樣遊蕩，臉幾乎貼在手機上？你覺得是他們控制了科技，還是科技控制了他們？

這麼說來，你是該依賴自己嗎？如果這是《芝麻街》或是以前那種迪士尼電影，這聽起來可能是個好主意，但這個選項在現實生

活的成效並不佳。就連迪士尼也發現了這一點。大多數人就像《腦筋急轉彎》裡的萊莉，其實並不瞭解自己，打算「傾聽自己內心的聲音」時，反而容易遭到外部的操縱。我們在腦裡聽到的那些聲音絕不值得信賴，因為這些聲音反映的總是國家的政治宣傳、意識型態的洗腦手段、商業廣告的殷殷召喚，更別提人體生化機制本來就有缺陷。

隨著生物科技和機器學習不斷進步，要操縱人類最深層的情緒和欲望，只會變得愈來愈簡單，於是「順從你的渴望」、「跟著你的心」、「隨心所欲」就會愈來愈危險。等到可口可樂、亞馬遜、百度或政府，知道怎樣觸動你的心弦、按下你大腦的開關；那麼，那些行銷專家的目的和你內心的渴望，之間的區別是否還容易看得清？

要面對這項艱巨的任務，就必須下定決心、瞭解自己這套作業系統。人人都需要知道自己的本質，希望在人生中達到什麼目標。在本書所提出的諸多建議裡，這絕對是歷史最悠久的一條：認識你自己。

幾千年來，先知和哲人言者諄諄，要人們認識自己。到了二十一世紀，這項建議的迫切性更是前所未見，因為現在已經不是老子或蘇格拉底的時代，人類已經有了最強大的競爭對手。可口可樂、亞馬遜、百度和政府爭先恐後，都想駭進你。不是駭進你的手機、不是駭進你的電腦、也不是駭進你的銀行帳戶，他們想駭進的就是「你」、以及你的生物作業系統。你可能聽過，有人說這是個駭客攻擊電腦的時代，但事實並非如此。事實上，現在已經是個駭客攻擊人腦、攻擊人體的時代。

演算法現在正緊盯著你，盯著你去了哪裡、買了什麼、遇見了

誰。再過不久，演算法就會監視你走的每一步、每一次的呼吸、每一次的心跳。靠著大數據和機器學習，演算法對你的瞭解只會愈來愈深。等到這些演算法比你更瞭解你自己，就能控制你、操縱你，而且你無力抵抗。你會變得就住在母體裡，或是主演了《楚門的世界》。

到頭來，這就只是一個簡單的實證問題：如果演算法確實比你更瞭解你身體內部發生的事，各種決定權就會轉移到它們手上。

## 認識你自己

當然，你也有可能很高興，能把所有決定權都交給演算法，相信它們會為你和世界做出最好的決定。如果真是這樣，你只要輕輕鬆鬆享受演算法的自動導航就行，什麼事都不用做，一切交給演算法就對了。

然而，如果你還想為自己的存在、為人生的未來，保留一點控制權，就得跑得比演算法、亞馬遜和政府更快，在他們之前就認識你自己。而如果要跑得更快，就不該帶太多的行李；把過去的所有幻想和偏見都放下吧，它們是太沉重的負擔。

# 第20堂課

# 意義

## 生命不是虛構的故事

# 人生有什麼意義？

我是誰？我這輩子要做什麼？人生有什麼意義？從遠古時期，人類就一直在問這些問題。由於人類的已知和未知會不斷變化，所以每個世代都需要一個新的答案。而到了今天，根據我們對科學、上帝、政治和宗教的所有已知和未知，我們最好的答案是什麼？

人類到底想聽到怎樣的答案？十有八九，如果有人問人生有什麼意義，想聽到的答案都是某個故事。智人是一種說故事的動物，是用故事、而非數字或圖像來思考，智人也相信整個宇宙的運作就像一個故事，有主角和壞人、有衝突和解決衝突、有故事高潮、也有最後的快樂結尾。尋找人生有何意義的時候，我們想要有個故事來解釋現實，告訴我自己在這場宇宙大戲裡扮演什麼角色。知道自己的角色，就像是參與了某項比自己更偉大的計畫，於是過去的所有經驗與選擇，也都有了意義。

例如有一個頗受歡迎的故事，數千年來安撫了幾十億焦慮的人心，講的就是所有人都屬於一個永恆的循環，這個循環包容萬物，讓萬物緊緊相連。在這個循環裡，每個生命都有獨特的功能和目的要完成。所謂瞭解人生的意義，也就是要瞭解自己有何功能；所謂過了美好的一生，也就是達到了那項功能和目的。

印度史詩《薄伽梵歌》就談到，在一場印度的血腥內戰當中，阿周那（Arjuna）王子本身是個英勇的戰士，但看到許多親友都在敵方，心中產生懷疑，無法痛下殺手。他開始思考善惡之別、該由誰來下這個判斷、人的一生又有何目的。奎師那（Krishna）這位神祇便向阿周那解釋，宇宙的循環自有其正道（dharma，法），也就是每

個人必須遵行的道路、必須完成的責任。只要實現正道，不論過程如何艱難，都能得到心靈的平靜，不受疑慮的困擾。如果你拒絕實現正道，想走上別人的道路（甚至是完全不遵行任何道路），就會擾亂宇宙的平衡，永遠無法尋得平靜和喜悅。每個人的正道各有不同，但只要遵行即是。就算只是洗衣婦，只要妳遵行正道，就比不行王子之道的王子更為高貴。阿周那瞭解了人生的意義之後，遵行他身為戰士的道路，殺死親友，帶領軍隊獲得勝利，也成為印度教深受尊敬及愛戴的一位英雄。

1994 年的迪士尼史詩電影《獅子王》，也是為現代觀眾重新包裝推出這個古老的故事；小獅子辛巴正是阿周那的角色。辛巴想知道生存的意義時，他的父親、也就是獅王木法沙，告訴他這個世界有個偉大的「生命循環」。木法沙解釋道，羚羊吃草、獅子吃羚羊，等獅子死後，遺體又會分解成為草的養分。生命就這樣代代相傳、循環不已，每個動物都有自己的角色要扮演，一切環環相扣、互相依賴，就算只是某根草不履行自己的職責，都有可能讓整個生命循環崩潰。木法沙說，辛巴該負的職責就是在木法沙死後，統治獅子王國，並維護所有動物的秩序。

然而，木法沙被邪惡的弟弟刀疤謀殺而過早離世，小辛巴以為自己是罪魁禍首，於是離開了獅子王國，逃避了他該負起的王室職責，在荒野之中遊蕩。在那裡，辛巴遇到了另外兩隻離群的動物：狐獴丁滿和疣豬彭彭，大家一起度過了一段無憂無慮的日子。根據他們的反社會哲學，所有問題都可以用一個答案來解決：「哈庫那瑪塔塔」，也就是「不用擔心」。

然而，辛巴無法逃離他的正道。隨著他日益成熟，也就愈來愈

感到困擾，不知道自己是誰、這一輩子該做什麼。到了電影的最高潮，木法沙向辛巴顯靈，再度提醒辛巴生命的循環、以及他的王室身分。辛巴也得知，在他不在的時候，邪惡的刀疤占據了王位，讓王國動蕩不安，甚至還有饑荒侵襲。辛巴終於瞭解了自己是誰、該做些什麼。他回到獅子王國，殺死叔叔、繼承王位，於是王國恢復了和諧與繁榮。電影最後一幕，是辛巴得意的將他剛出生的繼承者介紹給群獸，於是生命的循環得以延續。

生命循環是將宇宙大戲視為一種周而復始、不斷循環的故事。對於辛巴和阿周那來說，獅子吃羚羊、戰士打仗，都是永世不變的事，會持續千秋萬代。這種故事的力量就來自這些永恆的重複，彷彿說，事情的自然過程就是如此，如果阿周那逃避戰鬥、或是辛巴拒絕成為獅王，就是在對抗自然律。

## 天堂各有版本

生命循環可以有各種版本，而如果我相信任何一種，就代表我相信自己有一種固定且真實的身分，決定了我這一生有何職責。我可能在多年以來，一直懷疑這個身分，甚至對它一無所知；但總有一天，在某個偉大的關鍵時刻，這個身分就會顯露出來，我也會瞭解自己在這場宇宙大戲裡的角色。就算可能面對諸多考驗和磨難，我也不會有任何懷疑，不會有一絲的絕望。

但是也有其他宗教和意識型態，它們所相信的宇宙大戲是線性的——有明確的開始、一個不太長的中段、以及某個一勞永逸的結局。像是在穆斯林的故事裡，說是真主阿拉創造了整個宇宙、制定

出宇宙的律法，再透過《古蘭經》告知所有世人。但不幸的是，有些無知且邪惡的人類背叛了阿拉，還企圖違背或隱瞞這些律法，於是擁有美德並忠於阿拉的穆斯林，就必須站出來，維護這些律法，傳播相關知識。而到了最後的審判日，阿拉會對每一個人的行為做出審判，獎勵義人進入天堂、享受永恆的喜樂，並將惡人扔進地獄的火坑。

這個大敘事隱含的意思是：我這輩子渺小但重要的角色，就是要遵行阿拉的命令、傳播祂的律法，確保眾人遵從祂的願望。如果我相信這則穆斯林故事，我就會每天做五次禮拜，捐錢蓋新的清真寺，並且與叛教徒與異教徒對抗。就算是最平凡的那些活動，包括洗手、喝酒、性行為，都充滿了這個宇宙的意義。

國族主義也認同線性的故事。所以像是猶太復國主義的故事，就始於猶太人在《聖經》時代的種種冒險與成就，回顧這長達兩千年的流亡和迫害，以納粹大屠殺和以色列建國為高潮，最後期待某一天以色列得以享有和平與繁榮，成為全世界道德和精神的燈塔。如果我相信這則猶太復國主義故事，我就會認為自己這輩子的使命是增進猶太國族的利益，手段包括維護希伯來語的純潔、奪回失去的猶太領土，或是生養忠誠的以色列新世代兒童。

在這種情境下，就連最單調無聊的舉動，也可能充滿意義。在以色列獨立日，學童經常合唱一首很受歡迎的希伯來歌曲，頌揚為祖國做的任何事。第一個孩子唱「我在以色列的土地上，蓋了一棟房子」，另一個孩子唱「我在以色列的土地上，種了一棵樹」，再一個唱「我在以色列的土地上，寫了一首詩」，就這樣一直下去，直到最後大合唱「所以我們在以色列的土地上，有一棟房子、一棵樹、

一首詩……（以及任何你想補充的東西）。」

　　共產主義也講了一則類似的線性故事，但重點放在階級、而非種族。《共產黨宣言》開宗明義就聲言：

　　過去一切社會的歷史，都是階級鬥爭的歷史。

　　自由民與奴隸、貴族與平民、領主與農奴、行會師傅與幫工，簡言之，即為壓迫者與被壓迫者，始終處於相互對立的地位，進行不斷的、時而隱蔽、時而公開的鬥爭。每一次鬥爭的結局，不是整個社會受到革命性的重建改造，就是鬥爭的各階級同歸於盡。[194]

　　《共產黨宣言》繼續解釋道，現代「整個社會日益分裂成兩大敵對陣營，也就是兩大直接對立的階級：資產階級和無產階級」。[195]這場鬥爭將以無產階級的勝利告終，代表著歷史之終結，在地球上建立起共產主義的天堂，沒有人擁有任何東西，而且每個人都享受完全的自由、完全的快樂。

　　如果我相信這個共產主義的故事，就會認為自己人生的使命，就是要加速推進這場全球革命，方法可能是撰寫筆調激昂的小冊、組織罷工和示威，或是刺殺那些貪婪的資本家及走狗。只要用這個故事，再小的動作都能得到意義，像是抵制在孟加拉剝削紡織工人的品牌，或者在耶誕夜晚餐的時候，與我公公那個資本主義的豬儸激烈爭辯。

　　縱觀各種打算定義我的身分、為我的行為賦予意義的故事，會發現一個驚人的事實：故事的規模大小實在沒什麼影響。有些故事（像是辛巴的生命循環），好像會持續到永恆；所以我是在整個宇宙

的背景之下，才能知道自己的意義。但也有些故事（像是大多數國族主義和部落的神話），所談到的規模簡直小得微不足道。例如猶太復國主義，這套故事在意的只有人類總人口的 0.2％、地球總表面積的 0.005％、歷史總時間的須臾片刻。若你只信仰這一套猶太復國主義的故事，那麼對你來說，不論是中國歷朝各代、新幾內亞的諸多部落、仙女座星系，又或是早在摩西、亞伯拉罕和猿類演化之前的漫長時間，都沒有任何意義。

這種短視會產生嚴重的影響。例如以巴和平協議的主要障礙之一，就在於以色列不願意切分耶路撒冷。以色列認為這座城是「猶太人永恆的首都」，而當然，「永恆」怎麼能妥協呢？[196] 所以啦，與永恆相比，死幾個人又算得上什麼呢？

當然，這完全是無稽之談。所謂永恆，至少也有一百三十八億年，也就是宇宙迄今的年紀。至於地球這顆行星，大約形成於四十五億年前；人類則已經存在了至少兩百萬年。相較之下，耶路撒冷建立於五千年前，猶太人則頂多只有三千年的歷史。這要算是「永恆」，也實在太過勉強。

至於就未來而言，根據物理學所說，大概在距今七十五億年之後，地球會因為太陽膨脹而遭到吞噬，[197] 而宇宙在那之後，還有至少一百三十億年的壽命。難道真有人認真相信，以色列或耶路撒冷必定會再存續一萬三千年？一百三十億年就更不用提了。說要展望未來，猶太復國主義所想像的頂多就是幾個世紀，但僅僅如此，便已然足以耗盡多數以色列人的想像力，認為這就是「永恆」。如果是為了「永恆之城」，人民就願意做出犧牲；如果只是為了一棟短時間存在的房舍，大概就沒有這種說服力。

# 「別再問了，反正下面都是烏龜」

在以色列，我十幾歲的時候，也曾被國族主義的承諾所迷惑，希望能參與某項比自己更偉大的計畫。我願意相信，如果我為國家奉獻生命，就會永遠活在這個國家的心裡。但我無法理解「永遠活在國家的心裡」是什麼意思。這句話聽起來好像很偉大，但到底是要講什麼？

我還記得自己十三、十四歲時候的一場陣亡將士紀念日儀式。雖然美國的陣亡將士紀念日主要特色就是各種特賣會，但以色列的陣亡將士紀念日是非常莊嚴、非常重要的活動。學校在這一天舉行紀念儀式，緬懷在以色列多次戰爭中犧牲的士兵。孩子都穿著白色衣服，朗誦詩歌、吟唱歌曲、擺放花圈、揮舞旗幟。我也不例外，在學校舉辦的儀式上穿著白色衣服、揮著旗、誦著詩，在空檔也自然而然的覺得，等我長大也想從軍，為國家奉獻生命。畢竟，如果我為以色列英勇犧牲了生命，不就有這麼多的孩子會背誦詩歌、揮舞旗幟來紀念我嗎？

但後來我又想到，「等等，如果我死了，又怎麼會知道這些孩子真的在誦詩追念我？」於是我開始想像自己死了的情況，想像自己葬在某座整齊的軍人墓園，躺在某塊白色墓碑之下，聽著地面傳來的詩歌。但我又想到，「如果我死了，就不會有耳朵，不會有大腦，所以什麼都聽不到、也感受不了，那當然就聽不到任何詩歌。這樣一來，這一切到底有什麼意義？」

更糟的是，我十三歲的時候，已經知道宇宙已有幾十億年的歷史，而且大概還會再繼續存在幾十億年。現實來說，我真的能期待

以色列存在這麼久嗎？再過兩億年，還會有智人的小孩，穿著白色衣服、朗誦著詩歌？這整件事聽起來，難道不是大有問題嗎？

如果你碰巧是巴勒斯坦人，也不用高興得太早。再過兩億年，大概也不會剩下任何巴勒斯坦人，甚至很有可能根本不會剩下任何哺乳動物。其他國家運動也同樣有這種短視的問題。塞爾維亞國族主義者不會在意侏羅紀發生過什麼事；而朝鮮國族主義者則認為，自己這個在亞洲東岸的小小半島，是全宇宙事業唯一重要的部分。

當然，就算是辛巴，雖然全心相信生命循環永恆不變，卻也從沒想過獅子、羚羊和草地並非永恆。辛巴沒想過演化出哺乳動物之前的宇宙是什麼模樣，也沒想過如果人類殺光所有獅子、用瀝青和混凝土覆蓋了整片草原，他心愛的非洲大草原命運又將如何。這會不會讓辛巴的一生變得完全沒有意義？

所有的故事都不完整。但如果只是要為自己打造一個行得通的身分認同、為自己的人生賦予意義，我並不需要一個絕無盲點、毫無內部矛盾的完整故事，只要能符合兩個條件就行。

第一，我在這個故事裡得至少扮演某種角色。新幾內亞的部落原住民，大概不會相信猶太復國主義或塞爾維亞國族主義的故事，因為這些故事裡根本沒有新幾內亞人能上場的份。這就像電影明星接案子一樣，只會喜歡自己能演出重要角色的劇本。

第二，一個好的故事所討論的範疇不一定要無窮無盡，但至少要能夠延伸到超出自己的視界。在這個故事裡，必須要讓我得到某種身分認同，並讓我參與某種比我自己更重要的事物，好為我的人生賦予意義。但總還是有一種風險：我開始懷疑，又是什麼賦予了那個「更重要的事物」意義？如果我的人生意義在於協助無產階級

或波蘭國族,那麼無產階級或波蘭國族的意義,究竟是哪來的?例如有個故事,說有個男人聲稱,整個世界是有一頭巨大的大象用背撐著,才如此穩定。有人問他,那大象又站在什麼地方?他回答,大象是站在一隻大烏龜的背上。那烏龜又站在哪?另一隻更大的烏龜背上。那麼,那隻更大的烏龜呢?那個男人生氣了,說:「別再問了,反正下面都是烏龜。」

## 信眾就是有盲點

大多數成功的故事都是開放式的。這些故事從來不需要解釋意義最終的來源為何,因為它們很懂得如何抓住人的注意力,讓人不去想太多其他的事。

所以,要說世界是撐在某頭巨大的大象背上的時候,就該用些障眼法吸引注意力,免得聽眾問了不好回答的問題。譬如可以開始細細描述,如果這頭大象拍動了牠的大耳朵,就會引發颶風;如果這頭大象生氣了,抖了抖身子,就會造成地震。只要安排的障眼法夠好,聽眾就不會在意大象站在什麼地方。

同樣的,國族主義也有障眼法:用各種英勇的故事,令我們著迷;用各種過去的災難,令我們涕泣;再用國家遭受到的種種不公不義,令我們憤怒不已。到最後,我們如此相信這個國族的史詩故事,於是不論看到世界上發生什麼事,第一個想到的,就是這對我們的國家有什麼影響,壓根就沒想到要話說從頭,討論一下究竟為什麼我們的國家這麼有意義?

如果你相信某個特定的故事,就算最小的細節,也會讓你大感

興趣；但與此同時，任何不屬於故事範圍內的事物，都很難引起你的注意。像是虔誠的共產主義者，可能會花費許多小時，激辯在革命的早期是否該與社會民主主義者結盟；但他們很少會暫停一下，思考無產階級對於地球哺乳動物的演化有何意義、又或是對全宇宙的繽紛生命有何意義。像這樣的閒談，就會被認為是一種反革命、是在浪費生命。

雖然有些故事也會費勁把規模擴大到整個時空，但許多其他故事就是靠著操縱聽眾的注意力，雖然規模遠遠較小，成效卻並不遜色。講故事的一項關鍵法則，就是討論範疇只要超過觀眾的視界，真正的最終範疇大小，幾乎不會造成任何影響──不管是為了某個只有千年歷史的國家、或是為了某個號稱有十億歲的神祇，信眾殺起人來的狂熱，都可能不相上下。數字大到超過一定程度之後，人類的感覺就是都差不多。而在大多數情況下，要耗盡我們的想像力實在又比想像的要容易太多。

有鑑於我們對宇宙的一切所知，任何有理智的人，都不可能相信：以色列、德國或俄羅斯國族主義的故事（或任何一般的國族主義故事），就是宇宙和人類存在的最終真理。如果這個故事幾乎完全不談完整的時間、完整的空間、宇宙大霹靂、量子物理、生命演化，那麼這個故事最多只會是整個真理真相的一小部分而已。然而信眾就是不知怎的，無法看穿。

確實，歷史上也曾有幾十億人認為，就算自己不屬於某個國家或某個偉大的意識型態運動，自己的人生仍然可能有意義。只要自己能夠「留下些什麼」，讓自己個人的故事能夠超越自己的死亡，好像也就夠了。這裡留下的「什麼」，最好就是靈魂或個人本質。如果

在目前的軀體死亡後，我還能重生於一個新的身體，那麼死亡就不是終點，只像是兩章之中的空白，而過去章節的內容仍然會在下一章繼續。對許多人來說，就算並不以任何特定的神學為基礎，對於這種說法也都多少有些相信。在這裡，信眾需要的並不是什麼精心設計的教條，只是求個心安，希望自己的故事能夠在死後延續。

## 留下靈魂？留下詩歌、留下基因？或留下愛？

認為人生就如同一場永無止境的史詩，雖然是很普遍也很引人的理論，但有兩大問題。

第一，不管人生故事可以延得再長，也不見得更有意義，就只是比較長而已。印度教和佛教這兩大宗教，都認為生死就是無窮的循環，但也都擔心一切只是徒勞無功。就這樣千百萬次，我學會怎麼走路、長大成人、與婆婆吵嘴鬥法、然後生病過世，就這樣無限循環。這有什麼意義呢？

如果把我在每一輩子流過的淚水聚集起來，就能倒成一個太平洋；如果把每一輩子掉的牙齒和頭髮聚集起來，就會比喜馬拉雅山更高。但這又有什麼意義呢？也就難怪，印度教和佛教大師殫精竭慮，都是一心想要擺脫這個旋轉木馬，而不是讓它延續下去。

這種理論的第二個問題，在於缺乏證據支持。哪有什麼證據，能夠證明自己曾經是個中世紀的農民、尼安德塔獵人、霸王龍或阿米巴原蟲？（如果我真的活了幾百萬輩子，而又是最近二百五十萬年才有人類，那我肯定當過恐龍和原蟲吧？）誰又敢說自己未來是會變成半機械人、星際探險家、還是一隻青蛙？把自己的人生以這

種承諾當基礎，就像是把房子賣了，換來一張雲端銀行開出的過期支票。

　　所以，有些人並不相信自己死後會留下什麼靈魂，倒是希望能夠留下一些更有形的東西。而所謂「有形的東西」有兩種形式：文化的或生物的。例如，我可以留下一首詩、或是留下一些我珍貴的基因。於是，我這一生之所以有意義，是因為後人在百年後，仍會閱讀我的詩歌，又或是因為我還會有兒孫繼續存活下去。至於兒孫後人的人生有何意義？那就是他們的問題，不是我的問題了。這樣一來，人生的意義就像是玩著已經拉開的手榴彈，傳給別人，你就沒事了。

　　很遺憾，就連「留下一些什麼」這種卑微的願望，也很少能夠實現。絕大多數曾經存在的生物，都是沒有留下基因便已然絕種。例如幾乎所有的恐龍都是如此，又例如尼安德塔人，在智人接手後就消失殆盡。又例如我外祖母的波蘭家族，在 1934 年，我的外祖母芬妮和她的父母及兩位姊妹遷居耶路撒冷，但親戚大部分都還留在波蘭的赫梅爾尼克鎮和琴斯托霍瓦市。幾年後，納粹來犯，就連老弱婦孺都一個不留，未能倖存。

　　即使只是文化遺緒，也很少能夠留下。外祖母的波蘭家族現在留下的，只有家庭相簿裡幾張褪色的面容，而我外祖母已經高齡九十六，現在就連她也不記得每個人的名字。而且據我所知，這些人並未留下任何文化創作，沒有詩、沒有日記，就連買東西的清單都沒留下。你可能會認為，這些人畢竟曾是猶太人的一份子、是猶太復國主義運動的一部分。但這幾乎不會給他們的個人人生，帶來任何意義。此外，我們怎麼知道他們每個都愛當猶太人、都支持猶太

復國主義？搞不好，其中有一個是忠誠的共產主義者，當了蘇聯的間諜而犧牲？可能又有一個，一心希望能成為波蘭社會的一份子，於是當了波蘭的軍官，最後在卡廷大屠殺死於蘇聯之手？也許還有一個，是激進的女權主義者，拒絕所有傳統宗教和國族主義身分？既然他們沒有留下任何資料，要說他們所追求的人生意義是這個或那樣，實在太容易了，而他們甚至連起身抗議的權利都沒有。

如果我們無法留下什麼有形的東西（例如基因或詩歌），或許只要能讓世界變得更好一點，也就足夠了。如果你幫了某個人、而他又再去幫了其他人，這樣下去就有助於讓整個世界都變得更好，像是串起一個「善的連結」，而你就是其中的一個小環節。或許你也可以好好教導某個聰慧、但不善與人相處的孩子，而他最後會成為醫師，拯救千百人的生命？又或許，你可以幫助一位老太太過馬路，讓她的人生有一小時開開心心？

雖然這種做法確實有優點，但一串的善意好像和一串的海龜沒有多大差異：我們還是不知道這意義在哪。有位智者被問到人生的意義，他說：「我知道的是，我在這裡是為了幫助其他人。但我不知道的是，究竟為什麼其他人在這裡？」

如果有些人，不相信有什麼連不連結、不相信有什麼未來、也不相信有什麼集體的動人史詩，或許最安全、最簡單而能讓他們相信的一套故事，就是「愛」了。

「愛」這套故事，並沒有打算要超越現在。諸多歌頌愛情的詩句都說過，當你沉浸在愛裡的時候，整個宇宙就只剩下你愛人的耳垂、睫毛或乳頭。就像羅密歐看著茱麗葉的臉頰斜倚在手上，便感嘆道：「願我化身那手上的手套，便可撫摸那臉頰！」只要與現

下、此地的一個身體相連，就能讓你覺得連結了整個宇宙。

　　事實上，你愛的就只是一個人類，而相較於其他每天在火車上或超市裡擦身而過的人類，這個人類的本質並無不同。但是對你來說，這個人似乎就像是無窮無盡的宇宙，而你也願意在那無窮無盡的宇宙中失去自我。來自各種傳統的詩人，都常說浪漫的愛情如同天人合一，神祇就是他的愛人。浪漫主義詩人也常把自己的愛人，寫得如同神祇一般。如果你真的和某人正陷入愛戀，你當下定然不會擔心「人生有什麼意義」的問題。

　　然而，如果你就是不在愛河裡，又該怎麼辦？如果你還是相信這套「愛」的故事、只是自己不在愛裡，至少你已知道自己的人生目標了：尋找真愛。而且你已經在無數的電影裡看過愛、也在無數著作中讀過愛，你知道自己總有一天會遇到那個特別的人，在那雙眼眸中，讓你看到無限的閃爍光芒，讓你的人生突然充滿意義，你所有曾經有過的問題，都只要一再呼喚一個名字，就能得到解答，一如《西城故事》的東尼、或是見到茱麗葉正從陽臺俯視他的羅密歐。

## 歷史上，屋頂有時比地基更重要

　　前面說過，一個好的故事必須讓人有可以扮演的角色、要能延伸到超出自我的視界；但與此同時，好的故事並不用符合真實。

　　一套故事可以純粹出於虛構，只要能讓我有身分認同、覺得人生有意義，就已經足夠。事實上，如果就我們目前的科學知識來判斷，全世界有史以來所有文化、宗教和部落的千千萬萬個故事，沒

有一個是真實的，全部都只是人類的發明。如果你想問人生有何真正的意義，而對方是用一個故事來回答你，這個答案肯定是錯的。故事細節如何，並不會有所區別，任何故事都一定是錯的。原因就在於，宇宙絕不是以故事的方式在運作。

那麼，為什麼大家會相信這些虛構的故事呢？

第一，我們的個人身分認同，正是以這些故事為基礎。我們從小就被教導，要相信故事。早在智力和情感都還不足以判斷故事真假的時候，父母、師長、鄰居和社會文化，早已經把這些故事說了又說。等到我們智力成熟，卻已經在這些故事投入太多心血，於是並不想去推翻這些故事，反而比較想把故事合理化。那些追求身分認同的人，都像是要玩尋寶遊戲的孩子。最後找到的，都只是父母藏起來、等著讓他們找到的東西。

第二，除了個人身分認同，就連人類整體的機構體制都是建立在故事上。因此，光是要去質疑故事真假，想來就令人膽顫心驚。在許多社會中，想質疑故事的人都會遭到排擠、甚至迫害。就算沒有這種情形，講到要質疑社會最基本的結構，也實在需要很大的膽子。原因就在於：如果真的駁倒了相關的故事，就代表我們所知的整個世界都沒有意義。國家法律、社會規範、經濟體制，可能全部面臨崩潰。

而多數故事之所以仍然能屹立不搖，靠的並不是堅穩的地基，反而是屋頂的重量。以基督教的故事為例，這套故事的基礎實在再薄弱不過，到底有什麼證據，可以證明全宇宙創造者的兒子是在大約兩千年前、在銀河系的某個地方，以碳基的生命形式誕生？又有什麼證據，可以證明這是發生在加利利、而且他的母親還是處女？

雖然如此，以這個故事為基礎，全球就是建立起了許多重要的機構與體制，而且單憑其重量，就形成強大的力量，使這個故事顛撲不破。曾經有許多戰爭，起因只為了改動這個故事裡的某個單字。例如西方基督教與東正教分裂千年的原因，近來又在克羅埃西亞與塞爾維亞的相互屠殺當中體現，一切都始於拉丁文的 filioque（和子，意指：聖靈是由聖父和聖子而出）這個字。西方基督教想把這個字放進基督宗教信仰，而東正教強烈反對。（把這個字加進去的影響，在神學上有極複雜神祕的意義，這裡不可能說得清楚。欲知詳情，請查谷歌。）

如果個人身分認同和整個社會體系，都是以某個故事為基礎，就很難再去質疑這個故事；原因並不是這個故事證據齊全，而是因為一旦崩潰，就會引發個人和社會的災難。在歷史上，屋頂有時比地基更重要。

## 天靈靈、地靈靈，信仰成了行業

讓人生有意義、讓人有身分認同的故事，雖然都是虛構的，但人類還是得相信這些故事。那麼，怎樣能讓故事感覺是真的呢？畢竟我們已經知道人類想要相信故事的原因，而我們現在得討論一下讓人相信故事的方法。

早在幾千年前，祭司和巫師就已經找到了答案：靠各種儀式。「儀式」是一種神奇的行為，能讓抽象變得具體，虛構變得真實。至於儀式的精髓，可說就在它的魔咒，中文唸「天靈靈、地靈靈」，在西方則唸「Hocus pocus」。唸了魔咒，就能讓 A 變成 B。[198]

想讓基督在信眾的眼中變得真實嗎？在彌撒儀式中，神父拿起一塊麵包和一杯葡萄酒，說麵包是基督的肉、葡萄酒是基督的血，吃著麵包、喝著葡萄酒，就是讓信眾與基督共融。基督都能在口中嘗到了，哪有比這更真實的呢？

傳統上，神父是用拉丁文作出這些大膽的宣示，而拉丁文正是宗教、法律、各種人生祕密所用的語言。農民群聚、露出著迷的眼神，神父再高高舉起一塊麵包，大聲說道：「Hoc est corpus!」——這是（耶穌的）身體！理論上，這塊麵包就成了基督的肉。但這群不懂拉丁文的農民，把「Hoc est corpus!」誤聽成「Hocus pocus!」，結果流傳下來。在西方，這就成了一句強大的咒語，可以把青蛙變成王子，把南瓜變成馬車。[199]

早在基督宗教誕生的千年之前，古代的印度教也用過同樣的技巧。《廣林奧義書》曾把獻祭一匹馬的過程，解釋成整個宇宙形成的故事。這裡一樣是遵照著「天靈靈，地靈靈，A 就變成 B！」的架構，說到：「馬頭為黎明，眼睛為太陽，生命力為空氣，張開的口為內火（Vaisvanara），馬身為一年……四肢為季節，關節為月份和兩週，馬蹄為日夜，馬骨為星星，血肉為雲朵……哈欠為閃電，抖動為雷鳴，排尿為下雨，嘶鳴為聲音。」[200] 就這樣，一匹可憐的馬就成了宇宙。

幾乎任何事都能化為儀式，不論是點蠟燭、搖手鈴或數珠子，任何再普通的動作，都能帶來深刻的宗教意義。身體的動作也是如此，像是鞠躬、匍匐、或是雙手合十，都能各有意義。而從錫克教的頭巾、到穆斯林的頭巾，各種形式的頭飾也都充滿意義，幾世紀來一直引發激烈的鬥爭。

就連食物，所代表的精神意義也可能遠超過營養價值，不論是復活節彩蛋（象徵新的生命與基督復活）、或是猶太人在逾越節吃的苦菜和無酵餅（紀念的是在埃及所受的奴役、以及神將他們救出埃及）。在這世界上，幾乎任何一道菜都有某種象徵。像在新年，虔誠的猶太人會吃蜂蜜，才會有甜蜜的一年；吃魚頭，才會像魚多子多孫、而且勇往前進；吃石榴，讓善行如石榴籽般繁榮興盛。

政治上也會利用各種儀式。幾千年來，王冠、王座和權杖就代表王國和帝國，許多殘忍的戰爭就是為了爭奪王位或王冠，讓幾百萬人為之喪命。王室和朝廷發展出各種極度詳密的規則禮節，與最細緻講究的宗教儀式不相上下。

而講到軍事，紀律和儀式的關係則是密不可分，從古羅馬到現今，士兵花上無數小時，練習著行進、敬禮的儀式，並且要把靴子擦得閃閃發光。拿破崙有句名言，說他只要用一枚勛章，就能讓士兵願意犧牲自己的生命。

## 禮儀之邦

講到儀式的重要性，或許最懂這件事的就是孔子了。對孔子來說，尊禮就是社會和諧、政治穩定的關鍵。諸如《禮記》、《周禮》、《儀禮》等儒學經典，記載各種國事場合需要怎樣的儀式，甚至連禮器的數量、樂器的種類、禮服的顏色，諸多規範巨細靡遺。而每當國家遭遇危機，儒家很快就會認為，必定是哪裡失了禮——就好像在打了一場敗仗之後，士官長認為敗因在於士兵沒把靴子給擦乾淨。[201]

在現代西方，儒家對儀禮的執迷，往往被認為是淺薄和過時。但事實上，由此或許正可看出孔子對人性有著怎樣深刻的理解。儒家之所以能夠從中國流傳到韓國、越南和日本，並且形成源遠流長的社會和政治結構，並非偶然。如果你想知道生命的終極真相，儀禮儀式會是個巨大的障礙；但如果你想知道的是如何達到社會的穩定與和諧（就像孔子那樣），真相往往只是一種負擔，而儀禮儀式反而是你最好的夥伴。

這件事情就算到了二十一世紀，還是像在古代中國一樣重要。就算到了現代工業世界，種種魔咒的力量仍然生猛鮮活。就算到了2018 年，還是有很多人認為：兩根木棍釘在一起，就成了上帝；牆上一張五顏六色的海報，就成了革命；而在風中飄揚的一塊布，就成了國家。你當然不可能看到或聽到法國，因為法國只存在於人的想像中，但你當然可以看到三色旗、聽到《馬賽曲》。於是，靠著揮舞國旗、詠唱國歌，國家就從一個抽象的故事，變得現實而一觸可及。

幾千年前，虔誠的印度教徒會獻祭寶貴的馬；而到了今天，印度人會製作昂貴的國旗。印度國旗在當地稱為 Tiranga（三色旗），由橙、白、綠三色橫紋組成。根據印度 2002 年的〈國旗法〉規定，印度國旗「代表印度人民的希望和願望，是國家自豪的象徵。在過去五十年來，包括武裝部隊在內的一些人，曾無畏於犧牲性命，讓三色旗繼續光榮飄揚。」[202]

〈國旗法〉接著引用印度第二任總統拉達克里希南（Sarvepalli Radhakrishnan）的話，解釋道：

　　橙色代表獻身與無私。我們的領導人必須不受物質利益誘惑，獻身於工作。中間的白色代表光明，是指引我們行為的真理之路。綠色代表我們與土地的關係，也是與所有生命賴以為生的植物生命的關係。白色條紋的中間，則有阿育王時代的法輪。所有在這面旗幟下工作的人，都應以真理與道德，做為最高指導原則。[203]

　　2017 年，國族主義的印度政府在印巴邊界的阿塔里村，升起一面超大的國旗，但想激發的情感不是獻身、也不是無私，而是巴基斯坦的嫉妒。這幅三色旗長三十六公尺、寬二十四公尺，飄揚在一支高一百一十公尺的旗柱上（不知道佛洛伊德會有何感想？）。就算是從巴基斯坦的大城拉合爾，都能看到這面印度國旗。但是很不幸，強風一次又一次把國旗撕裂，而基於國族的驕傲，又得一次又一次把國旗縫合，這對印度納稅人造成不小負擔。究竟為什麼，印度政府要把資源拿來升起巨大的國旗，而不是在德里的貧民窟建造汙水處理系統？原因就在於：這幅國旗可以讓印度變得「真實」，而這是地面下的汙水處理系統做不到的。[204]

　　而且事實上，正是因為國旗所費不貲，反而讓儀式更有效。在所有的儀式中，獻祭是最有力的一種，因為雖然世事百態，但痛苦這種感覺最為真實，無法忽視、不容懷疑。想讓別人相信某個虛構故事，就要引誘他們先為此做出犧牲。等到你因為某個故事而承受了痛苦，通常就足以讓你相信這個故事是真實的。

　　如果你之所以禁食，是因為上帝命令你這麼做，那麼這種再實際不過的飢餓感，就會比任何雕像或畫像，更能讓你感覺到上帝的存在。如果你為國爭戰而失去雙腿，殘肢和輪椅就會比任何詩詞或

國歌，更令你覺得國家是真實的。如果先別講到那麼偉大的事，就算你只是決定選購某種品質較低的本國商品、而非品質較高的進口商品，也算得上是一種小小的犧牲，讓你在超市裡感覺到自己的國家真是無比真實。

## 犧牲，才是魔力所在

當然，這是一種邏輯謬誤。就算你因為信仰上帝或相信國家的概念而受苦，並無法證明就真有上帝或真有國家。或許你只是因為自己太輕信謊言或謠言，所以得要付出代價？但大多數人並不喜歡承認自己是傻瓜；所以只要他們為某種信念犧牲愈多，這種信念就會愈強烈。這正是犧牲獻祭這件事神妙的魔力。

主持獻祭的神職人員，想讓我們臣服於神威之下，並不需要給我們什麼（不論是雨水、金錢、又或勝利），反而是要從我們這裡取走一些東西。只要我們被說服了、而做出某些痛苦的犧牲，我們就會受困在這個概念裡。

犧牲的概念也適用於商業世界。就算你只花幾萬塊錢，就買到一輛二手的飛雅特，可能還是會一直向身邊的人，抱怨這輛二手車問題多多。但如果你是花了上千萬，買下一輛全新的法拉利，肯定會對這跑車讚譽有加、四處宣揚。並不見得是真的因為車好，而是因為已經花了這麼多錢，必須相信這是全世界最棒的才行。

就算是在愛情裡，不管是羅密歐或是抱著煩惱的少年維特，都知道如果沒有犧牲，就不是真愛。犧牲除了能讓愛人相信你有多認真，也能讓你相信自己真的在戀愛。你以為某些女性為什麼想要對

方幫自己戴上鑽戒？對方一旦做出如此大的經濟犧牲，就得說服自己，這一切一定有價值、有意義。

「犧牲自我」這件事不僅對烈士自己有說服力，就連對旁觀者也極具說服力。要不是有那些烈士和殉道者，大概沒有多少神明、國族或革命得以維繫。這時候，如果你打算去質疑某個宗教戲碼、國族神話或革命傳說，立刻就會招來責罵：「那麼多值得尊敬的殉道者，為此犧牲了生命！你敢說他們的死都沒有意義？你以為這些英雄都是笨蛋嗎？」

對於什葉派穆斯林來說，整場宇宙大戲在阿舒拉日（Ashura）達到高潮；當時是希吉拉（Hijrah）事件後的六十年、穆哈拉姆月的第十天，也就是西曆 680 年的 10 月 10 日。那天在伊拉克的卡爾巴拉城，邪惡篡位者耶齊德手下的士兵，殘殺了先知穆罕默德的孫子侯賽因（Husayn ibn Ali）等一行人。

對於什葉派來說，侯賽因的殉難從此象徵著善惡之間、正義與壓迫之間的永恆爭鬥。正如基督徒會一再上演釘十字架的情節、模仿基督的殉難；什葉派也會一再上演阿舒拉日的情節、模仿侯賽因的殉難。如今在卡爾巴拉市，侯賽因殉難處已建了一座聖壇，每年都有數百萬什葉派教徒前來參拜。而在阿舒拉日當天，全球什葉派教徒都有哀悼儀式，有些時候還會用尖銳的武器鞭打或割傷自己。

然而，阿舒拉日的重要性並不局限於特定地點，也不局限於特定某一天。伊朗前最高領導人何梅尼（Khamenei）和許多什葉派領導人，都曾一再告訴追隨者：「每天都是阿舒拉日，每地都是卡爾巴拉城」。[205] 於是，侯賽因在卡爾巴拉城的殉難，開始讓任何時間、任何地點的任何事情，都有了意義，即使再怎樣平凡無奇的決定，也可

能會影響善惡在這個宇宙間的這場大爭鬥。

如果你竟敢質疑這個故事，就會有人立刻提醒你在卡爾巴拉城的事；至於去懷疑或嘲笑侯賽因的殉難，大概會是你能犯下的最嚴重罪行。

## 犧牲他人，成就偉業

如果烈士難尋、信眾不願犧牲自己，主持獻祭的神職人員也允許信眾找其他人來當替死鬼。譬如，你可以犧牲某個人類，把他獻給充滿復仇之心的巴力（Ba'al）神；你可以把異端份子綁在柱上燃燒，以榮耀耶穌；可以處死淫婦，因為這是真主阿拉說的；又或是把階級敵人送往到古拉格勞改營。

一旦你這麼做，犧牲獻祭這件事所發揮的魔力，會稍有不同。先前如果你因某個故事之名，給自己造成痛苦，你的選擇是：「我要不相信這個故事是真的，要不就是個容易受騙的傻瓜。」但如果你是因某個故事之名，給別人造成痛苦，你的選擇則是：「我要不相信這個故事是真的，要不就是個殘忍無情的壞蛋。」由於我們既不想承認自己是傻瓜、也不想承認自己是壞蛋，只好相信這個故事是真的。

1839 年 3 月，在伊朗的馬什哈德城，有一位猶太婦女患了皮膚病，某個祕醫告訴她，解方就是殺一條狗、再用狗血洗手。馬什哈德是個神聖的什葉派城市，而不巧，那位婦女就是在神聖的阿舒拉日，進行這項嚇人的治療。有些什葉派教徒看到了，相信（或聲稱相信）這位婦女之所以殺了那條狗，是在嘲諷卡爾巴拉殉難。發生

這種令人難以想像的褻瀆行徑，消息很快傳遍了馬什哈德的大街小巷。在當地伊瑪目（率領信眾做禮拜的導師）的慫恿下，一群憤怒的暴徒衝入猶太區，焚燒猶太會堂，當場屠殺三十六名猶太人。至於所有倖存的馬什哈德猶太人，只有兩種選擇：立刻改信伊斯蘭教、或是被殺。雖然發生這般可恥的事，但倒也幾乎無損馬什哈德做為「伊朗聖城」的美名。[206]

講到用人類獻祭，我們常常想到的是在迦南或阿茲提克的神廟裡，舉行著詭異恐怖的儀式，而且一般也認為在一神論之後，就沒有這種可怕的做法了。但實際上，一神論所引發的人類獻祭，比起大多數多神論引發的獻祭規模，遠遠有過之而無不及。基督宗教或伊斯蘭教的信徒以神之名殺害的人數，要遠多於以巴力神或維齊洛波奇特利（Huitzilopochtli，阿茲提克人的戰神）之名。在西班牙征服者禁止阿茲提克和印加帝國進行人類獻祭儀式的時候，母國西班牙的宗教裁判所還在大批大批的焚燒異端份子。

犧牲的操作形式各異、規模大小不一，不一定都要有祭司揮舞刀子、現場血流成河。舉例來說，在猶太教「安息日」這個神聖的日子，不得勞動或旅行。安息日從星期五的日落開始，持續到星期六的日落結束。在這段期間，正統派猶太教徒幾乎不做任何勞動，甚至包括從廁所的捲筒撕下衛生紙，也不行。（關於這一點，有些最富學識的拉比已經有過一些討論，結論認為撕衛生紙確實是犯了安息日的禁忌，因此虔誠的猶太人如果要在安息日擦屁股，可得事先撕好衛生紙準備著。）[207]

在以色列，虔誠的猶太人常常想逼迫世俗的猶人人、甚至是完全的無神論者，一起遵守這些禁忌。由於正統派通常在以色列政治

界握有權力，多年來也成功通過許多法律，禁止在安息日從事各種活動。雖然他們無法禁止在安息日開私家車，卻成功禁止了大眾運輸上路。於是，這項遍及全國的宗教獻祭儀式，主要衝擊到的就是社會上最弱勢的一群——特別是勞工階級的民眾，星期六是他們一週之內唯一得以自由旅行、拜訪遠方親友和造訪旅遊景點的一天。如果是個有錢的祖母，要開著全新的車到另一座城鎮探望孫子女，並不成問題；但如果是個貧窮的祖母，沒了公車或火車，只能徒呼負負。

就憑仗這樣子為難千千萬萬個國民，各宗教政黨得以證明並鞏固他們對猶太教堅定不移的信仰。雖然沒有流血，卻仍舊犧牲了許多人的幸福。如果猶太教只是一個虛構的故事，卻讓祖母無法探望孫子女、貧窮的學生無法去海灘玩，這就是一種殘忍、一種無情。雖然如此，宗教政黨仍然告訴世界、也告訴自己，說他們真的相信這套猶太教的故事。什麼？他們怎麼可能是毫無理由、單純以傷人為樂呢？

有了犧牲，不僅能增強你對故事的信心，還常常能夠替代你對它的所有其他義務。人類絕大多數偉大的故事，都規定了一些大多數人根本無法實現的理想。有多少基督徒真的能確實遵守十誡，從不說謊或貪戀別人的所有？至今又有多少佛教徒，真能抵達「諸法無我」的境界？有多少社會主義者，真能毫無保留的發揮所能、而且只取用自己真正需要的東西？

既然無法真正達到理想，人們只好用犧牲做為彌補。一個印度教徒可能逃稅成性、偶爾嫖妓、而且虐待年邁的雙親，但仍然自認是一個非常虔誠的人，因為他贊成在阿尤德亞（Ayodhya）古城拆毀

巴布里清真寺的舉動，甚至還捐了錢，支持在原地蓋起印度教的廟宇。一如古代，就算到了二十一世紀，人類追求意義的時候，往往就是造成一連串的犧牲。

## 誰是法西斯份子？

　　古埃及人、迦南人和希臘人做犧牲的時候，還懂得要有避險措施。他們有許多神靈可供選擇，就算有一個不靈，還有許多其他神靈可以期待。所以，他們早上拜太陽神，中午拜大地女神，晚上則拜各種精靈和惡魔。

　　但就算如此，情況並沒有多大的不同。今日人們相信的任何故事或神祇，不管是耶和華、瑪門、國族、或是革命，都並不完整，滿是漏洞、充滿矛盾。正因如此，人類很少把所有的信念都投注在單一故事上，而是有個「信念組合」，裡面有幾個不同的故事、幾個不同的身分認同，可以配合需求、任意切換。幾乎所有的社會和運動，都有這種認知失調的情形。

　　以典型的茶黨支持者為例，這種人可以一邊堅決反對政府的福利政策，一邊堅定支持美國步槍協會，而且還說自己虔誠信仰耶穌基督。耶穌難道不是比較熱中幫助窮人、而不是把自己搞得全副武裝嗎？雖然這些事情看來彼此格格不入，但人腦就是好像有許多抽屜和隔間，而且有些神經元也好像彼此不太聊天。

　　同樣的，你也可以找到許多桑德斯（Bernie Sanders）的支持者，一邊相信未來會出現革命，一邊還是相信應該要做出明智的投資。就算原本是在討論現在的財富分配如何不公不義，他們也可以輕輕

鬆鬆忽然轉去討論他們在華爾街的投資表現如何。

　　幾乎不可能有人只有一種身分。不會有人單純只是穆斯林、單純只是義大利人、或者單純只是資本家。然而，時不時就是會出現某種狂熱的信條，堅稱所有人只該相信某個故事、只能有某個身分認同。

　　在最近的幾個世代當中，法西斯主義大概就是其中最狂熱的信條代表。法西斯主義堅決認為，除了國族主義故事，人們不應該相信任何其他故事，除了國族認同，也不該再有任何其他身分認同。並非所有國族主義者都是法西斯份子，大多數的國族主義者雖然非常相信自己國族的故事、也很強調自己獨特的優點、對自己的國族必須擔負的獨特義務，但還是承認世界上不只有自己這個國族。就算我是個忠誠的義大利人、對義大利負有獨特的義務，但還是可以有其他的身分，例如同時是社會主義者、天主教徒、丈夫、父親、科學家、素食者，而每一種身分也各有要承擔的義務。有些時候，不同的身分認同會把我向不同的方向拉扯，不同的義務也會相互衝突。然而，誰說生活是件簡單的事呢？

　　至於法西斯主義，起因就在於國族主義想要否定所有其他身分和義務，好讓自己更好過。關於法西斯主義的確切意義，近來出現許多混淆，好像只要是自己不喜歡的任何對象，都可以稱為「法西斯份子」。這樣一來，這個詞有可能會變成一個遭到濫用的通用詞彙。所以，這個詞真正的意義為何？

　　簡言之，國族主義告訴我的是：我的國族獨一無二，而我對自己國族的義務應該不同於一般。而法西斯主義告訴我的是：我的國族比別族更優越，而我對自己國族的義務，應該排擠掉其他一切義

務——不管在任何情況下，其他團體或個人的利益，都不該超越我
國的利益。就算我的國族會對遠方土地上幾百萬個陌生人，造成極
大的痛苦，而且換得的利益微不足道，我還是該無條件支持我的國
族，否則我就是個卑鄙的叛徒。我的國族要我殺幾百萬人，我就該
殺幾百萬人。我的國族要我背叛真相、背叛美的事物，我就該背叛
真相、背叛美的事物。

　　法西斯主義怎麼判斷藝術？法西斯主義怎麼知道一部電影是好
是壞？非常簡單，只有一個標準。電影符合國家利益，就是一部好
電影；不符合國家利益，就是一部壞電影。法西斯主義怎麼決定學
校該教孩子什麼？同樣的標準：符合國家利益的，就該教；真相？
那不重要。[208]

# 撒旦的誘惑難以抵拒

　　這種國族崇拜，對人很有吸引力，因為這會讓人覺得自己所屬
的國族是全世界最美、最重要的東西。然而，第二次世界大戰與納
粹大屠殺事件，就代表這種思維方式可能帶來的駭人結果。但是很
遺憾，現在要批評法西斯主義究竟有何不好，常常成效不彰，原因
就在於只把法西斯主義講得像一頭恐怖的怪獸，卻沒去提法西斯主
義有何誘人之處。於是，今天有些人會在不知不覺中，出現法西斯
主義的念頭。民眾的想法裡，只會想到「人家說法西斯主義是醜陋
的，但我看著鏡子的時候，覺得我這麼美，怎麼可能是法西斯主義
份子呢。」

　　這有點類似好萊塢電影裡，描繪壞人時所犯的錯：不管是《哈

利波特》的佛地魔、《魔戒》的索倫、或《星際大戰》的黑武士達斯維達,總是醜陋又凶惡,就連對自己最忠心的支持者,也是一派殘暴陰狠。每次看這些電影,我總是不懂,到底為什麼有人會想追隨像佛地魔這種討人厭的怪胎?

想要面對真實世界中的邪惡,要知道邪惡不見得是醜陋的,有可能看來非常美麗。關於這點,基督宗教就比好萊塢專業多了,所以在基督教的藝術傳統中,常常把撒旦描繪得高俊帥。正是因為如此,人類才難以抗拒撒旦的誘惑;也正是因為如此,人類才難以抵抗法西斯主義。任何人看著一面法西斯主義的鏡子,反映出的景象絕不醜陋。德國在1930年代看著法西斯主義的鏡子,看到的就是德國真是全世界最美麗的事物。如果現在的俄羅斯人看著法西斯主義的鏡子,就會看到俄羅斯是全世界最美麗的事物;以色列人看著法西斯主義的鏡子,就會看到以色列是全世界最美麗的事物。而他們接著就會想要加入這個美麗的群體,迷失自我也在所不惜。

「法西斯主義」的英文 fascism,源自拉丁文 fascis,意為「一捆棍子」。講到史上可能最凶殘、最致命的意識型態,「一捆棍子」這個形象聽起來好像太不起眼。但這裡有個深刻又邪惡的意義:一根棍子很脆弱,輕鬆就能折斷,等到把許多棍子捆成「fascis／法西斯」,就幾乎不可能再折斷了。於是,這意味雖然個人力量微小,但只要聚成群體,力量就極為強大。[209] 因此,法西斯主義相信集體的利益高於任何個人的利益,並要求任何一根棍子都不得破壞集體的統一。

當然,到底該把哪些人算是「一捆棍子」,並沒有絕對清楚的答案。我為什麼要把「義大利」當成我所屬的一捆棍子?為什麼

不是我的家庭、佛羅倫斯這個城市、托斯卡尼這個省、整個歐洲大陸，或者乾脆把全人類當成一捆棍子？有些國族主義的態度比較溫和，就會認為我確實也對我的家庭、佛羅倫斯、歐洲和全人類有義務，同時也對義大利有一份不同於一般的義務。但相對的，義大利法西斯主義就會要求：只能對義大利有絕對的忠誠。

## 天堂雖美，人間更好

雖然墨索里尼和他的法西斯政黨盡了最大努力，但大多數義大利人還是沒那麼願意把義大利的重要性，放在自己的家庭之前。在德國，納粹的宣傳機器做得更為徹底，但就連希特勒，也沒能讓國民心中只有法西斯、忘卻其他所有故事。就算是在納粹時代最黑暗的日子裡，除了官方故事之外，人民也總還是會有些備用的故事。情況在 1945 年變得再明顯不過。有人可能會以為，經過十二年納粹洗腦，可能會有許多德國人無法適應與理解戰後的生活。畢竟他們曾把所有的信念只投注在一個規模宏大的故事，但現在這個故事崩潰了，可如何是好？然而，大多數德國人恢復的速度快得驚人。在他們的腦海某處，都還留有這個世界的其他故事，希特勒舉槍自盡才沒多久，在柏林、漢堡和慕尼黑的許多人，都已經接受了新的身分認同，也為人生找到了新的意義。

確實，納粹大約有 20％ 的區長（gauleiter，約同於現在的省長或州長）、10％ 的將軍決定自盡，[210] 但是這也就代表：有 80％ 的區長、90％ 的將軍還滿樂意繼續活下去。至於絕大多數領有黨證的納粹黨員、甚至是蓋世太保的成員，都是既沒有發瘋、也沒有自殺，

後來成了很好的農夫、教師、醫師、或是保險業務員。

而且就算自殺，也不見得代表完全只承認單一故事。2015 年 11 月 13 日，極端主義團體「伊斯蘭國」在巴黎發動多起自殺攻擊，造成一百三十人死亡。伊斯蘭國表示，這些攻擊是為了報復法國空軍轟炸在敘利亞和伊拉克的伊斯蘭國成員，並要求法國未來不得再進行此類轟炸。[211] 同時伊斯蘭國也宣稱，遭法國空軍炸死的所有穆斯林都是殉教者，已經在天堂享有永恆的幸福。

這裡面有些事沒道理。如果那些遭法軍空襲而死的殉教者都上了天堂，為什麼要復仇呢？復的到底是什麼仇？把人送上天堂嗎？如果聽說你的好兄弟買樂透中了一百萬美元，難道你會去自殺攻擊彩券行，說要復仇？所以，為什麼法國空軍讓你的幾個弟兄拿到去天堂的單程機票，你卻要氣嘆嘆呢？而且，如果你真的讓法國不再空襲敘利亞，能上天堂的穆斯林不就少了嗎？這樣豈不更糟？

所以我們或許能得到一個結論，認為伊斯蘭國那些激進份子並不真正相信殉教者能上天堂。所以，有人被炸死的時候，他們才會如此生氣。但如果是這樣，為什麼還是有人願意全身綁滿炸彈、把自己炸成碎片？很有可能，答案就是他們同時堅信兩個根本互相矛盾的故事，但對於其中的不一致，卻渾然未覺。就像前面說過的，他們的腦袋裡，就是有些神經元彼此不太聊天。

法軍是在 2015 年空襲伊斯蘭國於敘利亞和伊拉克的據點，但早在八個世紀前，有另一支法國軍隊曾入侵中東，後人稱之為「第七次十字軍東征」。在路易九世的領導下，這批十字軍希望征服尼羅河谷，把埃及變成基督教的堡壘，但是在曼蘇拉戰役打了敗仗，多半遭到俘虜。其中一名十字軍騎士莊衛勒（Jean de Joinville），後來

在回憶錄裡寫道，在大勢已去、眾人決定投降之時，一位部屬說：「我無法同意，我建議大家應該讓自己遭到處決，這樣我們都會上天堂。」莊衛勒也把結果簡單一語帶過：「沒人聽他的。」[212]

莊衛勒並未解釋到底大家為何拒絕。畢竟，這些人之所以離開法國舒適的城堡，遠征中東、進行漫長又危險的冒險，主因不就是相信有個永恆的救贖嗎？當時，距離天堂永恆的幸福，就只差這麼一瞬間，為什麼他們忽然寧願被穆斯林抓起來？顯然，雖然十字軍熱切相信救贖與天堂，但到了真相大白的一刻，還是得想想該在哪邊下注。

## 赫爾辛格的超市

在整個歷史上，幾乎所有人都會同時相信好幾個故事，但也從未真正相信任何一個故事完全是真理。對大多數宗教來說，這樣的不確定性有如芒刺在背，所以多半會強調「相信信仰」是重要的美德、「懷疑信仰」可能是最糟糕的一種罪；簡直就像在說，就算你沒有證據也願意相信，這實在是件好事。然而，隨著現代文化興起，情況也有所不同。「相信信仰」看起來愈來愈像是要人當精神上的奴隸，而「懷疑信仰」則成了自由的前提。

大約在 1599 年到 1602 年之間，莎士比亞寫下他那個版本的《獅子王》（一般人比較熟悉的名字是《哈姆雷特》，故事就發生在丹麥的赫爾辛格）。但是哈姆雷特與辛巴不同的地方，在於並未完成他的生命循環，直到最後仍然充滿懷疑和矛盾，並未找出人生的意義，也從來沒有下定決心，到底是該生存還是毀滅。在這方面，

哈姆雷特可說是典型的現代主角。現代並未推翻否認過去繼承的諸多故事,反而像是開了一間故事的超市。現代人可以自由自在嘗試這些故事,根據自己的口味加以選擇和組合。

有些人受不了有這麼多的自由和不確定。像是法西斯主義這樣的現代極權主義運動,就對於這種充滿可疑思想的超市,做出激烈回應,程度甚至超越過去傳統宗教要求信眾絕對相信信仰的要求。然而,大多數現代人都愛超市。如果你不知道人生的意義、不知道該相信哪個故事,該怎麼辦?就把「做選擇」這件事給神聖化吧。想像自己站在超市的走道,擁有權力和自由,能夠選擇自己喜歡的任何東西,自由檢查眼前的種種產品,然後……畫面停止,就這樣,演到這裡就好。上片尾工作人員字幕吧。

根據自由主義的神話,只要你在這間大超市裡站得夠久,自由遲早都會為你帶來頓悟,讓你想出人生的真正意義。事實上,超市陳列出的所有故事都是在騙你的,人生的意義絕不是現成的產品,除了我自己之外,絕沒有什麼神聖的腳本,能夠為我的人生賦予意義。是我自己,透過自由選擇和自己的感覺,為一切賦予意義。

喬治・盧卡斯有一部成績普通的奇幻電影《風雲際會》,主人翁威洛是一個平平凡凡的矮人,但夢想成為偉大的魔法師、掌握存在的祕密。某一天,就有位這樣的魔法師經過他們村子,想找學徒。威洛和另外兩個矮人上前應徵,而魔法師提出一項簡單的測驗。他舉起右手、伸出五指,用一種像尤達大師的聲音問道:「控制世界的力量,是在哪根手指?」三個矮人各挑了一根,但都挑錯了。儘管如此,魔法師注意到威洛選擇的時候有些遲疑,後來問他:「我伸出手指的時候,你當下是想選哪一根?」威洛回答:「聽起來很蠢,其

實我想選自己的手指。」而魔法師就得意的說：「啊哈！那正是正確答案！你只是對自己缺乏信心罷了。」對於這項重要教訓，自由主義神話總是一再重複，不厭其煩。

## 自由主義：我為宇宙賦予意義

正是人類自己的手指，寫下了《聖經》、《古蘭經》和《吠陀經》，也正是我們的心靈，讓這些故事擁有了力量。當然，這些都是很美的故事；但所謂的美，是看的人覺得美，就是美。耶路撒冷、麥加、瓦拉納西、菩提伽耶都是聖地，但這些地方之所以神聖，是因為去的人覺得神聖。宇宙其實就是一群原子組成的大雜燴，本身並沒有意義。沒有什麼東西原本就是美麗、神聖或性感的，是人的感覺讓它變得如此。紅蘋果如此誘人、糞便又如此噁心，也只是出於人的感覺。如果不考量人的感覺，一切都只是一堆分子而已。

我們都希望，如果能在某些關於宇宙的現成故事裡，找到自己能扮演的角色，就能找到自己的意義。但如果根據自由主義對世界的解釋，事實卻正好相反。不是宇宙給我意義，而是我為宇宙賦予意義。這正是我在宇宙裡的任務，沒有什麼固定的命運或正道。如果我發現自己扮演的是辛巴或阿周那的角色，也可以選擇為王位而戰；但這不是絕對必須的，我還是可以加入巡迴馬戲團、或去百老匯唱音樂劇、或是去矽谷開一家新創公司。我可以自由自在，開創自己的正道。

所以，自由主義也像是其他的故事，都以「創造」做為開端。根據自由主義，創造是每時每刻都在發生的事，而我就是創造者。

那麼我的人生目標是什麼？透過感受、思考、渴望和發明，去創造意義。任何事物只要限制了人類自由去感受、思考、渴望和發明的能力，就是限制了宇宙的意義。所以，最高的理想就是：擁有擺脫這些限制的自由。

實際上來說，相信這套自由主義故事的人，等於是信守兩條誡命：一是創造，二是爭取自由。創造的表現，可以是寫首詩、探索自己的性向、發明一個新的應用程式、或是發現一種未知的化學物質。至於爭取自由的表現，可以是用任何作為讓人得以擺脫社會、生物和實體的限制，例如向殘忍的獨裁者示威抗議、教導女孩讀書識字、找到癌症療法、或是打造太空船。在自由主義的萬神殿裡，既會有推動黑人乘車權利的羅莎·帕克斯，也會有畫家畢卡索，旁邊還有微生物學家巴斯德，與萊特兄弟並肩而坐。

## 「自我」也是虛構的故事

理論上，這聽起來實在是令人興奮、意義深遠。但很遺憾，人類的自由和創造力也不是這套自由主義故事所講的那樣。就目前的科學所知，人類的選擇和創造力背後並沒有什麼神祕魔法，單純就是幾十億神經元交換生化訊號後的產物，就算可以讓人類從天主教和蘇聯的枷鎖中解放出來，生化演算法對人類選擇的影響，仍然就像是宗教裁判所和 KGB 一般。

自由主義這套故事，叫我要追求表達自我、實現自我的自由。然而，「自我」和「自由」都只是從古代童話借來的妄想。自由主義對於「自由意志」的概念有些混淆不清。當然，人類有意志、有

欲望，有時候也能自由自在的滿足個人的欲望。如果所謂的自由意志是說「自由自在去做想做的事」，那麼人類確實就有自由意志。但如果所謂的自由意志是說人類有「選擇欲望的自由」，那麼答案是否定的，人類並沒有自由意志。

如果我在性方面喜歡男性，或許可以自由實現我的種種幻想，但並無法自由選擇要改成喜歡女性。有些情況下，我可能會選擇抑制我的性衝動，甚至嘗試「性傾向扭轉治療」；然而這種想要改變性傾向的欲望，就是由神經元強加於我，這可能來自於文化和宗教偏見。為什麼某個人可能對自己的性傾向感到羞恥、希望改變，而另一個人雖然有一樣的性傾向，卻沒有半點羞恥感、還想讓大家知道？有人會說，是前者的宗教情感比後者強烈。然而宗教情感的強弱，難道是可以自由選擇的事嗎？同樣的，人可以選擇每週日上教堂，有意識的增強自己軟弱的宗教情感；但為什麼有人會希望變得更加虔誠，也有人很樂意繼續相信無神論？這一切有許多在文化和基因方面的可能原因，但其中沒有任何原因是出於「自由意志」。

不只是性欲望，所有的欲望、感受和想法都是如此。讓我們用你腦中下一個跳出的想法為例。這個想法是哪來的？是你自由選擇要想到這個想法，接著才想到的嗎？當然不是。人類自我探索的過程是從簡單的事開始，而愈來愈難。一開始，我們先發現自己無法控制外在的世界，像是沒辦法控制什麼時候下雨。接著，我們發現自己身體裡的事也沒辦法控制，像是我沒辦法控制自己的血壓。再來，我們發現就連大腦也無法控制，像是我並沒有告訴神經元什麼時候要發出訊號。到頭來我們就該認清，我們就是無法控制自己的欲望，甚至無法控制對欲望的反應。

　　意識到這一點，可以讓我們不再那麼執著於自己的意見、執迷於自己的感受和欲望。雖然我們沒有自由意志，但仍然可以稍微掙脫意志的暴政。人類通常太重視自己的欲望，想要依據自己的欲望來控制並塑造整個世界。人類為了滿足渴望，飛向月球、掀起世界大戰、破壞了整個生態系的穩定。如果我們知道自己的欲望並非出於什麼神奇的自由選擇，不過就是生化程序的產物（並受到文化因素的影響，同樣非個人所能控制），或許就不會如此執迷。比較該做的是：設法瞭解自己，瞭解自己的心靈、瞭解自己的欲望，而不是每次腦子裡浮現什麼奇想，就急著想要實現。

　　有時候，有人會以為如果我們不再相信自由意志，就會變得百無聊賴，只想縮在某個角落，最後餓死。但事實上，放下對自由意志的錯覺，反而能激發無窮的好奇心。在過去，如果你一心相信自己心中出現的所有想法和欲望就代表著自己，會認為你完全認識自己，而不會大費周章，想探索瞭解自我。然而，一旦意識到「嘿，這些想法並不代表我，只是一些生化反應！」你就會發現，原來你並不知道自己是誰，甚至不知道自己算是什麼東西。而這樣接下來展開的探索與發現，則可能是每個人所能踏上最令人興奮的旅程。

　　這趟旅程最關鍵的一步，就是要承認「自我」也是一個虛構的故事，會透過心靈思維的複雜機制，不斷製造、更新和重寫。

　　我腦中有個講故事的人，會解釋我是誰、來自哪裡、要去往何方，以及現在發生了什麼事。情況有點像是政府發言人在辯解近來的政治爭議，這位腦中的敘事者總是一再犯錯，但很少承認錯誤。一如政府用旗幟、畫像和遊行，來建立國族神話，我內心的宣傳機器也會用珍貴的記憶、寶貴的創傷，建立起個人神話，但是我的這

些記憶與創傷，往往並不等同於真相。

在臉書和 IG（Instagram）的時代，這個神話的製作過程有一部分已經從人腦外包到電腦上，比起以前變得清楚可見。看到有人花費無數小時，不斷打造並修飾一個完美的線上自我，為自己的成果深深著迷，並誤以為這就是自己；這一切令人為之讚嘆，但也為之驚駭。[213] 原本全家出門度假，交通塞得要命，路上小吵不停，中間幾度冷戰，但最後都化成網路上美麗的全景照、完美的晚餐照及笑顏；我們真正的經歷，有 99% 都不會成為這些自我故事的一部分。

特別值得一提的是，我們對自我的理想故事常常是視覺的，而實際的體驗卻是肉體的。在理想故事裡，我們會從心裡或電腦螢幕上觀察某個場景。看著自己站在熱帶海灘上，背後有蔚藍的大海，臉上有迷人的燦笑，一手舉著雞尾酒，另一手摟著情人的腰。天堂景象！但這幅圖片沒顯示的，是有討人厭的蚊蟲在你腿上咬，喝了餿掉的魚湯而腹中正在翻攪，為了假笑讓你下巴僵掉，這對儷人可能五分鐘前才剛大吵。要是能體會照片裡的人當下真正的感受，還真不知道會有多妙。

## 諸行無常，諸法無我

因此，如果你真想瞭解自己，並不該相信你的臉書帳號、或是內心告訴你的那個故事，而是要觀察身體和心靈的實際流動。你會發現，種種想法、情緒和欲望的來去既沒有理由，也由不得你來命令，就像是來自四面八方的風，吹亂了你的頭髮。而你既不是風，也不是你體驗到的那些想法、情緒和欲望，當然更不是你心中以事

後之明整理、消毒過後的那些故事。你只是經歷了這一切，但既無法控制、也不去擁有，你更不等同於這一切。人類問「我是誰」的時候，希望能得到一個故事做為答案。但你需要知道的第一件事，就是你並不是一個故事。

自由主義跨出激進的一步，否定了其他所有宇宙大戲，但又在人的心裡重新打造一齣戲：正因宇宙沒有情節，所以要由人類來創造情節，這正是我們的職志、我們人生的意義。早在自由主義興起的幾千年前，古代佛教已經更進一步，不僅否定所有宇宙大戲，就連人類心裡的這一齣戲也加以否定。在古代佛教看來，宇宙沒有意義，而人的感覺也同樣沒有意義，並不屬於什麼偉大的宇宙故事，不過就是短暫的振動，沒有理由的來去。這就是事實，就接受吧。

《廣林奧義書》寫道：「馬頭為黎明，眼睛為太陽……四肢為季節，關節為月份和兩週，馬蹄為日夜，馬骨為星星，血肉為雲朵。」相較之下，佛教經典《大念處經》則說人在禪修時，仔細觀察自己的身體，看到的是「於此身有髮、毛、爪、齒、皮、肉、筋、骨、髓、腎、心……淚、皮脂、唾、涕、關節液、尿。如是，比丘安住於身……於是『有身』之念現起。」[214] 而在這裡的髮、骨、尿所講的，並無任何其他意義延伸，只不過就是講出事實。《大念處經》用了許多篇幅來解釋，無論禪修時在身體或心中觀照到什麼，其實也就是什麼。所以，禪修而觀照自己的呼吸，「出息長時，了知：我出息長；入息長時，了知：我入息長。出息短時，了知：我出息短；入息短時，了知：我入息短。」[215] 呼吸得長，並不代表季節，呼吸得短，也並不代表每天。一切只是身體的振動。

根據佛家的說法，宇宙有三個基本現實：一切事物都會不斷改

變（諸行無常）、一切事物都沒有永恆的本質（諸法無我）、沒有什麼能永遠令人滿意（諸漏皆苦）。就算你能夠探索銀河系、探索你的身體、探索你的心靈，但不論你探索得再遠，也無法找到永不改變的東西、永恆固定的本質、得到永遠的滿足。

人類之所以會感到痛苦，常常就是因為無法體會到這一點，總覺得在某個地方會有永恆的本質，而只要自己能找到，就能永遠心滿意足。這種永恆的本質有時稱為上帝，有時稱為國家，有時稱為靈魂，有時稱為真實的自我，也有時稱為真愛；而人如果對此愈執著，最後找不到的時候也就愈失望、愈痛苦。更糟糕的是，人愈執著的時候，如果覺得有人、團體或機構妨礙自己去追尋這些重要目標，所生出的仇恨心也愈大。

## 嘴上唸佛，心裡著魔

根據佛家的說法，生命本來就沒有意義，所以人類也不用去創造任何意義。人只要知道一切本來就沒有意義，就能不再依戀、不再追求空的事物，於是得到解脫。所以人如果問「我該做什麼？」佛會說：「什麼都不要做。」而我們的問題，就是總是會做些什麼。肉體層面或許還有可能什麼都不做（畢竟我們可以閉著眼睛靜坐幾個小時），但在精神層面上，我們總是忙著創造各種故事和身分，在腦中進行各種戰爭並贏得勝利。真正的不做什麼，是要連心靈也休息，什麼都不去創造。

不幸的是，就連這樣，也很容易變成一套英雄故事。就算你只是閉眼靜坐，觀照自己的呼吸氣息，也很可能開始構建出一套關於

呼吸的故事——「現在我的呼吸有點勉強,如果再平靜一點,就能
變得更健康」,或是「我只要繼續觀照自己的呼吸、什麼都不做,
最後就能開悟,成為全世界最聰明、最快樂的人」。

接著,這種故事就開始擴大,變得不僅要從自己的執著中解放
自己,還想說服別人也跟著做、跟著解放自己。自己接受了生命沒
有意義之後,開始覺得這個概念實在太重要,於是有些事情就變得
很有意義了,像是:要把這個概念告訴其他人、要與不相信這個概
念的人爭論、要好好教教那些懷疑的人、要捐錢修建寺廟。這下,
連「沒有故事」都很容易成了另一個故事。

佛教歷史就有許多例子,讓我們看到:就算這些人相信虛無短
暫、知道該放下執著,還是可能爭吵著該怎麼治理國家、某座建築
物歸誰所有,甚至只是爭吵某個字是何意思。如果你相信有個永恆
的神,而為了祂的榮耀,你與他人展開鬥爭;這件事雖然不幸,但
卻不難理解。然而,如果你相信一切都是虛無,卻又因此和他人展
開鬥爭;這實在太奇怪了!但這對人性來說,也實屬正常。

十八世紀時,緬甸和鄰國暹羅的王朝,都以自己對佛陀的忠
誠為榮,也都以保護佛教信仰、取得正統性為職志。兩國的國王都
會捐助寺廟、修建佛塔、每週聽高僧講經及告誡他們遵守五戒:不
殺生、不偷盜、不邪淫、不妄語、不飲酒。儘管如此,兩國仍然激
烈對立。1767 年 4 月 7 日,緬甸國王辛標信的軍隊,經過漫長的
圍城,終於攻下暹羅首都,便大肆殘殺百姓、姦淫擄掠,很有可能
也在各處醉酒狂歡了一番。接著,他們放火燒毀了大半個首都,宮
殿、寺廟和佛塔都不得倖免,再擄回幾千名奴隸、帶走大量的黃金
寶石,揚長歸國。

並不是說辛標信輕忽自己的佛教信仰。這場大勝的七年之後，辛標信還沿著伊洛瓦底江出巡，沿途參拜各個重要的佛塔寺廟，祈求庇祐軍隊贏得更多勝利。而等到辛標信抵達仰光，更重建並擴建了全緬甸最神聖的建物：大金寺。接著，他用與自己同重的黃金，為擴建的大金寺貼上金箔，並在佛塔頂端再加一座金色尖頂、鑲嵌寶石（可能是從暹羅掠奪而來）。辛標信也利用這個場合，處決了從勃固（Pegu）王國俘虜來的國王兩兄弟和兒子。[216]

1930 年代的日本甚至還異想天開，將佛教教義與國族主義、軍國主義和法西斯主義，全部結合起來。日本的激進佛教思想家，如井上日召、北一輝、田中智學等人認為，想讓人不再執著於利己，就該讓人完全把自己奉獻給天皇，斬除所有個人思想，並對國家完全忠誠。這種想法催生了許多超國族主義的組織，其中還出現一個有軍方支持的狂熱團體，意圖以暗殺活動，推翻日本的保守政治體系，遭暗殺的名單包括前財務大臣、三井財閥的總負責人，最後還殺了當時的內閣總理大臣犬養毅。這一切讓日本加速往軍事獨裁邁進。等到日本正式開戰，佛教僧侶和禪宗大師也鼓吹：要無私服從國家權威，並慷慨為國捐軀。相較之下，佛教教義雖然也有慈悲和非暴力，但在某種程度上就遭到遺忘，而且對日軍後來在南京、馬尼拉或首爾的所作所為，似乎也沒發揮什麼作用。[217]

在今日，緬甸佛教的人權紀錄是全球倒數，而在緬甸帶頭推動反穆斯林運動的，就是佛教僧人阿欣威拉杜（Ashin Wirathu）。他聲稱自己只是希望保護緬甸和佛教，免受穆斯林聖戰陰謀染指，但他的佈道和文章極盡煽動，甚至連臉書也在 2018 年 2 月刪除了他的粉絲專頁，理由是為了禁止仇恨言論。阿欣威拉杜在 2017 年接

受《衛報》採訪時，大談應該要對一隻飛過的蚊子也抱持同情心，但面臨穆斯林婦女遭到緬軍強姦的指控，他卻笑稱：「沒有這種可能。她們的身體太噁心了。」[218]

如果你期待全球八十億人都能定期冥想禪修，於是世界就會和平、全球就能和睦——這機會大概小之又小。要觀察自己的真相，實在就是如此困難！而且，就算能成功讓大多數人開始嘗試冥想禪修，很多人還是會迅速把觀照到的各種真相，加以扭曲，變成各種善惡對立、邪不勝正的故事，找出各種開戰的好藉口。

## 虛構與真實之別：誰會痛苦？

雖然一切「大故事」都只是人類心智虛構的，但也無須感到絕望。畢竟，現實仍然存在。雖然我們並沒有在什麼虛構的宇宙大戲裡扮演任何角色，但我們又何必扮演任何角色呢？

人類所面臨的重大問題，並不是「人生的意義是什麼」，而是「如何擺脫痛苦」。等到我們放下所有虛構的故事，對事物的觀察就能遠比過去清晰；而如果我們能真正瞭解關於自己、關於世界的真相，那就什麼都無法讓我們感到痛苦悲傷了。但當然，這件事說得比做得容易。

人類之所以能征服世界，是靠著創造虛構故事和相信虛構故事的能力。但也因此，人類特別拙於判斷虛構和現實的差異。畢竟我們就是要無視兩者的差異，才得以生存強大；若是太過計較，就會開始受苦。因為，世界上最真實的東西就是痛苦。

面對某個動人的故事，如果想判斷這究竟是真實還是想像，要

問的關鍵問題就是：故事主角是否可能受苦？舉例來說，如果有人跟你說一個波蘭的故事，就該想想波蘭是否能受苦。浪漫主義詩人暨現代波蘭國族主義之父米茲奇維契（Adam Mickiewicz），把波蘭稱為「諸國的基督」。波蘭遭到俄國、普魯士和奧地利瓜分了幾十年之後，1830 年曾一度起義，但遭到俄國殘酷鎮壓，而米茲奇維契就在 1832 年寫道，波蘭所遭受到的巨大苦痛，正是為了全人類所做的犧牲，相當於基督的犧牲，而且波蘭也必然如基督，從死裡復活。

在一個著名的段落，米茲奇維契寫道：

波蘭（對歐洲人民）說：「凡到我這裡來的人，都是自由平等的，因為我就是自由。」但各國國王聽到這句話，心中驚恐萬分，將波蘭國釘上十字架、埋進墳墓裡，高喊：「我們已經殺死了自由，並將它埋葬。」但這些呼喊是愚蠢的……波蘭國並未死去……到了第三天，靈魂就會回到身體；國家將會再起，讓歐洲所有人民擺脫奴役。[219]

但是，一個國家真的能受苦嗎？國家真有眼睛、雙手、五感、情意、情欲？如果你拿刀刺向國家，國家會流血嗎？情況顯然不是這樣。如果國家打了敗仗，割讓了某個省份、甚至無法維持獨立，仍然不會感覺到任何痛苦、悲傷或其他哀痛，因為國家沒有身體、沒有思想、沒有感情之類。事實上，「國家」就只是個隱喻。要在某些人的想像中，波蘭才會是一個能夠受苦的實體。波蘭之所以有各種感受，是因為人類把身體借給它；不僅是加入波蘭軍隊裡做為士兵，更用肉身體現著這個國家的悲喜。1831 年 5 月，波蘭在奧斯

特羅文卡（Ostrołęka）戰敗的消息傳到華沙，是人類的胃因為哀痛而痙攣、人類的心因為悲傷而劇痛、人類的眼中淚水滿溢。

當然，這一切不代表俄國入侵是合理的，也不代表不會有損於波蘭獨立建國、決定本國法律和習俗的權利。但這確實表示波蘭國的故事絕不是真實，因為所謂的波蘭究竟存不存在，全憑人類腦中的想像。

相較之下，讓我們看看華沙一名女子的命運。這名女子遭到入侵俄軍搶劫、強姦。波蘭國的受苦只是一種隱喻，但這名女子受到的痛苦，再實際不過。至於使她受到這些痛苦的原因，很可能是出於各種虛構的人類信念，例如俄羅斯國族主義、基督教東正教、要有男子氣概的英雄主義。凡此種種，鼓動著俄羅斯的政客與士兵。但不論原因是否虛構，造成華沙這名女子的痛苦，都是百分之百的真實！

所以，只要政客的話語開始參雜一些神祕的語詞，就該提高警覺了。面對真實的痛苦，這些人可能會用某些空泛難解的表述，來加以包裝，做為申辯。其中有四個詞彙要特別小心：犧牲、永恆、純淨、恢復。只要聽到任何一個，心中就該警鈴大作。如果國家領導人常常說：「他們的犧牲，將能恢復我們這個永恆國家的純淨」之類的話，你就該知道自己問題大了。想要維持理智，就記得要把這些空話轉回現實：有士兵在痛苦哭泣，有婦女遭到毆打和殘虐，有兒童恐懼顫抖。

所以，如果真想知道宇宙的真相、人生的意義、自己的身分，最好的出發點就是開始觀察痛苦、探索痛苦的本質。

答案永遠不會是一個虛構的故事。

# 冥想

## 觀察與瞭解自己的心靈

# 剖析自己

為求公平，在批評了這麼多的故事、宗教和意識型態之後，我也得剖析一下自己，解釋為什麼像我這樣懷疑一切的人，每天醒來還是可以如此開心。對於這件事我本來有點遲疑，因為一方面不想太過自溺，一方面也不想給人錯誤的印象，讓人誤以為這套方法可以適用所有人。畢竟我非常清楚，基因、神經元、經歷和正道，絕不可能人人都一樣。然而，如果讀者至少可以知道我是用怎樣的觀點來看世界，知道我的視界和寫作是受了怎樣的影響，或許仍然是好事一件。

我在青少年時期有許多煩惱，心靜不下來，覺得整個世界莫名其妙，對於人生的種種大問題，也都找不到答案。特別有一點，我不明白為什麼有諸多苦痛充斥整個世界、充斥我的生活，也不知道自己對此可以做些什麼。不論是身邊的人、或讀到的書，講的都是一些精心虛構的故事：關於神祇和天堂的宗教神話、關於祖國和歷史使命的國族主義神話、關於愛情和冒險的浪漫神話，還有那套資本主義神話，說著經濟成長、說著買東西能讓我開心。雖然我當時已經能夠判斷這一切可能都是虛構，但還是不知道怎樣找出真相。

等到上了大學，原以為是個可以找出答案的好地方，但我失望了。學術的世界有各種強大的工具，可以解構人類過去創造的所有神話，但還是無法針對人生的重大問題，提出令人滿意的答案，只是要我把目光愈縮愈小。到最後，我在牛津大學的博士研究題目是中世紀士兵的自傳文本。出於喜好，我讀了許多哲學書籍，也做過許多哲學辯論；只不過，雖然這能為智識帶來無窮娛樂，卻幾乎無

法提供任何真正的見解。這實在太叫人沮喪了。

到最後，一位好朋友榮恩建議我試試至少幾天放下書本，也別想做什麼討論，而是去上「內觀」（Vipassana，這是古印度巴利文，意為「內省」）禪修課程。我原本以為這大概是什麼新世紀（New Age）的玩意，也實在不想再聽另一個神話，於是拒絕了好友的好意。但經過榮恩一年的循循善誘，我終於在 2000 年 4 月參加為期十天的內觀禪修。[220]

以前我對禪修所知極少，以為這肯定牽扯到各種複雜神祕的理論，後來才知道，禪修教學竟如此注重實際。當時，葛印卡（S. N. Goenka）老師請學生盤腿、閉眼，所有注意力集中在氣息如何於鼻孔進出。他一直提醒：「什麼都別做，別去控制呼吸，也不要想用什麼特殊的呼吸方式。只要觀察現在的現實狀況，不管情況如何。吸氣的時候，你只是意識到：這股氣進來了。吐氣的時候，你只是意識到：這股氣出去了。而等你失去專注、思緒開始在回憶和幻想中游盪，你只是意識到：現在我的思緒不在呼吸上了。」那真是所有人跟我說過的最重要一件事。

有人會問些人生大問題，但大概並不是想知道自己什麼時候吸氣、什麼時候吐氣，而是想知道人死之後會怎樣。然而，人生真正的謎並不是發生在死後，而是在生前。想懂死，就得先懂生。

有人會問我：「我死的時候，是完全消失嗎？還是去天堂？還是會在新的身體重生？」這些問題背後的假設，是認為有個「我」從生到死都不會改變，於是想知道到了死後，這個不變的我會如何？然而，真的有個「我」是從生到死不會改變的嗎？身體隨時都在變化，大腦隨時都在變化，心靈也隨時都在變化。你觀察自己觀

察得愈仔細，就愈會發現，就算只是從這一秒到下一秒，也沒什麼是不變的。這樣說來，人的一生是怎麼個「一」法？不知道這個答案，你就不懂得生，當然也沒有機會懂得死。而去想想怎樣叫做一生，關於死亡的大哉問也會出現清楚的解答。

## 不知生，焉知死

有人說「從人出生到死亡，有個靈魂一直維持不變，所以算是一生」，但這也就是個故事。你真的觀察過靈魂，看到它都維持不變嗎？我們不用到死的那一刻，也能去觀察尋找究竟有沒有什麼是不變的。而如果我們能瞭解自己在這個瞬間的結束、下個瞬間的開始會如何，也就能瞭解自己在死亡的那個瞬間，可能會如何。只要確實好好觀察自己如何完成一次呼吸，你就能理解這一切。

我從觀察自己呼吸，所學到的第一件事是：雖然我讀了那麼多書、在大學上了那麼多課，但對自己的心靈幾乎一無所知，而且根本沒什麼辦法控制心靈。無論我再怎麼努力，還是會想到別的事情去，專心觀察氣息如何進出鼻孔的時間，怎樣也撐不過十秒。多年來我一直以為自己就是我人生的主宰，是我個人品牌的執行長，但不過禪修短短幾小時，就足以證明：我對自己幾乎沒有任何控制的能力，非但不是執行長，就連當個看門的也不太夠格。就算只是要我站在自己身體的大門（鼻孔），觀察一下有什麼進來、什麼又出去，但沒一會，我就無法專心、擅離職守。那真的是一次讓我大開眼界的經歷。

隨著課程進展，學生除了要觀察自己的呼吸，還要觀察整個身

體的感覺。這裡說的並不是什麼特別的幸福或狂喜，而是最普通、最一般的感覺：冷熱、壓力、疼痛等等。內觀技巧背後的道理，是認為心靈的流動與身體的感覺密切相關。在我和這個世界之間，必定需要透過身體的感覺，來取得聯繫。我真正反應的對象不是外界的事件，而是自己身體的感覺。

　　某種感覺不愉快，我的反應就是「厭惡」。某種感覺愉快，我的反應就是「想要更多」。就算我們以為自己的反應是針對別人做的某件事（例如川普的最新推文）、或是遙遠的童年記憶，事實上反應的總是自己最直接的身體感覺。如果有人侮辱我們的國家或神祇，真正讓我們難受的，是胃部灼熱的感覺、心頭就像被捏住的感覺。我們的國家並沒有任何感覺，但是我們的身體真的能夠感覺到痛苦。

　　想知道「憤怒」究竟是什麼東西？只要在自己生氣的時候，觀察自己身體上出現、而最後消逝的那些感覺，那些就是憤怒。我第一次參加禪修，是在二十四歲，在那之前大概已經生過一萬次氣，但從來沒想到要觀察自己憤怒時的真實感覺。每次生氣，我的注意力只集中在憤怒的對象（某人的作為或言詞），而不是憤怒這件事的感官現實。

　　我認為，經過這觀察各種感覺的十天，我對自己和對一般人的瞭解，可能要超過我先前所有人生所學。而且要做到這點，無須先接受任何故事、理論或神話，只要觀察真正的現實就行了。而我學到最重要的一件事是：自己各種痛苦最深層的來源，就在於自己心靈的運作。如果有什麼事物，我想得卻不可得，心靈的反應就是產生痛苦。痛苦並非外界世界的客觀狀況，而是自己心靈產生的心理

反應。瞭解這點，就是跨出了第一步，讓人不再產生痛苦。

從 2000 年第一次參加禪修之後，我每天都會禪修冥想兩個小時，每年也都會參加一兩個月的長時間禪修課程。這不是要逃離現實，反而是要接觸現實。因為這樣一來，代表我每天至少有兩個小時能真正觀察現實，至於另外二十二個小時，則是被電子郵件、推文和可愛的小狗影片所淹沒。如果不是靠著禪修給我的專注力和清晰的眼界，我不可能寫得出《人類大歷史》和《人類大命運》。

我絕對不是把禪修冥想當成能解決世界上所有問題的萬靈丹。要改變世界，就必須有行動，而且更重要的是必須有組織。有組織的五十個人，所發揮的力量將會遠大於各自獨立行事的五百個人。如果你真的關心某件事，就請加入相關的組織，而且是這星期就去加入。

然而，如果你瞭解人的心智、瞭解自己的心智、也瞭解如何處理自己心中的恐懼、偏見和糾結，你的行動和與人合作就會更有效率。而除了禪修冥想之外，也還有很多其他方式能達到這種效果。對於某些人來說，心理治療、藝術或運動可能更有效。

想要一探人類心智的奧秘，我們並不該把禪修冥想視為唯一的辦法，但倒是可以視為整個科學工具箱額外的一項有用工具。

# 探索心靈奧秘

科學之所以很難解開心靈的奧祕，很大程度是因為缺少有效的工具。包括科學家在內，許多人都把心靈與大腦混為一談，但兩者其實非常不同。

大腦是由神經元、突觸和生化物質組成的實體網路組織。心靈則是痛苦、愉快、愛和憤怒等等主觀經驗的流動。生物學家認為是大腦產生了心靈，是數十億神經元的生化反應，產生了愛和痛苦之類的體驗。然而到目前為止，我們仍然完全無法解釋心靈是如何從大腦裡出現。究竟是為什麼，如果數十億神經元以某種模式觸發電訊號，我就感覺到疼痛，而用另一種模式觸發，我就感覺到愛？我們毫無頭緒。所以，就算心靈確實是從大腦裡突現，至少在目前，「研究心靈」仍然和「研究大腦」是兩回事。

靠著顯微鏡、腦部掃描儀和運算能力強大的電腦，大腦研究正突飛猛進。然而，光靠顯微鏡或腦部掃描儀，我們依然無法看到心靈。這些設備能讓我們偵測大腦中的生化活動和電活動，但是無法讓我們碰觸到與這些活動相關的主觀體驗。時至今日，我唯一能夠直接接觸的心靈，仍然只有自己的心靈。如果想知道其他人類有何心靈上的體驗，只能根據各種二手資料，但這自然有各種局限和扭曲。

當然，我們可以蒐集許多人的二手資料，再用統計學，找出重複出現的模式。靠著這些方法，已經讓心理學家和腦科學家比過去更瞭解心靈，也改善、甚至是拯救了數百萬人的生命。然而，光靠二手資料還是有極限。科學如果想研究某個特定現象，最好是能夠直接觀察。這就像是，雖然人類學家大量使用二手資料，但如果真想瞭解薩摩亞文化，遲早還是得打包行李，親自走一趟。

而且光是到了薩摩亞還不夠。如果只是背包客去薩摩亞旅行、寫寫部落格，並不算是科學的人類學研究，因為絕大多數背包客並不具備必要的研究工具，也未受過必要的研究訓練。很多時候，部

落客的觀察就是漫無章法,而且帶有偏見。想成為值得信賴的人類學家,就得學習如何擺脫先入為主的想法和偏見,用有系統的客觀方式觀察人類文化。

這就是人類學系要教的內容,也是為何如果要拉近不同文化的距離,人類學家的角色會如此重要。

然而,心靈的科學研究很少遵照這種人類學模式。人類學家常常是親身前往遙遠的島嶼、神祕的國度,再回來報告自己的訪查結果;但研究心靈的學者卻很少像這樣,自己前往心靈的國度。原因就在於:我們唯一能直接觀察的,只有自己的心靈;光是要不帶偏見觀察薩摩亞文化,就已經是件難事,想要客觀觀察自己的心靈,還要更為困難。

經過超過一個世紀的努力,今日的人類學家已經擁有許多實用的研究程序,可以用來做到客觀觀察。但相較之下,研究心靈的學者雖然擁有許多工具,可以蒐集和分析二手資料,但講到要直接觀察人類的心靈,根本就才剛搔到表面而已。

既然我們還缺乏直接觀察心靈的現代方法,不妨嘗試一下前現代文化發展出的一些工具。有些古代文化對於心靈研究早有關注,而且靠的不是二手資料,而是有系統的訓練如何觀察自己的心靈。過去發展出的這些方法,現在都歸類在「禪修冥想」這一大類。雖然現在講到禪修冥想,常常是與宗教和神祕主義有關,但就原則而言,禪修冥想就是各種直接觀察自己心靈的方法。

確實,許多宗教都應用了各種冥想的技巧,但並不代表冥想就一定與宗教有關。這就像是許多宗教也都會讀書,但並不代表讀書就是一種宗教習俗。

# 同時從兩端開挖

幾千年來，人類已經發展出幾百種冥想技巧，原則和效果也各不相同。我自己只試過「內觀」這一種，也只有資格談談這一種。包括內觀在內，許多冥想技巧據說都是由佛陀在古印度所發現。幾世紀以來，許多理論和故事都號稱源自佛陀，但往往並無根據。只不過，就算完全不相信這些故事，你也能進行禪修冥想。

像是教我內觀的葛印卡老師，走的就是非常實際的路線，不斷告訴學生：觀察心靈的時候，必須拋開所有二手說法、宗教教條和哲學猜想，一心專注於自己的體驗和真正遇到的各種現實。每天都有許多學生去找他，希望得到指引、得到問題的解答。而在他房間門口就寫著：「不要談理論或哲學，請把問題集中在與你實際修行相關的事情上。」

所謂的實際修行，就是要運用有系統、持續及客觀的方式，觀察身體的感覺、以及心理對這些感覺的反應，據以找出心靈的基本運作模式。有時候，有些人會用禪修來追求幸福和狂喜之類的特殊體驗。但事實上，意識是宇宙最大的一團謎，就算是冷熱或癢麻之類最一般的感覺，也和心醉神迷或天人合一之類的感覺同樣神祕。因此，從事內觀的禪修者都受到告誡，千萬別想追求什麼特殊的體驗，而是要專注在瞭解自己心靈真實的狀況，不論這個現實為何。

近年來，研究心靈和大腦的學者對於禪修冥想的技巧，愈來愈感興趣，但多半只是間接使用這種工具。[221] 一般來說，科學家做冥想研究的時候，是請已經有經驗的禪修者來到實驗室，在他們的頭皮接上電極，再請他們開始冥想；至於科學家自己，並不做冥想，

僅是觀察冥想所產生的大腦活動。雖然這也能告訴我們許多關於大腦的有趣資訊，但如果目標是想要瞭解心靈，就反而是抓錯重點。

這種做法，就好像是想要觀察石頭、以瞭解物質結構的時候，有個人本來是用放大鏡來觀察，而你給他一臺顯微鏡，告訴他說：「試試看這個，可以讓你看得更清楚。」但他接過顯微鏡之後，卻是拿起自己信賴已久的放大鏡，開始仔細觀察這臺顯微鏡是由什麼物質組成。冥想就是一種工具，是讓你直接觀察自己的心靈，如果不是自己去冥想、反而是觀察別人冥想時的腦電活動，其實是錯過了冥想真正能發揮的潛力。

當然，我絕不是在建議放棄現有的大腦研究工具和研究方法。禪修冥想並不能代替這些工具，而是做為輔助。這有點像是工程師打算挖隧道打通一座大山，為什麼只從一邊挖呢？如果能同時從兩邊開挖，不是更好？如果大腦和心靈確實同為一體，這兩條隧道遲早都會相遇。如果大腦和心靈並非一體？那麼我們就更應該深入研究心靈，而不是一心只研究著大腦。

已經有些大學和實驗室開始將冥想做為研究工具，而不只是大腦研究實驗的觀察對象。但這個過程才剛起步，進展緩慢的原因之一，就在於這需要研究人員投入大量心力——認真的冥想需要嚴格的紀律，只要試試看客觀觀察自己的感覺，就會立刻注意到原來心靈是如此不受控制、沒有耐性。就算你專注於觀察某種相對獨特的感覺（例如呼吸時氣息進出鼻孔），常常也只能專注不到幾秒，接著就會分心，心靈開始游蕩於各種念頭、回憶和夢想之中。

顯微鏡失焦的時候，只要轉動調節輪，就能調整焦距。就算是調節輪有問題，也能找技師來修理。但如果心靈失焦，卻沒有這麼

簡單的解決辦法。我們通常需要大量的訓練，才能冷靜下來、讓心思集中，接著才能開始有系統的客觀觀察自己。或許在未來，只要服用一顆藥丸，我們就能立刻達到專注。然而，如果禪修冥想的目的是探索心靈、而不只是集中心思，走這種捷徑就可能適得其反。雖然藥物可能讓我們極為警醒專注，卻也會妨礙我們觀察到心靈的所有層面。畢竟就算在今天，只要看一部拍得很好的驚悚片，就能讓人輕鬆集中心思；但心思在這種時候就是專注在電影上，並無法觀察自己的狀態。

　　然而，就算現在沒有科技設備得以依賴，並不代表我們就該放棄。我們可以學學人類學家、動物學家和太空人的例子。人類學家和動物學家會在遙遠的島嶼，待上好幾年，讓自己暴露在各式各樣的疾病和危險之中。太空人也得用上好幾年來接受艱難的訓練，好為危險的太空探險做好準備。如果我們願意為了瞭解異國文化、未知物種和遙遠的星球，而付出這麼多的心力，或許為了瞭解心靈，也該付出同等的用心。而且，在演算法得以為我們做出所有決定之前，人類最好盡快瞭解自己的心靈。

## 致力瞭解自己的心靈

　　觀察自己從來不是簡單的事，隨著時間過去，難度還可能愈來愈高。歷史繼續開展，人類也為自己創造出愈來愈複雜的種種虛構故事，讓我們愈來愈難以認識真正的自己。

　　這些故事的本意，是要讓許多人得以團結起來，集合力量維持社會和諧，而且過去也是憑藉這些故事，才讓幾十億人得以溫飽，

不至於互相殘殺。然而,人類觀察自己的時候,常常發現的就只是這些現成的虛構故事。如果真要進行開放式、不預設答案的探尋,過去會認為這實在太過危險,有可能會讓整個社會秩序為之崩潰。

隨著科技進步,還發生了兩件事。第一,過去的燧石刀已經發展成現在的核武器,社會秩序崩潰所造成的危險,也變得更巨大。第二,過去洞穴裡的壁畫已經發展成現在的電視廣播,要迷惑人群也變得更為容易。

在不遠的未來,演算法就可能為這一切發展,畫下句點,而人類將再也無法觀察到真正的自己,屆時將會由演算法為人類決定我們是誰、該知道關於自己的哪些事。

在幾年或幾十年內,我們還有得選擇。只要努力,還是能瞭解真正的我們是什麼模樣。但如果真要把握這個機會,最好從現在就開始。

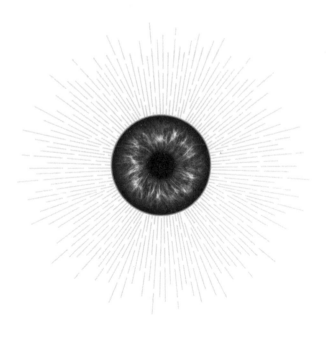

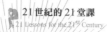
# 誌謝

我要在此感謝所有幫助我寫作、或是幫助我懂得取捨的人：

感謝 Michal Shavit，她是我在藍燈書屋（Penguin Random House）的發行人，她最先提出這本書的想法，也指引我完成這趟漫長的寫作過程；也要感謝整個藍燈書屋團隊的努力和支持。

感謝 David Milner，一如往常，他展現了絕佳的編輯功力。有時候，我只要想想他可能會怎麼說，就會寫得更加投入。

感謝 Suzanne Dean，她是我在藍燈書屋的創意總監，也是英國書封設計的幕後天才。

感謝 Preena Gadher 和 Riot Communications 公關公司的同事，策劃眾多精采的公關活動。感謝 Spiegel & Grau 出版社的 Cindy Spiegel，感謝她提供的意見，處理大西洋那一端的事情。

感謝本書中文版譯者林俊宏及遠見天下文化出版公司，感謝他們的信任、用心和專業，協助這本書得以在臺灣面世。

感謝我的研究助理 Idan Sherer，檢查從古代猶太會堂到人工智慧的所有相關資訊。感謝 Shmuel Rosner，不斷給我支持和忠告。感謝 Yigal Borochovsky 和 Sarai Aharoni，閱讀我的手稿，投入大量心力來糾正我的錯誤，也讓我有新的觀點。感謝 Danny Orbach、Uri Sabach、Yoram Yovell 和 Ron Merom，對神風特攻隊、監視、心理學和演算法，提供寶貴的見解。感謝我忠心的團隊：Ido Ayal、Maya Orbach、Naama Wartenburg 和 Eilona Ariel，投入許多日子處理我的電子郵件地獄。

感謝我所有的朋友和家人，感謝他們的耐心和關愛。感謝我的母親 Pnina、婆婆 Hannah，為我付出她們的時間和經驗。感謝我的另一半兼經紀人 Itzik，如果沒有他，這一切不可能成真。我只知道怎麼寫書，其他一切都是他的功勞。

最後，感謝我所有的讀者，感謝你們投入了時間、興趣和提出批評。如果一本書放在書架上沒人去讀，怎可能有任何影響力？

\*

正如〈引言〉所指出的，這本書是出於我和大眾的對話，許多堂課都是回應讀者、記者和同事所提出的問題。某些部分曾以論文或文章的形式發表，也讓我有機會得到回應、修正論點。這些過去的論文及文章包括：

- ‘If We Know Meat Is Murder, Why Is It So Hard For Us to Change and Become Moral?’, *Haaretz*, 21 June 2012.
- ‘The Theatre of Terror’, *Guardian*, 31 January 2015.
- ‘Judaism Is Not a Major Player in the History of Humankind’, *Haaretz*, 31 July 2016.
- ‘Yuval Noah Harari on Big Data, Google and the End of Free Will’, FT.com, 26 August 2016.
- ‘Isis is as much an offshoot of our global civilisation as Google’, *Guardian*, 9 September 2016.
- ‘Salvation by Algorithm: God, Technology and New 21st Century Religion’, *New Statesman*, 9 September 2016.
- ‘Does Trump’s Rise Mean Liberalism’s End?’, *New Yorker*, 7 October 2016.
- ‘Yuval Noah Harari Challenges the Future According to Facebook’, *Financial Times*, 23 March 2017.
- ‘Humankind: The Post-Truth Species’, Bloomberg.com, 13 April 2017.
- ‘People Have Limited Knowledge. What’s the Remedy? Nobody Knows’, *New York Times*, 18 April 2017.
- ‘The Meaning of Life in a World Without Work’, *Guardian*, 8 May 2017.
- ‘In Big Data vs. Bach, Computers Might Win’, *Bloomberg View*, 13 May 2017.
- ‘Are We About to Witness the Most Unequal Societies in History?’, *Guardian*, 24 May 2017.
- ‘Universal Basic Income is Neither Universal Nor Basic’, *Bloomberg View*, 4 June 2017.
- ‘Why It’s No Longer Possible For Any Country to Win a War’, Time.com, 23 June 2017.
- ‘The Age of Disorder: Why Technology is the Greatest Threat to Humankind’, *New Statesman*, 25 July 2017.
- ‘Reboot for the ai Revolution’, *Nature News*, 17 October 2017.

# 參考資料

## 第1堂課　理想幻滅

1　例如參見小布希在2005年的就職演說，他表示：「有鑑於各種事件和常理，讓我們得到一項結論：自由要在我們國內得以存續，愈來愈有賴於其他地區的自由得以成功。想追求世界和平，最可能達成的方式就是將自由傳播到整個世界。」'Bush Pledges to Spread Democracy', CNN, 20 January 2005, http://edition.cnn.com/2005/ALLPOLITICS/01/20/bush.speech/, accessed 7 January 2018.歐巴馬的部分，可參見他的最後一場聯合國演講：Katie Reilly, 'Read Barack Obama's Final Speech to the United Nations as President', *Time*, 20 September 2016, http://time.com/4501910/president-obama-united-nations-speech-transcript/, accessed 3 December 2017.

2　William Neikirk and David S.Cloud, 'Clinton: Abuses Put China "On Wrong Side of History"', *Chicago Tribune*, 30 October 1997, http://articles.chicagotribune.com/1997-10-30/news/9710300304_1_human-rights-jiang-zemin-chinese-leader, accessed 3 December 2017.

3　Eric Bradner, 'Hillary Clinton's Email Controversy, Explained', CNN, 28 October 2016, http://edition.cnn.com/2015/09/03/politics/hillary-clinton-email-controversy-explained-2016/index.html, accessed 3 December 2017.

4　Chris Graham and Robert Midgley, 'Mexico Border Wall: What is Donald Trump Planning, How Much Will It Cost and Who Will Pay for It?', *Telegraph*, 23 August 2017, http://www.telegraph.co.uk/news/0/mexico-border-wall-donald-trump-planning-much-will-cost-will/, accessed 3 December 2017; Michael Schuman, 'Is China Stealing Jobs? It May Be Losing Them, Instead', *New York Times*, 22 July 2016, https://www.nytimes.com/2016/07/23/business/international/china-jobs-donald-trump.html, accessed 3 December 2017.

5　關於十九世紀末期到二十世紀初期的幾項例子，請參見：Evgeny Dobrenko and Eric Naiman (eds.), *The Landscape of Stalinism: The Art and Ideology of Soviet Space* (Seattle: University of Washington Press, 2003); W.L.Guttsman, *Art for the Workers: Ideology and the Visual Arts in Weimar Germany* (New York: Manchester University Press, 1997).至於相關的大致討論，可參見：Nicholas John Cull, *Propaganda and Mass Persuasion: A Historical Encyclopedia, 1500 to the Present* (Santa Barbara: ABC-CLIO, 2003).

6　相關論述，請參見：Ishaan Tharoor, 'Brexit: A modern-day Peasants' Revolt?', *Washington Post*, 25 June 2016, https://www.washingtonpost.com/news/worldviews/wp/2016/06/25/the-brexit-a-modern-day-peasants-revolt/?utm_term=.9b8e81bd5306; John Curtice, 'US election 2016: The Trump-Brexit voter revolt', BBC, 11 November 2016, http://www.bbc.com/news/election-us-2016-37943072.

7　至今，這種論述最有名的自然仍是：Francis Fukuyama, *The End of History and the Last Man* (London: Penguin, 1992).

8　Karen Dawisha, *Putin's Kleptocracy* (New York: Simon & Schuster, 2014); Timothy Snyder, *The Road to Unfreedom: Russia, Europe, America* (New York: Tim Duggan Books, 2018); Anne Garrels, *Putin Country: A Journey Into the Real Russia* (New York: Farrar, Straus & Giroux, 2016); Steven Lee Myers, *The New Tsar: The Rise and Reign of Vladimir Putin* (New York: Knopf Doubleday, 2016).

9　Credit Suisse, *Global Wealth Report 2015*, 53, https://publications.credit-suisse.com/tasks/render/file/?fileID=F2425415-DCA7-80B8-EAD989AF9341D47E, accessed 12 March 2018; Filip Novokmet, Thomas Piketty and Gabriel Zucman, 'From Soviets to Oligarchs: Inequality and Property in Russia 1905-2016', July 2017, *World Wealth and Income Database*, http://www.piketty.pse.ens.fr/files/NPZ2017WIDworld.pdf, accessed 12 March 2018; Shaun Walker, 'Unequal Russia', *Guardian*, 25 April 2017, https://www.theguardian.com/inequality/2017/apr/25/unequal-russia-is-anger-stirring-in-the-global-capital-of-inequality, accessed 12 March 2018.

10　Ayelet Shani, 'The Israelis Who Take Rebuilding the Third Temple Very Seriously', *Haaretz*, 10 August 2017, https://www.haaretz.com/israel-news/.premium-1.805977, accessed January 2018; 'Israeli Minister: We Should Rebuild Jerusalem Temple', *Israel Today*, 7 July 2013, http://www.israeltoday.co.il/Default.aspx?tabid=178&nid=23964, accessed 7 January 2018; Yuri Yanover, 'Dep.Minister Hotovely: The Solution Is Greater Israel without Gaza', *Jewish Press*, 25 August 2013, http://www.jewishpress.com/news/breaking-news/dep-minister-hotovely-the-solution-is-greater-israel-without-gaza/2013/08/25/, accessed 7 January 2018; 'Israeli Minister: The Bible Says West Bank Is Ours', Al Jazeera, 24 February 2017, http://www.aljazeera.com/programmes/upfront/2017/02/israeli-minister-bible-west-bank-170224082827910.html, accessed 29 January 2018.

11 Katie Reilly, 'Read Barack Obama's Final Speech to the United Nations as President', *Time*, 20 September 2016, http://time.com/4501910/president-obama-united-nations-speech-transcript/, accessed 3 December 2017.

## 第 2 堂課　工作

12 Gregory R.Woirol, *The Technological Unemployment and Structural Unemployment Debates* (Westport: Greenwood Press, 1996), 18-20; Amy Sue Bix, *Inventing Ourselves out of Jobs? America's Debate over Technological Unemployment, 1929-1981* (Baltimore: Johns Hopkins University Press, 2000), 1-8; Joel Mokyr, Chris Vickers and Nicolas L.Ziebarth, 'The History of Technological Anxiety and the Future of Economic Growth: Is This Time Different?', *Journal of Economic Perspectives* 29:3 (2015), 33-42; Joe Mokyr, *The Gifts of Athena: Historical Origins of the Knowledge Economy* (Princeton: Princeton University Press, 2002), 255-7; David H.Autor, 'Why Are There Still So Many Jobs? The History and the Future of Workplace Automation', *Journal of Economic Perspectives* 29:3 (2015), 3-30; Melanie Arntz, Terry Gregory and Ulrich Zierahn, 'The Risk of Automation for Jobs in OECD Countries', *OECD Social, Employment and Migration Working Papers* 89 (2016); Mariacristina Piva and Marco Vivarelli, 'Technological Change and Employment: Were Ricardo and Marx Right?', *IZA Institute of Labor Economics, Discussion Paper No.10471* (2017).

13 舉例來說，人工智慧已經在飛行、特別是空中戰鬥中，勝過人類：Nicholas Ernest et al., 'Genetic Fuzzy based Artificial Intelligence for Unmanned Combat Aerial Vehicle Control in Simulated Air Combat Missions', *Journal of Defense Management* 6:1 (2016), 1-7; intelligent tutoring and teaching systems: Kurt VanLehn, 'The Relative Effectiveness of Human Tutoring, Intelligent Tutoring Systems, and Other Tutoring Systems', *Educational Psychologist* 46:4 (2011), 197-221; algorithmic trading: Giuseppe Nuti et al., 'Algorithmic Trading', *Computer* 44:11 (2011), 61-9; financial planning, portfolio management etc.: Arash Baharammirzaee, 'A comparative Survey of Artificial Intelligence Applications in Finance: Artificial Neural Networks, Expert System and Hybrid Intelligent Systems', *Neural Computing and Applications* 19:8 (2010), 1165-95; analysis of complex data in medical systems and production of diagnosis and treatment: Marjorie Glass Zauderer et al., 'Piloting IBM Watson Oncology within Memorial Sloan Kettering's Regional Network', *Journal of Clinical Oncology* 32:15 (2014), e17653; creation of original texts in natural language from massive amount of data: Jean-Sébastien Vayre et al., 'Communication Mediated through Natural Language Generation in Big Data Environments: The Case of Nomao', *Journal of Computer and Communication* 5 (2017), 125-48; facial recognition: Florian Schroff, Dmitry Kalenichenko and James Philbin, 'FaceNet: A Unified Embedding for Face Recognition and Clustering', *IEEE Conference on Computer Vision and Pattern Recognition (CVPR)* (2015),

815-23; and driving: Cristiano Premebida, 'A Lidar and Vision-based Approach for Pedestrian and Vehicle Detection and Tracking', *2007 IEEE Intelligent Transportation Systems Conference* (2007*)*.

14  Daniel Kahneman, *Thinking, Fast and Slow* (New York: Farrar, Straus & Giroux, 2011)，繁體中文版《快思慢想》，康納曼著，天下文化2012年出版; Dan Ariely, *Predictably Irrational* (New York: Harper, 2009); Brian D.Ripley, *Pattern Recognition and Neural Networks* (Cambridge: Cambridge University Press, 2007); Christopher M.Bishop, *Pattern Recognition and Machine Learning* (New York: Springer, 2007).

15  Seyed Azimi et al., 'Vehicular Networks for Collision Avoidance at Intersections,' *SAE International Journal of Passenger Cars - Mechanical Systems* 4 (2011), 406-16; Swarun Kumar et al., 'CarSpeak: A Content-Centric Network for Autonomous Driving', *SIGCOM Computer Communication Review* 42 (2012), 259-70; Mihail L.Sichitiu and Maria Kihl, 'Inter-Vehicle Communication Systems: A Survey', *IEEE Communications Surveys & Tutorials* (2008), 10; Mario Gerla, Eun-Kyu Lee and Giovanni Pau, 'Internet of Vehicles: From Intelligent Grid to Autonomous Cars and Vehicular Clouds', *2014 IEEE World Forum on Internet of Things (WF-IoT)* (2014), 241-6.

16  David D. Luxton et al., 'mHealth for Mental Health: Integrating Smartphone Technology in Behavioural Healthcare', *Professional Psychology: Research and Practice* 42:6 (2011), 505–12; Abu Saleh Mohammad Mosa, Illhoi Yoo and Lincoln Sheets, 'A Systematic Review of Healthcare Application for Smartphones', *BMC Medical Informatics and Decision Making* 12:1 (2012), 67; Karl Frederick Braekkan Payne, Heather Wharrad and Kim Watts, 'Smartphone and Medical Related App Use among Medical Students and Junior Doctors in the United Kingdom (UK): A Regional Survey', *BMC Medical Informatics and Decision Making* 12:1 (2012), 121; Sandeep Kumar Vashist, E. Marion Schneider and John H. T. Loung, 'Commercial Smartphone-Based Devices and Smart Applications for Personalised Healthcare Monitoring and Management', *Diagnostics* 4:3 (2014), 104–28; Maged N. Kamel Bouls et al., 'How Smartphones Are Changing the Face of Mobile and Participatory Healthcare: An Overview, with Example from eCAALYX', *BioMedical Engineering OnLine* 10:24 (2011), https://doi.org/10.1186/1475-925X-10-24, accessed 30 July 2017; Paul J. F. White, Blake W. Podaima and Marcia R. Friesen, 'Algorithms for Smartphone and Tablet Image Analysis for Healthcare Applications', *IEEE Access* 2 (2014), 831–40.

17  World Health Organization, *Global status report on road safety 2015* (2016); 'Estimates for 2000-2015, Cause-Specific Mortality', http://www.who.int/healthinfo/global_burden_disease/estimates/en/index1.html, accessed 6 September 2017.

18  關於美國車禍的成因調查，請參見：Daniel J.Fagnant and Kara Kockelman, 'Preparing a Nation for Autonomous Vehicles: Opportunities, Barriers and Policy Recommendations',

*Transportation Research Part A: Policy and Practice* 77 (2015), 167-81；全世界大致情況的調查，則請參見：*OECD/ITF, Road Safety Annual Report 2016* (Paris: OECD Publishing, 2016), http://dx.doi.org/10.1787/irtad-2016-en.

19  Kristofer D.Kusano and Hampton C.Gabler, 'Safety Benefits of Forward Collision Warning, Brake Assist, and Autonomous Braking Systems in Rear-End Collisions', *IEEE Transactions on Intelligent Transportation Systems* 13:4 (2012), 1546-55; James M.Anderson et al., *Autonomous Vehicle Technology: A Guide for Policymakers* (Santa Monica: RAND Corporation, 2014), esp.13-15; Daniel J.Fagnant and Kara Kockelman, 'Preparing a Nation for Autonomous Vehicles: Opportunities, Barriers and Policy Recommendations', *Transportation Research Part A: Policy and Practice* 77 (2015), 167-81; Jean-Francois Bonnefon, Azim Shariff and Iyad Rahwan, 'Autonomous Vehicles Need Experimental Ethics: Are We Ready for Utilitarian Cars?', *arXiv* (2015), 1-15.關於車輛可如何建立車際網路以避免車禍，可參見：Seyed R.Azimi et al., 'Vehicular Networks for Collision Avoidance at Intersections', *SAE International Journal of Passenger Cars - Mechanical Systems* 4:1 (2011), 406-16; Swarun Kumar et al., 'CarSpeak: A Content-Centric Network for Autonomous Driving', *SIGCOM Computer Communication Review* 42:4 (2012), 259-70; Mihail L.Sichitiu and Maria Kihl, 'Inter-Vehicle Communication Systems: A Survey', *IEEE Communications Surveys & Tutorials* 10:2 (2008); Mario Gerla et al., 'Internet of Vehicles: From Intelligent Grid to Autonomous Cars and Vehicular Clouds', *2014 IEEE World Forum on Internet of Things (WF-IoT)* (2014), 241-6.

20  Michael Chui, James Manyika and Mehdi Miremadi, 'Where Machines Could Replace Humans - and Where They Can't (Yet)', *McKinsey Quarterly* (2016), http://www.mckinsey.com/business-functions/digital-mckinsey/our-insights/where-machines-could-replace-humans-and-where-they-cant-yet, accessed 1 March 2018.

21  Wu Youyou, Michal Kosinski and David Stillwell, 'Computer-based personality judgments are more accurate than those made by humans', *PANS*, vol.112 (2014), 1036-8.

22  Stuart Dredge, 'AI and music: will we be slaves to the algorithm?' *Guardian*, 6 August 2017, https://www.theguardian.com/technology/2017/aug/06/artificial-intelligence-and-will-we-be-slaves-to-the-algorithm, accessed 15 October 2017. 關於這些方法的綜覽，請參見：Jose David Fernández and Francisco Vico, 'AI Methods in Algorithmic Composition: A Comprehensive Survey', *Journal of Artificial Intelligence Research* 48 (2013), 513-82.

23  Eric Topol, *The Patient Will See You Now: The Future of Medicine is in Your Hands* (New York: Basic Books, 2015); Robert Wachter, *The Digital Doctor: Hope, Hype and Harm at the Dawn of Medicine's Computer Age* (New York: McGraw-Hill Education, 2015); Simon Parkin, 'The Artificially Intelligent Doctor Will Hear You Now', *MIT Technology Review* (2016), https://www.technologyreview.com/s/600868/the-artificially-intelligent-doctor-will-hear-you-

now/; James Gallagher, 'Artificial intelligence "as good as cancer doctors" ', BBC, 26 January 2017, http://www.bbc.com/news/health-38717928.

24 Kate Brannen, 'Air Force's lack of drone pilots reaching "crisis" levels', *Foreign Policy*, 15 January 2015, http://foreignpolicy.com/2015/01/15/air-forces-lack-of-drone-pilots-reaching-crisis-levels/.

25 Tyler Cowen, *Average is Over: Powering America Beyond the Age of the Great Stagnation* (New York: Dutton, 2013); Brad Bush, 'How combined human and computer intelligence will redefine jobs', *TechCrunch* (2016), https://techcrunch.com/2016/11/01/how-combined-human-and-computer-intelligence-will-redefine-jobs/.

26 Lawrence F. Katz and Alan B. Krueger, 'The Rise and Nature of Alternative Work Arrangements in the United States, 1995-2015', *National Bureau of Economic Research* (2016); Peter H.Cappelli and J.R.Keller, 'A Study of the Extent and Potential Causes of Alternative Employment Arrangements', *ILR Review* 66:4 (2013), 874-901; Gretchen M.Spreitzer, Lindsey Cameron and Lyndon Garrett, 'Alternative Work Arrangements: Two Images of the New World of Work', *Annual Review of Organizational Psychology and Organizational Behavior* 4 (2017), 473-99; Sarah A.Donovan, David H.Bradley and Jon O.Shimabukuru, 'What Does the Gig Economy Mean for Workers?', Washington DC: Congressional Research Service (2016), https://fas.org/sgp/crs/misc/R44365.pdf, accessed 11 February 2018; 'More Workers Are in Alternative Employment Arrangements', Pew Research Center, 28 September 2016, http://www.pewsocialtrends.org/2016/10/06/the-state-of-american-jobs/st_2016-10-06_jobs-26/, accessed 11 February 2018. David Ferrucci et al.,'Watson: Beyond *Jeopardy!*', *Artificial Intelligence* 199-200 (2013), 93-105.

27 'Google's AlphaZero Destroys Stockfish in 100-Game Match', Chess.com, 6 December 2017, https://www.chess.com/news/view/google-s-alphazero-destroys-stockfish-in-100-game-match, accessed 11 February 2018; David Silver et al., 'Mastering Chess and Shogi by Self-Play with a General Reinforcement Learning Algorithm', *arXiv* (2017), https://arxiv.org/pdf/1712.01815.pdf, accessed 2 February 2018; see also Sarah Knapton, 'Entire Human Chess Knowledge Learned and Surpassed by DeepMind's AlphaZero in Four Hours', *Telegraph*, 6 December 2017, http://www.telegraph.co.uk/science/2017/12/06/entire-human-chess-knowledge-learned-surpassed-deepminds-alphazero/, accessed 11 February 2018.

28 Cowen, *Average is Over*, op.cit.; Tyler Cowen, 'What are humans still good for? The turning point in freestyle chess may be approaching' (2013), http://marginalrevolution.com/marginalrevolution/2013/11/what-are-humans-still-good-for-the-turning-point-in-freestyle-chess-may-be-approaching.html.

29 Maddalaine Ansell, 'Jobs for Life Are a Thing of the Past.Bring On Lifelong Learning', *Guardian*, 31 May 2016, https://www.theguardian.com/higher-education-network/2016/may/31/jobs-for-life-are-a-thing-of-the-past-bring-on-lifelong-learning.

30 Alex Williams, 'Prozac Nation Is Now the United States of Xanax', *New York Times*, 10 June 2017, https://www.nytimes.com/2017/06/10/style/anxiety-is-the-new-depression-xanax.html.

31 Simon Rippon, 'Imposing Options on People in Poverty: The Harm of a Live Donor Organ Market', *Journal of Medical Ethics* 40 (2014), 145-50; I.Glenn Cohen, 'Regulating the Organ Market: Normative Foundations for Market Regulation', *Law and Contemporary Problems* 77 (2014); Alexandra K.Glazier, 'The Principles of Gift Law and the Regulation of Organ Donation', *Transplant International* 24 (2011), 368-72; Megan McAndrews and Walter E.Block, 'Legalizing Saving Lives: A Proposition for the Organ Market', *Insights to A Changing World Journal 2015*, 1-17.

32 James J.Hughes, 'A Strategic Opening for a Basic Income Guarantee in the Global Crisis Being Created by AI, Robots, Desktop Manufacturing and BioMedicine', *Journal of Evolution & Technology* 24 (2014), 45-61; Alan Cottey, 'Technologies, Culture, Work, Basic Income and Maximum Income', *AI & Society* 29 (2014), 249-57.

33 Jon Henley, 'Finland Trials Basic Income for Unemployed,' *Guardian*, 3 January 2017, https://www.theguardian.com/world/2017/jan/03/finland-trials-basic-income-for-unemployed, accessed 1 March 2018.

34 'Swiss Voters Reject Proposal to Give Basic Income to Every Adult and Child', *Guardian*, 5 June 2017, https://www.theguardian.com/world/2016/jun/05/swiss-vote-give-basic-income-every-adult-child-marxist-dream.

35 Isabel Hunter, 'Crammed into squalid factories to produce clothes for the West on just 20p a day, the children forced to work in horrific unregulated workshops of Bangladesh', *Daily Mail*, 1 December 2015, http://www.dailymail.co.uk/news/article-3339578/Crammed-squalid-factories-produce-clothes-West-just-20p-day-children-forced-work-horrific-unregulated-workshops-Bangladesh.html, accessed 15 October 2017; Chris Walker and Morgan Hartley, 'The Culture Shock of India's Call Centers', *Forbes*, 16 December 2012, https://www.forbes.com/sites/morganhartley/2012/12/16/the-culture-shock-of-indias-call-centres/#17bb61d372f5, accessed 15 October 2017.

36 Klaus Schwab and Nicholas Davis, *Shaping the Fourth Industrial Revolution* (World Economic Forum, 2018), 54. On long-term development strategies, see Ha-Joon Chang, *Kicking Away the Ladder: Development Strategy in Historical Perspective* (London: Anthem Press, 2003).

37  Lauren Gambini, 'Trump Pans Immigration Proposal as Bringing People from "Shithole Countries" ', *Guardian*, 12 January 2018, https://www.theguardian.com/us-news/2018/jan/11/trump-pans-immigration-proposal-as-bringing-people-from-shithole-countries, accessed 11 February 2018.

38  環境整體改善時，相對的不平等也可能加劇，此種論點請參見：Thomas Piketty, *Capital in the Twenty-First Century* (Cambridge, MA: Harvard University Press, 2013).

39  '2017 Statistical Report on Ultra-Orthodox Society in Israel', *Israel Democracy Institute* and *Jerusalem Institute for Israel Studies* (2017), https://en.idi.org.il/articles/20439, accessed 1 January 2018; Melanie Lidman, 'As ultra-Orthodox women bring home the bacon, don't say the F-word', *Times of Israel*, 1 January 2016, https://www.timesofisrael.com/as-ultra-orthodox-women-bring-home-the-bacon-dont-say-the-f-word/, accessed 15 October 2017.

40  Melanie Lidman, 'As ultra-Orthodox women bring home the bacon, don't say the F-word', *Times of Israel*, 1 January 2016, https://www.timesofisrael.com/as-ultra-Orthodox-women-bring-home-the-bacon-dont-say-the-f-word/, accessed 15 October 2017; 'Statistical Report on Ultra-Orthodox Society in Israel', *Israel Democracy Institute* and *Jerusalem Institute for Israel Studies* 18 (2016), https://en.idi.org.il/media/4240/shnaton-e_8-9-16_web.pdf, accessed 15 October 2017.在OECD最近調查的三十八個經濟體中，以色列的快樂指數排名第十一，請見：'Life Satisfaction', *OECD Better Life Index*, http://www.oecdbetterlifeindex.org/topics/life-satisfaction/, accessed 15 October 2017.

41  '2017 Statistical Report on Ultra-Orthodox Society in Israel', *Israel Democracy Institute* and *Jerusalem Institute for Israel Studies* (2017), https://en.idi.org.il/articles/20439, accessed 1 January 2018.

## 第3堂課　自由

42  Margaret Thatcher, 'Interview for *Woman's Own* ("no such thing as society")', Margaret Thatcher Foundation, 23 September 1987, https://www.margaretthatcher.org/document/106689, accessed 7 January 2018.

43  Keith Stanovich, *Who Is Rational? Studies of Individual Differences in Reasoning* (New York: Psychology Press, 1999).

44  Richard Dawkins, 'Richard Dawkins: We Need a New Party - the European Party', *NewStatesman*, 29 March 2017, https://www.newstatesman.com/politics/uk/2017/03/richard-dawkins-we-need-new-party-european-party, accessed 1 March 2018.

45  Steven Swinford, 'Boris Johnson's allies accuse Michael Gove of "systematic and calculated plot" to destroy his leadership hopes', *Telegraph*, 30 June 2016, http://www.

telegraph.co.uk/news/2016/06/30/boris-johnsons-allies-accuse-michael-gove-of-systematic-and-calc/, accessed 3 September 2017; Rowena Mason and Heather Stewart, 'Gove's thunderbolt and Boris's breaking point: a shocking Tory morning', *Guardian*, 30 June 2016, https://www.theguardian.com/politics/2016/jun/30/goves-thunderbolt-boris-johnson-tory-morning, accessed 3 September 2017.

46  James Tapsfield, 'Gove presents himself as the integrity candidate for Downing Street job but sticks the knife into Boris AGAIN', *Daily Mail*, 1 July 2016, http://www.dailymail.co.uk/news/article-3669702/I-m-not-great-heart-s-right-place-Gove-makes-bizarre-pitch-Downing-Street-admitting-no-charisma-doesn-t-really-want-job.html, accessed 3 September 2017.

47  2017年，史丹佛大學研究團隊推出一項演算法，聲稱只要分析幾張你的臉部照片，就能夠判斷你是同性戀或異性戀，準確度達91%（https://osf.io/zn79k/）。然而，因為這項演算法的研發基礎是使用民眾上傳至交友網站的自選相片，有可能反映出來的只是不同文化的理想有何差異。也就是說，並不是同性戀的臉部特徵真的和異性戀有所不同，只是男同性戀把照片上傳到男同性戀交友網站時，心中想符合的那套理想標準並不同於異性戀男性把照片上傳到異性戀交友網站想符合的理想標準罷了。

48  David Chan, 'So Why Ask Me? Are Self-Report Data Really That Bad?' in Charles E.Lance and Robert J.Vandenberg (eds.), *Statistical and Methodological Myths and Urban Legends* (New York, London: Routledge, 2009), 309-36; Delroy L.Paulhus and Simine Vazire, 'The Self-Report Method' in Richard W.Robins, R.Chris Farley and Robert F.Krueger (eds.), *Handbook of Research Methods in Personality Psychology* (London, New York: The Guilford Press, 2007), 228-33.

49  Elizabeth Dwoskin and Evelyn M.Rusli, 'The Technology that Unmasks Your Hidden Emotions', *Wall Street Journal*, 28 January 2015, https://www.wsj.com/articles/startups-see-your-face-unmask-your-emotions-1422472398, accessed 6 September 2017.

50  Norberto Andrade, 'Computers Are Getting Better Than Humans at Facial Recognition', *Atlantic*, 9 June 2014, https://www.theatlantic.com/technology/archive/2014/06/bad-news-computers-are-getting-better-than-we-are-at-facial-recognition/372377/, accessed 10 December 2017; Elizabeth Dwoskin and Evelyn M.Rusli, 'The Technology That Unmasks Your Hidden Emotions', *Wall Street Journal*, 28 June 2015, https://www.wsj.com/articles/startups-see-your-face-unmask-your-emotions-1422472398, accessed 10 December 2017; Sophie K.Scott, Nadine Lavan, Sinead Chen and Carolyn McGettigan, 'The Social Life of Laughter', *Trends in Cognitive Sciences* 18:12 (2014), 618-20.

51  Daniel First, 'Will big data algorithms dismantle the foundations of liberalism?', *AI & Soc*, 10.1007/s00146-017-0733-4.

52  Carole Cadwalladr, 'Google, Democracy and the Truth about Internet Search', *Guardian*, 4 December 2016, https://www.theguardian.com/technology/2016/dec/04/google-democracy-truth-internet-search-facebook, accessed 6 September 2017.

53  Jeff Freak and Shannon Holloway, 'How Not to Get to Straddie', *Red Land City Bulletin*, 15 March 2012, http://www.redlandcitybulletin.com.au/story/104929/how-not-to-get-to-straddie/, accessed 1 March 2018.

54  Michelle McQuigge, 'Woman Follows GPS; Ends Up in Ontario Lake', *Toronto Sun*, 13 May 2016, http://torontosun.com/2016/05/13/woman-follows-gps-ends-up-in-ontario-lake/wcm/fddda6d6-6b6e-41c7-88e8-aecc501faaa5, accessed 1 March 2018; 'Woman Follows GPS into Lake', News.com.au, 16 May 2016, http://www.news.com.au/technology/gadgets/woman-follows-gps-into-lake/news-story/a7d362dfc4634fd094651afc63f853a1, accessed 1 March 2018.

55  Henry Grabar, 'Navigation Apps Are Killing Our Sense of Direction. What if They Could Help Us Remember Places Instead?' *Slate*, http://www.slate.com/blogs/moneybox/2017/07/10/google_and_waze_are_killing_out_sense_of_direction_what_if_they_could_help.html, accessed 6 September 2017.

56  Jean-Francois Bonnefon, Azim Shariff and Iyad Rawhan, 'The Social Dilemma of Autonomous Vehicles', *Science* 352:6293 (2016), 1573-6.

57  Christopher W.Bauman et al., 'Revisiting External Validity: Concerns about Trolley Problems and Other Sacrificial Dilemmas in Moral Psychology', *Social and Personality Psychology Compass* 8:9 (2014), 536-54.

58  John M.Darley and Daniel C.Batson, ' "From Jerusalem to Jericho": A Study of Situational and Dispositional Variables in Helping Behavior', *Journal of Personality and Social Psychology* 27:1 (1973), 100-8.

59  Kristofer D.Kusano and Hampton C.Gabler, 'Safety Benefits of Forward Collision Warning, Brake Assist, and Autonomous Braking Systems in Rear-End Collisions', *IEEE Transactions on Intelligent Transportation Systems* 13:4 (2012), 1546-55; James M.Anderson et al., *Autonomous Vehicle Technology: A Guide for Policymakers* (Santa Monica: RAND Corporation, 2014), esp.13-15; Daniel J.Fagnant and Kara Kockelman, 'Preparing a Nation for Autonomous Vehicles: Opportunities, Barriers and Policy Recommendations', *Transportation Research Part A: Policy and Practice* 77 (2015), 167-81.

60  Tim Adams, 'Job Hunting Is a Matter of Big Data, Not How You Perform at an Interview', *Guardian*, 10 May 2014, https://www.theguardian.com/technology/2014/may/10/job-hunting-big-data-interview-algorithms-employees, accessed 6 September 2017.

61  對此議題有一場精采的討論，請見：Cathy O'Neil, *Weapons of Math Destruction: How Big Data Increases Inequality and Threatens Democracy* (New York: Crown, 2016)。只要有興趣瞭解演算法對社會和政治的可能影響，真的不能錯過這本著作。

62  Bonnefon, Shariff and Rawhan, 'Social Dilemma of Autonomous Vehicles'.

63  Vincent C.Müller and Thomas W.Simpson, 'Autonomous Killer Robots Are Probably Good News', University of Oxford, Blavatnik School of Government Policy Memo, November 2014; Ronald Arkin, *Governing Lethal Behaviour: Embedding Ethics in a Hybrid Deliberative/Reactive Robot Architectur*e, Georgia Institute of Technology, Mobile Robot Lab, 2007, 1-13.

64  Bernd Greiner, *War without Fronts: The USA in Vietnam*, trans.Anne Wyburd and Victoria Fern (Cambridge, MA: Harvard University Press, 2009), 16.關於當時士兵的情緒狀況，其中一篇可參見：Herbert Kelman and V.Lee Hamilton, 'The My Lai Massacre: A Military Crime of Obedience' in Jodi O'Brien and David M.Newman (eds.), *Sociology: Exploring the Architecture of Everyday Life Reading* (Los Angeles: Pine Forge Press, 2010), 13-25.

65  Robert J.Donia, *Radovan Karadzic: Architect of the Bosnian Genocide* (Cambridge: Cambridge University Press, 2015).同時亦請參見：Isabella Delpla, Xavier Bougarel and Jean-Louis Fournel, *Investigating Srebrenica: Institutions, Facts, and Responsibilities* (New York, Oxford: Berghahn Books, 2012).

66  Noel E. Sharkey, 'The Evitability of Autonomous Robot Warfare', *International Rev.Red Cross* 94 (886) 2012, 787-99.

67  Ben Schiller, 'Algorithms Control Our Lives: Are They Benevolent Rulers or Evil Dictators?', *Fast Company*, 21 February 2017, https://www.fastcompany.com/3068167/algorithms-control-our-lives-are-they-benevolent-rulers-or-evil-dictators, accessed 17 September 2017.

68  Elia Zureik, David Lyon and Yasmeen Abu-Laban (eds.), *Surveillance and Control in Israel/Palestine: Population, Territory and Power* (London: Routledge, 2011); Elia Zureik, *Israel's Colonial Project in Palestine (*London: Routledge, 2015); Torin Monahan (ed.), *Surveillance and Security: Technological Politics and Power in Everyday Life* (London: Routledge, 2006); Nadera Shalhoub-Kevorkian, 'E-Resistance and Technological In/Security in Everyday Life: The Palestinian case', *British Journal of Criminology*, 52:1 (2012), 55-72; Or Hirschauge and Hagar Sheizaf, 'Targeted Prevention: Exposing the New System for Dealing with Individual Terrorism', *Haaretz*, 26 May 2017, https://www.haaretz.co.il/magazine/.premium-1.4124379, accessed 17 September 2017; Amos Harel, 'The IDF Accelerates the Crisscrossing of the West Bank with Cameras and Plans to Surveille all Junctions', *Haaretz*, 18 June 2017, https://www.haaretz.co.il/news/politics/.premium-1.4179886, accessed 17

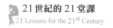

September 2017; Neta Alexander, 'This is How Israel Controls the Digital and Cellular Space in the Territories', 31 March 2016, https://www.haaretz.co.il/magazine/.premium-MAGAZINE-1.2899665, accessed 12 January 2018; Amos Harel, 'Israel Arrested Hundreds of Palestinians as Suspected Terrorists Due to Publications on the Internet', *Haaretz*, 16 April 2017, https://www.haaretz.co.il/news/politics/.premium-1.4024578, accessed 15 January 2018; Alex Fishman, 'The Argaman Era', *Yediot Aharonot, Weekend Supplement,* 28 April 2017, 6.

69 Yotam Berger, 'Police Arrested a Palestinian Based on an Erroneous Translation of "Good Morning" in His Facebook Page', *Haaretz*, 22 October 2017, https://www.haaretz.co.il/.premium-1.4528980, accessed 12 January 2018.

70 William Beik, *Louis XIV and Absolutism: A Brief Study with Documents* (Boston, MA: Bedford/ St Martin's, 2000).

71 O'Neil, *Weapons of Math Destruction*, op.cit.; Penny Crosman, 'Can AI Be Programmed to Make Fair Lending Decisions?', *American Banker*, 27 September 2016, https://www.americanbanker.com/news/can-ai-be-programmed-to-make-fair-lending-decisions, accessed 17 September 2017.

72 Matt Reynolds, 'Bias Test to Prevent Algorithms Discriminating Unfairly', *New Scientist*, 29 May 2017, https://www.newscientist.com/article/mg23431195-300-bias-test-to-prevent-algorithms-discriminating-unfairly/, accessed 17 September 2017; Claire Cain Miller, 'When Algorithms Discriminate', *New York Times*, 9 July 2015, https://www.nytimes.com/2015/07/10/upshot/when-algorithms-discriminate.html, accessed 17 September 2017; Hannah Devlin, 'Discrimination by Algorithm: Scientists Devise Test to Detect AI Bias', *Guardian*, 19 December 2016, https://www.theguardian.com/technology/2016/dec/19/discrimination-by-algorithm-scientists-devise-test-to-detect-ai-bias, accessed 17 September 2017.

73 Snyder, *The Road to Unfreedom*, op.cit.

74 Anna Lisa Peterson, *Being Animal: Beasts and Boundaries in Nature Ethic*s (New York: Columbia University Press, 2013), 100.

## 第4堂課　平等

75 'Richest 1 Percent Bagged 82 Percent of Wealth Created Last Year - Poorest Half of Humanity Got Nothing', *Oxfam*, 22 January 2018, https://www.oxfam.org/en/pressroom/pressreleases/2018-01-22/richest-1-percent-bagged-82-percent-wealth-created-last-year, accessed 28 February 2018; Josh Lowe, 'The 1 Percent Now Have Half the World's Wealth', *Newsweek*, 14 November 2017, http://www.newsweek.com/1-wealth-money-half-

world-global-710714, accessed 28 February 2018; Adam Withnall, 'All the World's Most Unequal Countries Revealed in One Chart', *Independent*, 23 November 2016, http://www.independent.co.uk/news/world/politics/credit-suisse-global-wealth-world-most-unequal-countries-revealed-a7434431.html, accessed 11 March 2018.

76　Tim Wu, *The Attention Merchants* (New York: Alfred A.Knopf, 2016).

77　Dan Bates, 'YouTube Is Losing Money Even Though It Has More Than 1 Billion Viewers', *Daily Mail*, 26 February 2015, http://www.dailymail.co.uk/news/article-2970777/YouTube-roughly-breaking-nine-years-purchased-Google-billion-viewers.html, accessed 19 October 2017; Olivia Solon, 'Google's Bad Week: YouTube Loses Millions As Advertising Row Reaches US', *Guardian*, 25 March 2017, https://www.theguardian.com/technology/2017/mar/25/google-youtube-advertising-extremist-content-att-verizon, accessed 19 October 2017; Seth Fiegerman, 'Twitter Is Now Losing Users in the US', CNN, 27 July 2017, http://money.cnn.com/2017/07/27/technology/business/twitter-earnings/index.html, accessed 19 October 2017.

## 第5堂課　社群

78　Mark Zuckerberg, 'Building Global Community', 16 February 2017, https://www.facebook.com/notes/mark-zuckerberg/building-global-community/10154544292806634/, accessed 20 August 2017.

79　John Shinal, 'Mark Zuckerberg: Facebook can play a role that churches and Little League once filled', CNBC, 26 June 2017, https://www.cnbc.com/2017/06/26/mark-zuckerberg-compares-facebook-to-church-little-league.html, accessed 20 August 2017.

80　http://www.cnbc.com/2017/06/26/mark-zuckerberg-compares-facebook-to-church-little-league.html; http://www.cnbc.com/2017/06/22/facebook-has-a-new-mission-following-fake-news-crisis-zuckerberg-says.html.

81　Robin Dunbar, *Grooming, Gossip, and the Evolution of Language* (Cambridge, MA: Harvard University Press, 1998).

82　例如參見：Pankaj Mishra, *Age of Anger: A History of the Present (*London: Penguin, 2017).

83　針對這些意見的調查與評論可參見：Derek Y.Darves and Michael C.Dreiling, *Agents of Neoliberal Globalization: Corporate Networks, State Structures and Trade Policy* (Cambridge: Cambridge University Press, 2016).

84　Lisa Eadicicco, 'Americans Check Their Phones 8 Billion Times a Day', *Time*, 15 December 2015, http://time.com/4147614/smartphone-usage-us-2015/, accessed 20 August 2017; Julie Beck, 'Ignoring People for Phones Is the New Normal', *Atlantic*, 14

June 2016, https://www.theatlantic.com/technology/archive/2016/06/ignoring-people-for-phones-is-the-new-normal-phubbing-study/486845/, accessed 20 August 2017.

85  Zuckerberg, 'Building Global Community', op.cit.

86  *Time Well Spent*, http://www.timewellspent.io/, accessed September 3, 2017.

87  Zuckerberg, 'Building Global Community', op.cit.

88  https://www.theguardian.com/technology/2017/oct/04/facebook-uk-corporation-tax-profit; https://www.theguardian.com/business/2017/sep/21/tech-firms-tax-eu-turnover-google-amazon-apple; http://www.wired.co.uk/article/facebook-apple-tax-loopholes-deals.


## 第6堂課　文明

89  Samuel P.Huntington, *The Clash of Civilizations and the Remaking of World Order* (New York: Simon & Schuster, 1996); David Lauter and Brian Bennett, 'Trump Frames Anti-Terrorism Fight As a Clash of Civilizations, Defending Western Culture against Enemies', *Los Angeles Times*, 6 July 2017, http://www.latimes.com/politics/la-na-pol-trump-clash-20170706-story.html, accessed 29 January 2018.Naomi O'Leary, 'The Man Who Invented Trumpism: Geert Wilders' Radical Path to the Pinnacle of Dutch Politics', *Politico*, 23 February 2017, https://www.politico.eu/article/the-man-who-invented-trumpism-geert-wilders-netherlands-pvv-vvd-populist/, accessed 31 January 2018.

90  Pankaj Mishra, *From the Ruins of Empire: The Revolt Against the West and the Remaking of Asia* (London: Penguin, 2013); Mishra, *Age of Anger*, op.cit.; Christopher de Bellaigue, *The Muslim Enlightenment: The Modern Struggle Between Faith and Reason* (London: The Bodley Head, 2017).

91  'Treaty Establishing A Constitution for Europe', European Union, https://europa.eu/european-union/sites/europaeu/files/docs/body/treaty_establishing_a_constitution_for_europe_en.pdf, accessed 18 October 2017.

92  Phoebe Greenwood, 'Jerusalem Mayor Battles Ultra-Orthodox Groups over Women-Free Billboards', *Guardian*, 15 November 2011, https://www.theguardian.com/world/2011/nov/15/jerusalem-mayor-battle-orthodox-billboards, accessed 7 January 2018.

93  http://nypost.com/2015/10/01/orthodox-publications-wont-show-hillary-clintons-photo/

94  Simon Schama, *The Story of the Jews: Finding the Words 1000 BC - 1492 AD* (New York: Ecco, 2014), 190-7; Hannah Wortzman, 'Jewish Women in Ancient Synagogues: Archaeological Reality vs.Rabbinical Legislation', *Women in Judaism* 5:2 (2008), http://wjudaism.library.utoronto.ca/index.php/wjudaism/article/view/3537, accessed 29 January 2018; Ross S.Kraemer, 'Jewish Women in the Diaspora World of Late Antiquity' in Judith R.Baskin (ed.), *Jewish Women in Historical Perspective* (Detroit: Wayne State University Press, 1991),

esp.49; Hachlili Rachel, *Ancient Synagogues - Archaeology and Art: New Discoveries and Current Research* (Leiden: Brill, 2014), 578-81; Zeev Weiss, 'The Sepphoris Synagogue Mosaic: Abraham, the Temple and the Sun God - They're All in There', *Biblical Archeology Society* 26:5 (2000), 48-61; David Milson, *Art and Architecture of the Synagogue in Late Antique Palestine* (Leiden: Brill, 2007), 48.

95  Ivan Watson and Pamela Boykoff, 'World's Largest Muslim Group Denounces Islamist Extremism', CNN, 10 May 2016, http://edition.cnn.com/2016/05/10/asia/indonesia-extremism/index.html, accessed 8 January 2018; Lauren Markoe, 'Muslim Scholars Release Open Letter To Islamic State Meticulously Blasting Its Ideology', *Huffington Post*, 25 September 2014, https://www.huffingtonpost.com/2014/09/24/muslim-scholars-islamic-state_n_5878038.html, accessed 8 January 2018; for the letter, see: 'Open Letter to Al-Baghdadi', http://www.lettertobaghdadi.com/, accessed 8 January 2018.

96  Chris Perez, 'Obama Defends the "True Peaceful Nature of Islam" ', *New York Post*, 18 February 2015, http://nypost.com/2015/02/18/obama-defends-the-true-peaceful-nature-of-islam/, accessed 17 October 2017; Dave Boyer, 'Obama Says Terrorists Not Motivated By True Islam', *Washington Times*, 1 February 2015, http://www.washingtontimes.com/news/2015/feb/1/obama-says-terrorists-not-motivated-true-islam/, accessed 18 October 2017.

97  De Bellaigue, *The Islamic Enlightenment*, op.cit.

98  Christopher McIntosh, *The Swan King: Ludwig II of Bavaria* (London: I.B.Tauris, 2012), 100.

99  Robert Mitchell Stern, *Globalization and International Trade Policies* (Hackensack: World Scientific, 2009), 23.

100 John K.Thornton, *A Cultural History of the Atlantic World, 1250-1820* (Cambridge: Cambridge University Press, 2012), 110.

101 Susannah Cullinane, Hamdi Alkhshali and Mohammed Tawfeeq, 'Tracking a Trail of Historical Obliteration: ISIS Trumpets Destruction of Nimrud', CNN, 14 April 2015, http://edition.cnn.com/2015/03/09/world/iraq-isis-heritage/index.html, accessed 18 October 2017.

102 Kenneth Pomeranz, *The Great Divergence: China, Europe and the Making of the Modern World Economy* (Princeton, Oxford: Princeton University Press, 2001), 36-8.

103 'ISIS Leader Calls for Muslims to Help Build Islamic State in Iraq', CBCNEWS, 1 July 2014, http://www.cbc.ca/news/world/isis-leader-calls-for-muslims-to-help-build-islamic-state-in-iraq-1.2693353, accessed 18 October 2017; Mark Townsend, 'What Happened to the British Medics Who Went to Work for ISIS?', *Guardian*, 12 July 2015, https://www.theguardian.com/world/2015/jul/12/british-medics-isis-turkey-islamic-state, accessed 18 October 2017.

## 第 7 堂課　國族主義

104 Francis Fukuyama, *Political Order and Political Decay: From the Industrial Revolution to the Globalization of Democracy* (New York: Farrar, Straus & Giroux, 2014).

105 Ashley Killough, 'Lyndon Johnson's "Daisy" Ad, Which Changed the World of Politics, Turns 50', CNN, 8 September 2014, http://edition.cnn.com/2014/09/07/politics/daisy-ad-turns-50/index.html, accessed 19 October 2017.

106 'Cause-Specific Mortality: Estimates for 2000-2015', World Health Organization, http://www.who.int/healthinfo/global_burden_disease/estimates/en/index1.html, accessed 19 October 2017.

107 David E.Sanger and William J.Broad, 'To counter Russia, US signals nuclear arms are back in a big way', *New York Times*, 4 February 2018, https://www.nytimes.com/2018/02/04/us/politics/trump-nuclear-russia.html accessed 6 February 2018; US Department of Defense, 'Nuclear Posture Review 2018', https://www.defense.gov/News/Special-Reports/0218_npr/ accessed 6 February 2018; Jennifer Hansler, 'Trump Says He Wants Nuclear Arsenal in "Tip-Top Shape", Denies Desire to Increase Stockpile', CNN, 12 October 2017, http://edition.cnn.com/2017/10/11/politics/nuclear-arsenal-trump/index.html, accessed 19 October 2017; Jim Garamone, 'DoD Official: National Defense Strategy Will Enhance Deterrence', *Department of Defense News, Defense Media Activity*, 19 January 2018, https://www.defense.gov/News/Article/Article/1419045/dod-official-national-defense-strategy-will-rebuild-dominance-enhance-deterrence/, accessed 28 January 2018.

108 Michael Mandelbaum, *Mission Failure: America and the World in the Post-Cold War Era* (New York: Oxford University Press, 2016).

109 Elizabeth Kolbert, *Field Notes from a Catastrophe (*London: Bloomsbury, 2006); Elizabeth Kolbert, *The Sixth Extinction: An Unnatural History (*London: Bloomsbury, 2014); Will Steffen et al., 'Planetary Boundaries: Guiding Human Development on a Changing Planet', *Science* 347:6223, 13 February 2015, DOI: 10.1126/science.1259855.

110 John Cook et al., 'Quantifying the Consensus on Anthropogenic Global Warming in the Scientific Literature', *Environmental Research Letters* 8:2 (2013); John Cook et al., 'Consensus on Consensus: A Synthesis of Consensus Estimates on Human-Caused Global Warming', *Environmental Research Letters* 11:4 (2016); Andrew Griffin, '15,000 Scientists Give Catastrophic Warning about the Fate of the World in New "Letter to Humanity" ', *Independent*, 13 November 2017, http://www.independent.co.uk/environment/letter-to-humanity-warning-climate-change-global-warming-scientists-union-concerned-a8052481.html, accessed 8 January 2018; Justin Worland, 'Climate Change Is Already Wreaking Havoc on Our Weather, Scientists Find', *Time*, 15 December 2017, http://time.com/5064577/climate-change-arctic/, accessed 8 January 2018.

111 Richard J.Millar et al., 'Emission Budgets and Pathways Consistent with Limiting Warming to 1.5 C', *Nature Geoscience* 10 (2017), 741-7; Joeri Rogelj et al., 'Differences between Carbon Budget Estimates Unraveled', *Nature Climate Change* 6 (2016), 245-52; Akshat Rathi, 'Did We Just Buy Decades More Time to Hit Climate Goals', *Quartz*, 21 September 2017, https://qz.com/1080883/the-breathtaking-new-climate-change-study-hasnt-changed-the-urgency-with-which-we-must-reduce-emissions/, accessed 11 February 2018; Roz Pidcock, 'Carbon Briefing: Making Sense of the IPCC's New Carbon Budget', *Carbon Brief*, 23 October 2013, https://www.carbonbrief.org/carbon-briefing-making-sense-of-the-ipccs-new-carbon-budget, accessed 11 February 2018.

112 Jianping Huang et al., 'Accelerated Dryland Expansion under Climate Change', *Nature Climate Change* 6 (2016), 166-71; Thomas R.Knutson, 'Tropical Cyclones and Climate Change', *Nature Geoscience* 3 (2010), 157-63; Edward Hanna et al., 'Ice-Sheet Mass Balance and Climate Change', *Nature* 498 (2013), 51-9; Tim Wheeler and Joachim von Braun, 'Climate Change Impacts on Global Food Security', *Science* 341:6145 (2013), 508-13; A.J.Challinor et al., 'A Meta-Analysis of Crop Yield under Climate Change and Adaptation', *Nature Climate Change* 4 (2014), 287-91; Elisabeth Lingren et al., 'Monitoring EU Emerging Infectious Disease Risk Due to Climate Change', *Science* 336:6080 (2012), 418-19; Frank Biermann and Ingrid Boas, 'Preparing for a Warmer World: Towards a Global Governance System to Protect Climate Change', *Global Environmental Politics* 10:1 (2010), 60-88; Jeff Goodell, *The Water Will Come: Rising Seas, Sinking Cities and the Remaking of the Civilized World* (New York: Little, Brown and Company, 2017); Mark Lynas, *Six Degrees: Our Future on a Hotter Planet* (Washington: National Geographic, 2008); Naomi Klein, *This Changes Everything: Capitalism vs.Climate* (New York: Simon & Schuster, 2014); Kolbert, *The Sixth Extinction*, op.cit.

113 Institution of Mechanical Engineers, *Global Food: Waste Not, Want Not* (London: Institution of Mechanical Engineers, 2013), 12.

114 Paul Shapiro, *Clean Meat: How Growing Meat Without Animals Will Revolutionize Dinner and the World* (New York: Gallery Books, 2018).

115 'Russia's Putin Says Climate Change in Arctic Good for Economy,' CBS News, 30 March 2017, http://www.cbc.ca/news/technology/russia-putin-climate-change-beneficial-economy-1.4048430, accessed 1 March 2018; Neela Banerjee, 'Russia and the US Could be Partners in Climate Change Inaction,' *Inside Climate News*, 7 February 2017, https://insideclimatenews.org/news/06022017/russia-vladimir-putin-donald-trump-climate-change-paris-climate-agreement, accessed 1 March 2018; Noah Smith, 'Russia Wins in a Retreat on Climate Change', *Bloomberg View*, 15 December 2016, https://www.bloomberg.com/view/articles/2016-12-15/russia-wins-in-a-retreat-on-climate-change, accessed March 1, 2018; Gregg Easterbrook, 'Global Warming: Who Loses—and Who Wins?', *Atlantic*

(April 2007), https://www.theatlantic.com/magazine/archive/2007/04/global-warming-who-loses-and-who-wins/305698/, accessed 1 March 2018; Quentin Buckholz, 'Russia and Climate Change: A Looming Threat', *Diplomat*, 4 February 2016, https://thediplomat.com/2016/02/russia-and-climate-change-a-looming-threat/, accessed 1 March 2018.

116 Brian Eckhouse, Ari Natter and Christopher Martin, 'President Trump slaps tariffs on solar panels in major blow to renewable energy', 22 January 2018, http://time.com/5113472/donald-trump-solar-panel-tariff/, accessed 30 January 2018.

117 Miranda Green and Rene Marsh, 'Trump Administration Doesn't Want to Talk about Climate Change', CNN, 13 September 2017, http://edition.cnn.com/2017/09/12/politics/trump-climate-change-silence/index.html, accessed 22 October 2017; Lydia Smith, 'Trump Administration Deletes Mention of "Climate Change" from Environmental Protection Agency's Website', *Independent*, 22 October 2017, http://www.independent.co.uk/news/world/americas/us-politics/donald-trump-administration-climate-change-deleted-environmental-protection-agency-website-a8012581.html, accessed 22 October 2017; Alana Abramson, 'No, Trump Still Hasn't Changed His Mind About Climate Change After Hurricane Irma and Harvey', *Time*, 11 September 2017, http://time.com/4936507/donald-trump-climate-change-hurricane-irma-hurricane-harvey/, accessed 22 October 2017.

118 'Treaty Establishing A Constitution for Europe', European Union, https://www.europarl.europa.eu/about-parliament/en/in-the-past/the-parliament-and-the-treaties/draft-treaty-establishing-a-constitution-for-europe

## 第8堂課　宗教

119 Bernard S.Cohn, *Colonialism and Its Forms of Knowledge: The British in India* (Princeton: Princeton University Press, 1996), 148.

120 'Encyclical Letter Laudato Si' of the Holy Father Francis on Care for Our Common Home', *The Holy See*, http://w2.vatican.va/content/francesco/en/encyclicals/documents/papa-francesco_20150524_enciclica-laudato-si.html, accessed 3 December 2017.

121 最早是由佛洛伊德在他1930年的著作《文明及其缺憾》所提到：Sigmund Freud, *Civilization and Its Discontents*, trans.James Strachey (New York: W.W.Norton, 1961), 61.

122 Ian Buruma, *Inventing Japan, 1853-1964* (New York: Modern Library, 2003).

123 Robert Axell, *Kamikaze: Japan's Suicide Gods* (London: Longman, 2002).

124 Charles K.Armstrong, Familism, Socialism and Political Religion in North Korea', *Totalitarian Movements and Political Religions* 6:3 (2005), 383-94; Daniel Byman and Jennifer

Lind, 'Pyongyang's Survival Strategy: Tools of Authoritarian Control in North Korea', *International Security* 35:1 (2010), 44-74; Paul French, *North Korea: The Paranoid Peninsula*, 2nd edn (London, New York: Zed Books, 2007); Andrei Lankov, *The Real North Korea: Life and Politics in the Failed Stalinist Utopia* (Oxford: Oxford University Press, 2015); Young Whan Kihl, 'Staying Power of the Socialist "Hermit Kingdom" ', in Hong Nack Kim and Young Whan Kihl (eds.), *North Korea: The Politics of Regime Survival* (New York: Routledge, 2006), 3-36.

## 第9堂課　移民

125 'Global Trends: Forced Displacement in 2016', *UNHCR*, http://www.unhcr.org/5943e8a34. pdf, accessed 11 January 2018.

126 Lauren Gambini, 'Trump Pans Immigration Proposal as Bringing People from "Shithole Countries" ', *Guardian*, 12 January 2018, https://www.theguardian.com/us-news/2018/ jan/11/trump-pans-immigration-proposal-as-bringing-people-from-shithole-countries, accessed 11 February 2018.

127 Tal Kopan, 'What Donald Trump Has Said about Mexico and Vice Versa', CNN, 31 August 2016, https://edition.cnn.com/2016/08/31/politics/donald-trump-mexico-statements/index.html, accessed 28 February 2018.

## 第10堂課　恐怖主義

128 http://www.telegraph.co.uk/news/0/many-people-killed-terrorist-attacks-uk/; National Consortium for the Study of Terrorism and Responses to Terrorism (START) (2016), Global Terrorism Database [Data file].Retrieved from https://www.start.umd.edu/ gtd; http://www.cnsnews.com/news/article/susan-jones/11774-number-terror-attacks-worldwide-dropped-13-2015; http://www.datagraver.com/case/people-killed-by-terrorism-per-year-in-western-europe-1970-2015; http://www.jewishvirtuallibrary.org/statistics-on-incidents-of-terrorism-worldwide; Gary LaFree, Laura Dugan and Erin Miller, Putting Terrorism in Context: Lessons from the Global Terrorism Database (London: Routledge, 2015); Gary LaFree, 'Using open source data to counter common myths about terrorism' in Brian Forst, Jack Greene and Jim Lynch (eds.), *Criminologists on Terrorism and Homeland Security* (Cambridge: Cambridge University Press, 2011), 411-42; Gary LaFree, 'The Global Terrorism Database: Accomplishments and challenges', *Perspectives on Terrorism* 4 (2010), 24-46; Gary LaFree and Laura Dugan, 'Research on terrorism and countering

terrorism' in M.Tonry (ed.), *Crime and Justice: A Review of Research* (Chicago: University of Chicago Press, 2009), 413-77; Gary LaFree and Laura Dugan, 'Introducing the global terrorism database', *Political Violence and Terrorism* 19 (2007), 181-204.

129 Deaths on the roads: Based on the WHO Global Status Report on Road Safety 2015', World Health Organization, accessed 26 January 2016; https://wonder.cdc.gov/mcdicd10. html; 'Global Status Report on Road Safety 2013', World Health Organization; http:// gamapserver.who.int/gho/interactive_charts/road_safety/road_traffic_deaths/atlas.html; http://www.who.int/violence_injury_prevention/road_safety_status/2013/en/; http://www. newsweek.com/2015–brought-biggest-us-traffic-death-increase-50-years-427759.

130 http://www.euro.who.int/en/health-topics/noncommunicable-diseases/diabetes/data-and-statistics; http://apps.who.int/iris/bitstream/10665/204871/1/9789241565257_eng. pdf?ua=1; https://www.theguardian.com/environment/2016/sep/27/more-than-million-died-due-air-pollution-china-one-year.

131 關於這場戰役的情形,請見:Gary Sheffield, Forgotten Victory: The First World War. Myths and Reality (London: Headline, 2001), 137-64.

132 'Victims of Palestinian Violence and Terrorism since September 2000', Israel Ministry of Foreign Affairs, http://mfa.gov.il/MFA/ForeignPolicy/Terrorism/Palestinian/Pages/ Victims%20of%20Palestinian%20Violence%20and%20Terrorism%20sinc.aspx, accessed 23 October 2017.

133 'Car Accidents with Casualties, 2002', Central Bureau of Statistics (in Hebrew), http:// www.cbs.gov.il/www/publications/acci02/acci02h.pdf, accessed 23 October 2017.

134 'Pan Am Flight 103 Fast Facts', CNN, 16 December 2016, http://edition.cnn. com/2013/09/26/world/pan-am-flight-103-fast-facts/index.html, accessed 23 October 2017.

135 Tom Templeton and Tom Lumley, '9/11 in Numbers', *Guardian*, 18 August 2002, https:// www.theguardian.com/world/2002/aug/18/usa.terrorism, accessed 23 October 2017.

136 Ian Westwell and Dennis Cove (eds.), *History of World War I*, vol.2 (New York: Marshall Cavendish, 2002), 431.關於伊松佐河戰役(Battles of the Isonzo River)的資料,請 參見:John R.Schindler, *Isonzo: The Forgotten Sacrifice of the Great War* (Westport: Praeger, 2001), 217-18.

137 Sergio Catignani, *Israeli Counter-Insurgency and the Intifadas: Dilemmas of a Conventional Army* (London: Routledge, 2008).

138 'Reported Rapes in France Jump 18% in Five Years', France 24, 11 August 2015, http:// www.france24.com/en/20150811-reported-rapes-france-jump-18-five-years, accessed 11 January 2018.

## 第 11 堂課　戰爭

139 Yuval Noah Harari, *Homo Deus: A Brief History of Tomorrow* (New York: HarperCollins, 2017), 14-19; 'Global Health Observatory Data Repository, 2012', World Health Organization, http://apps.who.int/gho/data/node.main.RCODWORLD?lang=en, accessed 16 August 2015; 'Global Study on Homicide, 2013', UNDOC, http://www.unodc.org/documents/gsh/pdfs/2014_GLOBAL_HOMICIDE_BOOK_web.pdf; accessed 16 August 2015; http://www.who.int/healthinfo/global_burden_disease/estimates/en/index1.html.

140 'World Military Spending: Increases in the USA and Europe, Decreases in Oil-Exporting Countries', *Stockholm International* Peace Research Institute, 24 April 2017, https://www.sipri.org/media/press-release/2017/world-military-spending-increases-usa-and-europe, accessed October 23, 2017.

141 http://www.nationalarchives.gov.uk/battles/egypt/popup/tele14.htm.

142 Spencer C.Tucker (ed.), *The Encyclopedia of the Mexican-American War: A Political, Social and Military History* (Santa Barbara: ABC-CLIO, 2013), 131.

143 Ivana Kottasova, 'Putin Meets Xi: Two Economies, Only One to Envy', CNN, 2 July 2017, http://money.cnn.com/2017/07/02/news/economy/china-russia-putin-xi-meeting/index.html, accessed 23 October 2017.

144 GDP 數據參考國際貨幣基金組織（IMF）的統計資料，根據購買力平價來計算：International Monetary Fund, 'Report for Selected Countries and Subjects, 2017', https://www.imf.org/external/pubs/ft/weo/2017/02/weodata/index.aspx, accessed 27 February 2018.

145 http://www.businessinsider.com/isis-making-50-million-a-month-from-oil-sales-2015-10.

146 Ian Buruma, *Inventing Japan* (London: Weidenfeld & Nicolson, 2003); Eri Hotta, Japan 1941: Countdown to Infamy (London: Vintage, 2014).

## 第 12 堂課　謙遜

147 http://www.ancientpages.com/2015/10/19/10-remarkable-ancient-indian-sages-familiar-with-advanced-technology-science-long-before-modern-era/; https://www.hindujagruti.org/articles/31.html; http://mcknowledge.info/about-vedas/what-is-vedic-science/.

148 這些數據都可清楚見於以下的段落：Conrad Hackett and David McClendon, 'Christians Remain World's Largest Religious Group, but They Are Declining in Europe', Pew Research Center, 5 April 2017, http://www.pewresearch.org/fact-tank/2017/04/05/christians-remain-worlds-largest-religious-group-but-they-are-declining-in-europe/, accessed 13 November 2017.

149 Jonathan Haidt, *The Righteous Mind: Why Good People Are Divided by Politics and Religion* (New York: Pantheon, 2012); Joshua Greene, *Moral Tribes: Emotion, Reason, and the Gap Between Us and Them* (New York: Penguin Press, 2013).

150 Marc Bekoff and Jessica Pierce, 'Wild Justice - Honor and Fairness among Beasts at Play', *American Journal of Play* 1:4 (2009), 451-75.

151 Frans de Waal, *Our Inner Ape* (London: Granta, 2005), ch.5.

152 Frans de Waal, *Bonobo: The Forgotten Ape* (Berkeley: University of California Press, 1997), 157.

153 這個故事後來拍成一部紀錄片,片名為《黑猩猩的世界》(*Chimpanzee*),由迪士尼自然(Disneynature)在2010年推出。

154 M.E.J.Richardson, *Hammurabi's Laws* (London, New York: T&T Clark International, 2000), 29-31.

155 Loren R.Fisher, *The Eloquent Peasant*, 2nd edn (Eugene: Wipf & Stock Publishers, 2015).

156 有些拉比允許為了拯救外邦人而褻瀆安息日,理由也是出自於典型的《塔木德》思考方式。他們認為,如果猶太人不拯救外邦人,就會激怒他們,導致他們攻擊並殺害猶太人。所以透過拯救外邦人,就可能是間接拯救了一個猶太人。但就算是這個論點,仍然強調著外邦人和猶太人的生命並不等值。

157 Catherine Nixey, *The Darkening Age: The Christian Destruction of the Classical World* (London: Macmillan, 2017).

158 Charles Allen, *Ashoka: The Search for India's Lost Emperor* (London: Little, Brown, 2012), 412-13.

159 Clyde Pharr et al.(eds.), *The Theodosian Code and Novels, and the Sirmondian Constitutions* (Princeton: Princeton University Press, 1952), 440, 467-71.

160 出處同上, esp.472-3.

161 Sofie Remijsen, *The End of Greek Athletics in Late Antiquity* (Cambridge: Cambridge University Press, 2015), 45-51.

162 Ruth Schuster, 'Why Do Jews Win So Many Nobels?', *Haaretz*, 9 October 2013, https://www.haaretz.com/jewish/news/1.551520, accessed 13 November 2017.

## 第 13 堂課　神

163 Lillian Faderman, *The Gay Revolution: The Story of the Struggle* (New York: Simon & Schuster, 2015).

164 Elaine Scarry, *The Body in Pain: The Making and Unmaking of the World* (New York: Oxford University Press, 1985).

## 第14堂課　世俗主義

165 Jonathan H.Turner, *Incest: Origins of the Taboo* (Boulder: Paradigm Publishers, 2005); Robert J.Kelly et al., 'Effects of Mother-Son Incest and Positive Perceptions of Sexual Abuse Experiences on the Psychosocial Adjustment of Clinic-Referred Men', *Child Abuse & Neglect* 26:4 (2002), 425-41; Mireille Cyr et al., 'Intrafamilial Sexual Abuse: Brother-Sister Incest Does Not Differ from Father-Daughter and Stepfather-Stepdaughter Incest', *Child Abuse & Neglect* 26:9 (2002), 957-73; Sandra S.Stroebel, 'Father-Daughter Incest: Data from an Anonymous Computerized Survey', *Journal of Child Sexual Abuse* 21:2 (2010), 176-99.

## 第15堂課　無知

166 Steven A.Sloman and Philip Fernbach, *The Knowledge Illusion: Why We Never Think Alone* (New York: Riverhead Books, 2017); Greene, *Moral Tribes*, op.cit.

167 Sloman and Fernbach, *The Knowledge Illusion*, op.cit., 20.

168 Eli Pariser, *The Filter Bubble* (London: Penguin Books, 2012); Greene, *Moral Tribes*, op.cit.

169 Greene, *Moral Tribes*, op.cit.; Dan M.Kahan, 'The Polarizing Impact of Science Literacy and Numeracy on Perceived Climate Change Risks', *Nature Climate Change* 2 (2012), 732-5. 但也有人提出相反論點，參見：Sophie Guy et al., 'Investigating the Effects of Knowledge and Ideology on Climate Change Beliefs', *European Journal of Social Psychology* 44:5 (2014), 421-9.

170 Arlie Russell Hochschild, *Strangers in Their Own Land: Anger and Mourning on the American Right* (New York: The New Press, 2016).

## 第16堂課　正義

171 Greene, *Moral Tribes*, op.cit.; Robert Wright, *The Moral Animal* (New York: Pantheon, 1994).

172 Kelsey Timmerman, *Where Am I Wearing?: A Global Tour of the Countries, Factories, and People That Make Our Clothes* (Hoboken: Wiley, 2012); Kelsey Timmerman, *Where Am I Eating?: An Adventure Through the Global Food Economy* (Hoboken: Wiley, 2013).

173 Reni Eddo-Lodge, *Why I Am No Longer Talking to White People About Race* (London: Bloomsbury, 2017); Ta-Nehisi Coates, *Between the World and Me* (Melbourne: Text Publishing Company, 2015).

174 Josie Ensor, '"Everyone in Syria Is Bad Now", Says UN War Crimes Prosecutor as She Quits Post', *New York Times*, 17 August 2017, http://www.telegraph.co.uk/news/2017/08/0 //everyone-syria-bad-now-says-un-war-crimes-prosecutor-quits-post/, accessed 18 October 2017.

175 例如參見：Helena Smith, 'Shocking Images of Drowned Syrian Boy Show Tragic Plight of Refugees', *Guardian*, 2 September 2015, https://www.theguardian.com/world/2015/sep/02/shocking-image-of-drowned-syrian-boy-shows-tragic-plight-of-refugees, accessed 18 October 2017.

176 T.Kogut and I.Ritov, 'The singularity effect of identified victims in separate and joint evaluations', *Organizational Behavior and Human Decision Processes* 97:2 (2005), 106-16; D.A.Small and G.Loewenstein, 'Helping a victim or helping the victim: Altruism and identifiability', *Journal of Risk and Uncertainty* 26:1 (2003), 5-16; Greene, *Moral Tribes*, op.cit., 264.

177 Russ Alan Prince, 'Who Rules the World?', *Forbes*, 22 July 2013, https://www.forbes.com/sites/russalanprince/2013/07/22/who-rules-the-world/#63c9e31d7625, accessed 18 October 2017.

## 第 17 堂課　後真相

178 Julian Borger, 'Putin Offers Ukraine Olive Branches Delivered by Russian Tanks', *Guardian*, 4 March 2014, https://www.theguardian.com/world/2014/mar/04/putin-ukraine-olive-branches-russian-tanks, accessed 11 March 2018

179 Serhii Plokhy, *Lost Kingdom: The Quest for Empire and the Making of the Russian Nation* (New York: Basic Books, 2017); Snyder, *The Road to Unfreedom*, op.cit.

180 Matthew Paris, *Matthew Paris' English History*, trans.J.A.Gyles, vol.3 (London: Henry G.Bohn, 1854), 138-41; Patricia Healy Wasyliw, *Martyrdom, Murder and Magic: Child Saints and Their Cults in Medieval Europe* (New York: Peter Lang, 2008), 123-5.

181 Cecilia Kang and Adam Goldman, 'In Washington Pizzeria Attack, Fake News Brought Real Guns', *New York Times*, 5 December 2016, https://www.nytimes.com/2016/12/05/business/media/comet-ping-pong-pizza-shooting-fake-news-consequences.html, accessed 12 January 2018.

182 Leonard B.Glick, *Abraham's Heirs: Jews and Christians in Medieval Europe* (Syracuse: Syracuse University Press, 1999), 228-9.

183 Anthony Bale, 'Afterword: Violence, Memory and the Traumatic Middle Ages' in Sarah Rees Jones and Sethina Watson (eds.), *Christians and Jews in Angevin England: The York Massacre of 1190, Narrative and Contexts* (York: York Medieval Press, 2013), 297.

184 雖然常有人說這句名言出自戈培爾，但不論是我本人或我認真努力的研究助理，都找不到他說過或寫過這句話的證據，倒也真是符合這句話的情形了。

185 Hilmar Hoffman, *The Triumph of Propaganda: Film and National Socialism, 1933-1945* (Providence: Berghahn Books, 1997), 140.

186 Lee Hockstader, 'From A Ruler's Embrace To A Life In Disgrace', *Washington Post*, 10 March 1995, accessed 29 January 2018.

187 Thomas Pakenham, *The Scramble for Africa* (London: Weidenfeld & Nicolson, 1991), 616-17.

## 第 18 堂課　科幻小說

188 Aldous Huxley, *Brave New World* (London: Vintage, year?), ch.17.

## 第 19 堂課　教育

189 Wayne A.Wiegand and Donald G.Davis (eds.), *Encyclopedia of Library History* (New York, London: Garland Publishing, 1994), 432-3.

190 Verity Smith (ed.), *Concise Encyclopedia of Latin American Literature* (London, New York: Routledge, 2013), 142, 180.

191 Cathy N.Davidson, *The New Education: How to Revolutionize the University to Prepare Students for a World in Flux* (New York: Basic Books, 2017); Bernie Trilling, *21st Century Skills: Learning for Life in Our Times* (San Francisco: Jossey-Bass, 2009); Charles Kivunja, 'Teaching Students to Learn and to Work Well with 21st Century Skills: Unpacking the Career and Life Skills Domain of the New Learning Paradigm', *International Journal of Higher Education* 4:1 (2015).P21 的網站請見：'P21 Partnership for 21st Century Learning', http://www.p21.org/our-work/4cs-research-series, accessed 12 January 2018. 想參考這種新教法的實例，例如請參見美國國家教育協會（National Education Association）出版的：'Preparing 21st Century Students for a Global Society', NEA, http://www.nea.org/assets/docs/A-Guide-to-Four-Cs.pdf, accessed 21 January 2018.

192 Maddalaine Ansell, 'Jobs for Life Are a Thing of the Past.Bring On Lifelong Learning', Guardian, 31 May 2016, https://www.theguardian.com/higher-education-network/2016/may/31/jobs-for-life-are-a-thing-of-the-past-bring-on-lifelong-learning.

193 Erik B.Bloss et al., 'Evidence for Reduced Experience-Dependent Dendritic Spine Plasticity in the Aging Prefrontal Cortex', *Journal of Neuroscience* 31:21 (2011): 7831-9; Miriam Matamales et al., 'Aging-Related Dysfunction of Striatal Cholinergic Interneurons Produces Conflict in Action Selection', *Neuron* 90:2 (2016), 362-72; Mo Costandi, 'Does your brain produce new cells? A skeptical view of human adult neurogenesis', *Guardian*,

23 February 2012, https://www.theguardian.com/science/neurophilosophy/2012/feb/23/brain-new-cells-adult-neurogenesis, accessed 17 August 2017; Gianluigi Mongillo, Simon Rumpel and Yonatan Loewenstein, 'Intrinsic volatility of synaptic connections - a challenge to the synaptic trace theory of memory', *Current Opinion in Neurobiology* 46 (2017), 7-13.

## 第20堂課　意義

194 Karl Marx and Friedrich Engels, *The Communist Manifesto* (London, New York: Verso, 2012), 34–5.

195 出處同上, 35.

196 Raoul Wootlif, 'Netanyahu Welcomes Envoy Friedman to "Jerusalem, Our Eternal Capital"', *Times of Israel*, 16 May 2017, https://www.timesofisrael.com/netanyahu-welcomes-envoy-friedman-to-jerusalem-our-eternal-capital/, accessed 12 January 2018; Peter Beaumont, 'Israeli Minister's Jerusalem Dress Proves Controversial in Cannes', *Guardian*, 18 May 2017, https://www.theguardian.com/world/2017/may/18/israeli-minister-miri-regev-jerusalem-dress-controversial-cannes, accessed 12 January 2018; Lahav Harkov, 'New 80-Majority Jerusalem Bill Has Loophole Enabling City to Be Divided', *Jerusalem Post*, 2 January 2018, http://www.jpost.com/Israel-News/Right-wing-coalition-passes-law-allowing-Jerusalem-to-be-divided-522627, accessed 12 January 2018.

197 K.P.Schroder and Robert Connon Smith, 'Distant Future of the Sun and Earth Revisited', *Monthly Notices of the Royal Astronomical Society* 386:1 (2008), 155-63.

198 參見：Roy A.Rappaport, *Ritual and Religion in the Making of Humanity* (Cambridge: Cambridge University Press, 1999); Graham Harvey, *Ritual and Religious Belief: A Reader* (New York: Routledge, 2005).

199 這是最常見的一種說法，但也有其他版本，參見：Leslie K.Arnovick, *Written Reliquaries* (Amsterdam: John Benjamins Publishing Company, 2006), 250, n.30.

200 Joseph Campbell, *The Hero with a Thousand Faces* (London: Fontana Press, 1993), 235.

201 Xinzhong Yao, *An Introduction to Confucianism* (Cambridge: Cambridge University Press, 2000), 190-9.

202 'Flag Code of India, 2002', Press Information Bureau, Government of India, http://pib.nic.in/feature/feyr2002/fapr2002/f030420021.html, accessed 13 August 2017.

203 http://pib.nic.in/feature/feyr2002/fapr2002/f030420021.html.

204 https://www.thenews.com.pk/latest/195493-Heres-why-Indias-tallest-flag-cannot-be-hoisted-at-Pakistan-border.

205 Stephen C.Poulson, *Social Movements in Twentieth-Century Iran: Culture, Ideology and Mobilizing Frameworks* (Lanham: Lexington Books, 2006), 44.

206 Houman Sharshar (ed.), *The Jews of Iran: The History, Religion and Culture of a Community in the Islamic World* (New York: Palgrave Macmillan, 2014), 52-5; Houman M.Sarshar, *Jewish Communities of Iran* (New York: Encyclopedia Iranica Foundation, 2011), 158-60.

207 Gersion Appel, *The Concise Code of Jewish Law*, 2nd edn (New York: KTAV Publishing House, 1991), 191.

208 特別請參見：Robert O.Paxton, *The Anatomy of Fascism* (New York: Vintage Books, 2005).

209 Richard Griffiths, *Fascism* (London, New York: Continuum, 2005), 33.

210 Christian Goeschel, *Suicide in the Third Reich* (Oxford: Oxford University Press, 2009).

211 'Paris attacks: What happened on the night', BBC, 9 December 2015, http://www.bbc.com/news/world-europe-34818994, accessed 13 August 2017; Anna Cara, 'ISIS expresses fury over French airstrikes in Syria; France says they will continue', CTV News, 14 November 2015, http://www.ctvnews.ca/world/isis-expresses-fury-over-french-airstrikes-in-syria-france-says-they-will-continue-1.2658642, accessed 13 August 2017.

212 Jean de Joinville, *The Life of Saint Louis* in M.R.B.Shaw (ed.), *Chronicles of the Crusades* (London: Penguin, 1963), 243; Jean de Joinville, *Vie de saint Louis*, ed.Jacques Monfrin (Paris, 1995), ch.319, p.156.

213 Ray Williams, 'How Facebook Can Amplify Low Self-Esteem/Narcissism/Anxiety', *Psychology Today*, 20 May 2014, https://www.psychologytoday.com/blog/wired-success/201405/how-facebook-can-amplify-low-self-esteemnarcissismanxiety, accessed 17 August 2017.

214 *Mahasatipatthana Sutta*, ch.2, section 1, ed.Vipassana Research Institute (Igatpuri: Vipassana Research Institute, 2006), 12-13.

215 出處同上, 5.

216 G.E.Harvey, *History of Burma: From the Earliest Times to 10 March 1824* (London: Frank Cass & Co.Ltd, 1925), 252-60.

217 Brian Daizen Victoria, *Zen at War* (Lanham: Rowman & Littlefield, 2006); Buruma, *Inventing Japan*, op.cit.; Stephen S.Large, 'Nationalist Extremism in Early Showa Japan: Inoue Nissho and the "Blood-Pledge Corps Incident", 1932', *Modern Asian Studies* 35:3 (2001), 533-64; W.L.King, *Zen and the Way of the Sword: Arming the Samurai Psyche* (New York: Oxford University Press, 1993); Danny Orbach, 'A Japanese prophet: eschatology and epistemology in the thought of Kita Ikki', *Japan Forum* 23:3 (2011), 339-61.

218 'Facebook removes Myanmar monk's page for "inflammatory posts" about Muslims', *Scroll.in*, 27 February 2018, https://amp.scroll.in/article/870245/facebook-removes-myanmar-monks-page-for-inflammatory-posts-about-muslims, accessed 4 March 2018; Marella Oppenheim, '"It only takes one terrorist": The Buddhist monk who reviles Myanmar's Muslims', Guardian, 12 May 2017, https://www.theguardian.com/global-development/2017/may/12/only-takes-one-terrorist-buddhist-monk-reviles-myanmar-muslims-rohingya-refugees-ashin-wirathu, accessed 4 March 2018.

219 Jerzy Lukowski and Hubert Zawadzki, *A Concise History of Poland* (Cambridge: Cambridge University Press, 2001), 163.

## 第 21 堂課　冥想

220 www.dhamma.org.

221 Daniel Goleman and Richard J. Davidson, *Altered Traits: Science Reveals How Meditation Changes Your Mind*, Brain and Body (New York: Avery, 2017).

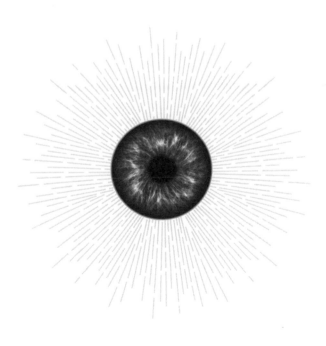

科學文化 230

# 21世紀的21堂課
21 Lessons for the 21st Century

原著 —— 哈拉瑞（Yuval Noah Harari）
譯者 —— 林俊宏
科學文化叢書策劃群 —— 林和（總策劃）、牟中原、李國偉、周成功

副社長兼總編輯 —— 吳佩穎
編輯顧問暨責任編輯 —— 林榮崧
封面設計暨美術編輯 —— 江儀玲

出版者 —— 遠見天下文化出版股份有限公司
創辦人 —— 高希均、王力行
遠見・天下文化 事業群榮譽董事長 —— 高希均
遠見・天下文化 事業群董事長 —— 王力行
天下文化社長 —— 王力行
天下文化總經理 —— 鄧瑋羚
國際事務開發部兼版權中心總監 —— 潘欣
法律顧問 —— 理律法律事務所陳長文律師
著作權顧問 —— 魏啟翔律師
社址 —— 台北市 104 松江路 93 巷 1 號 2 樓
讀者服務專線 —— 02-2662-0012 ｜ 傳真 —— 02-2662-0007, 02-2662-0009
電子郵件信箱 —— cwpc@cwgv.com.tw
直接郵撥帳號 —— 1326703-6 號 遠見天下文化出版股份有限公司
排版廠 —— 極翔企業有限公司
製版廠 —— 東豪印刷事業有限公司
印刷廠 —— 祥峰印刷事業有限公司
裝訂廠 —— 精益裝訂股份有限公司
登記證 —— 局版台業字第 2517 號
總經銷 —— 大和書報圖書股份有限公司 電話／ 02-8990-2588
出版日期 —— 2018 年 8 月 30 日第一版第 1 次印行
　　　　　 2024 年 8 月 30 日第二版第 6 次印行

國家圖書館出版品預行編目 (CIP) 資料

21 世紀的 21 堂課 / 哈拉瑞（Yuval Noah
  Harari）著；林俊宏譯 . -- 第二版 . -- 臺
  北市 : 遠見天下文化 , 2022.10
  面；　公分 . --（科學文化；230）
  譯自 : 21 lessons for the 21st century
  ISBN 9789865258924（精裝）

1. 世界史　　2. 文明史　　3. 二十一世紀

713.9　　　　　　　　　　111016164

定價 —— NT600 元
書號 —— BCS230
ISBN —— 9789865258924 ｜ EISBN —— 9789865258849（EPUB）；9789865258856（PDF）
天下文化官網 —— bookzone.cwgv.com.tw

本書如有缺頁、破損、裝訂錯誤，請寄回本公司調換。
本書僅代表作者言論，不代表本社立場。

天下文化
BELIEVE IN READING